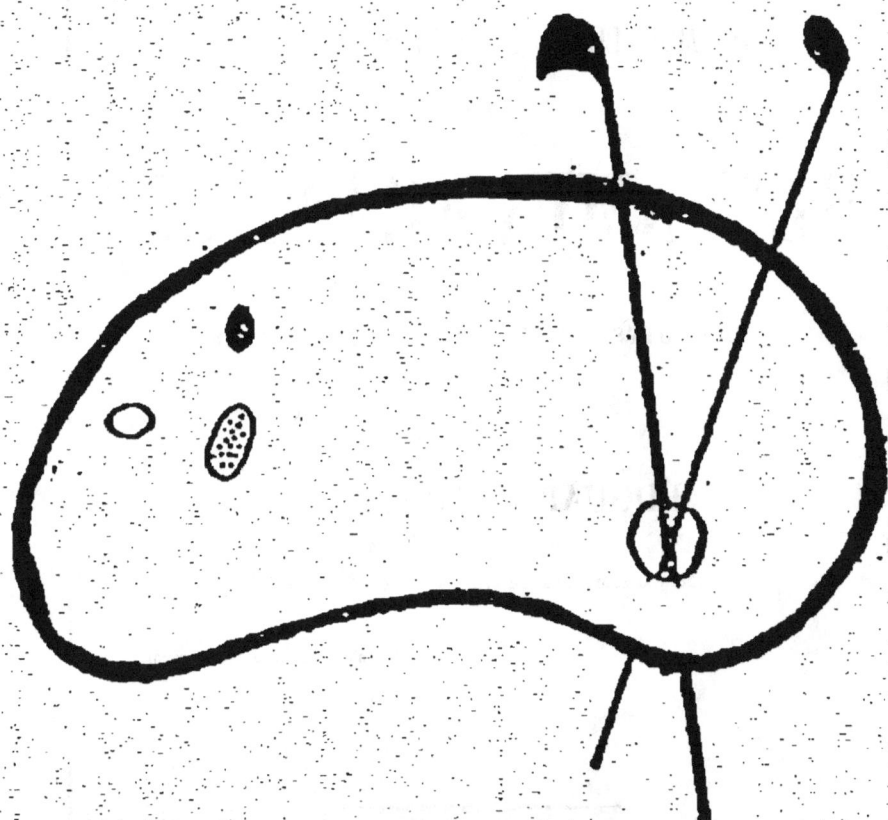

DEBUT D'UNE SERIE DE DOCUMENTS
EN COULEUR

ESSAIS

DE MORALE ET D'ÉCONOMIE POLITIQUE

DE

BENJAMIN FRANKLIN

TRADUITS DE L'ANGLAIS ET ANNOTÉS

PAR

ÉDOUARD LABOULAYE

de l'Institut de France
des Sociétés historiques de New-York et de Massachussets

Eripuit cœlo fulmen, sceptromque tyrannis.

PARIS

LIBRAIRIE HACHETTE ET Cie

79, BOULEVARD SAINT-GERMAIN, 79

LIBRAIRIE HACHETTE & C¹⁰, BOULEVARD SAINT-GERMAIN, 79, A PARIS

LITTÉRATURE POPULAIRE

EDITIONS A 1 FRANC 25 C. LE VOLUME, FORMAT IN-18 JESUS

Le cartonnage en percaline gaufrée se paye en sus 50 cent. par volume

Agassiz (M. et Mme) : *Voyage au Brésil*, 1 vol. avec une carte.

Aunet (Mme Léonie d') : *Voyage d'une femme au Spitzberg*. 1 vol.

Badin (Ad.). *Duguay-Trouin*. 1 vol.

— *Jean Bart*. 1 vol.

Baines (Th.). *Voyage dans le Sud-Ouest de l'Afrique*. 1 vol.

Baker (S. W.) : *Le lac Albert*. Nouveau voyage aux sources du Nil. 1 vol.

Baldwin. *Du Natal au Zambèse*, 1865-1866. Récits de chasses. 1 vol.

Barrau (Th.-H.). *Conseils aux ouvriers sur les moyens d'améliorer leur condition*. 1 v.

Bernard (Fréd.). *Vie d'Oberlin*. 1 vol.

Bonnechose (Emile de). *Bertrand du Guesclin*. 1 vol.

— *Lazare Hoche*. 1 vol.

Burton (le capitaine) : *Voyages à la Mecque, aux grands lacs d'Afrique et chez les Mormons*. 1 vol. avec 3 cartes.

Calemard de la Fayette. *La Prime d'honneur*. 1 vol.

— *L'Agriculture progressive*. 1 vol.

Carraud (Mme Z.). *Une Servante d'autrefois*. 1 vol.

Charton (Ed.). *Histoires de trois enfants pauvres*. 1 vol.

Corne (H.). *Le Cardinal Mazarin*. 1 vol.

— *Le Cardinal de Richelieu*. 1 vol.

Corneille (Pierre). *Chefs-d'œuvre*. 1 vol.

Deherrypon (Martial). *La Boutique de la marchande de poissons*. 1 vol.

Delapalme. *Le Premier livre du citoyen*. 1 vol.

Duval (Jules). *Notre pays*. 1 vol.

Ernouf (Le baron). *Histoire de trois ouvriers français*. 1 vol.

— *Jacquard. Philippe de Girard*. 1 vol.

— *Denis Papin*. 1 vol.

Franck (A.) : *Morale pour tous*; 2ᵉ édit. 1 volume.

Franklin. *Œuvres*, traduites de l'anglais et annotées par Ed. Laboulaye. 5 vol.

Guillemin (Amédée). *La Lune*. 1 vol. avec 2 grandes planches et 46 vignettes.

— *Le Soleil*. 1 vol. avec 58 figures.

— *La Lumière*. 1 vol. avec 71 figures.

— *Le Son*. 1 vol. avec 70 figures.

Hauréau (B.). *Charlemagne et sa cour*. 1 v.

Hayes (Dʳ I.-I.) : *La mer libre du pôle*. 1 vol.

Hoefer (Dʳ) : *Les saisons*, études de la nature. 2 séries formant 2 vol. avec figures.

Chaque série se vend séparément.

Homère. *Les beautés de l'Iliade et de l'Odyssée*, traduction de M. Giguet. 1 v.

Jonveaux (Emile) : *Histoire de quatre ouvriers anglais* (Maudslay, Stephenson, W. Fairbairn, J. Nasmyth). 1 vol.

— *Histoire de trois potiers célèbres*. 1 vol.

Joinville (Le sire de). *Histoire de saint Louis*, texte rapproché du français moderne, par Natalis de Wailly. 1 vol.

Jonault. *Abraham Lincoln*. 1 vol. avec deux portraits.

— *Georges Washington*. 1 vol. avec 2 cartes.

Labouchère (Alf.). *Oberkampf*. 1 vol.

Lacombe (P.) : *Petite Histoire du peuple français*. 1 vol.

La Fontaine. *Choix de fables*. 1 vol.

Lanoye (Fr. de) : *L'Inde contemporaine*. 1 vol.

Le loyal serviteur : *Histoire du gentil seigneur de Bayart*. 1 vol.

Livingstone (Charles et David). *Explorations dans l'Afrique centrale et dans le bassin du Zambèse*. 1840-1860. 1 vol.

Hugo (E.) : *Voyage dans le Soudan occidental*. 1 vol. avec une carte.

Marcoy (P.) : *Scènes et paysages dans les Andes*. 2 vol.

Meunier (Mme H.). *Le Docteur au village*. Entretiens familiers sur l'hygiène. 1 v. Entretiens sur la botanique. 1 vol.

Milton (le Vte) et le Dʳ W. B. Cheadle. *Voyage de l'Atlantique au Pacifique, à travers les montagnes Rocheuses*, 1 vol. avec cartes.

Molière. *Chefs-d'œuvre*. 2 vol.

Mouhot. *Voyages à Siam, dans le Cambodge et le Laos*. 1 vol.

Müller (Eug.). *La boutique du marchand de nouveautés*. 1 vol.

Palgrave (W. G.) : *Une année dans l'Arabie centrale*. 1 vol. avec carte.

Perron d'Arc : *Aventures d'un voyageur en Australie*. 1 vol.

Pfeiffer (Mme Ida). *Voyage autour du monde*, édition abrégée par J. Belin de Launay. 1 vol.

Piotrowski (R.) : *Souvenirs d'un Sibérien*. 1 vol.

Poirson. *Guide-Manuel de l'Orphéoniste*. 1 vol.

Racine (Jean). *Œuvres complètes*. 3 vol.

— *Chefs-d'œuvre*. 2 vol.

Reclus (E.) *Les phénomènes terrestres*. 2 vol. qui se vendent séparément :
I. Les continents. 1 vol.
II. Les mers et les météores. 1 vol.

Rendu (Victor). *Principes d'agriculture*. 2 vol. avec vignettes.

— *Mœurs pittoresques des insectes*. 1 vol.

Shakspeare. *Chefs-d'œuvre*. 3 vol.

Speke (Journal du capitaine John Hanning). *Découverte des sources du Nil*. 1 v.

Thévenin (Evariste). *Cours d'économie industrielle*. 7 vol.

— *Entretiens populaires*. 9 vol.

Chaque volume se vend séparément.

Vambéry (Arminius). *Voyages d'un faux derviche dans l'Asie centrale*. 1 vol.

Véron (E.). *Les Associations ouvrières en Allemagne, en Angleterre et en France*. 1 vol.

Wallon (de l'Institut). *Jeanne d'Arc*. 1 v. ill.

COULOMMIERS. — Typographie Paul BRODARD.

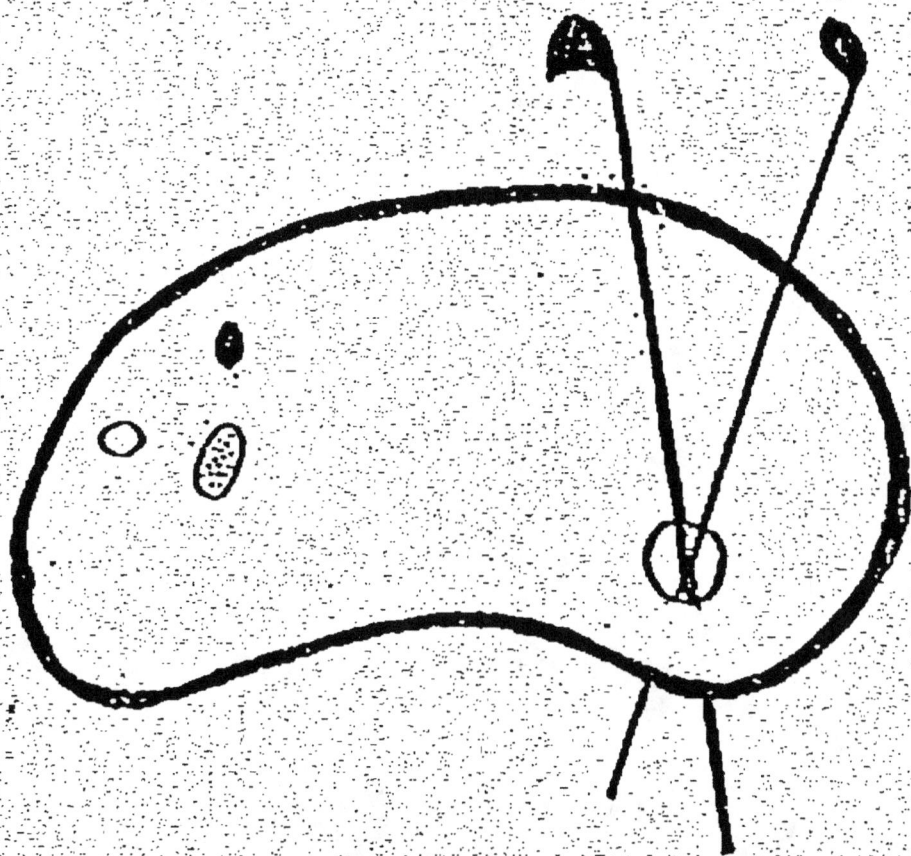

FIN D'UNE SERIE DE DOCUMENTS
EN COULEUR

ESSAIS

DE MORALE ET D'ÉCONOMIE POLITIQUE

DE

BENJAMIN FRANKLIN

COULOMMIERS. — TYPOGRAPHIE PAUL BRODARD.

ESSAIS

DE MORALE ET D'ÉCONOMIE POLITIQUE

DE

BENJAMIN FRANKLIN

TRADUITS DE L'ANGLAIS ET ANNOTÉS

PAR

ÉDOUARD LABOULAYE

de l'Institut de France
et des Sociétés historiques de New-York et de Massachusetts

Eripuit cœlo fulmen sceptrumque tyrannis.

CINQUIÈME ÉDITION

PARIS

LIBRAIRIE HACHETTE ET Cie

79, BOULEVARD SAINT-GERMAIN, 79

1883

INTRODUCTION.

« Voici encore une année qui finit. Si tu es un bon commerçant, un homme entendu en affaires, tu vas arrêter tes comptes pour savoir si tu as gagné ou perdu durant cette année, et combien? C'est là-dessus que tu régleras ton négoce et la dépense de ta maison. C'est fort bien, mais ce n'est pas tout. N'examineras-tu pas aussi ton *compte moral*, pour voir ce que tu as gagné dans la conduite de ta vie, quel vice tu as supprimé, quelle vertu tu as acquise? Tu es devenu plus *riche* de telle et telle somme, de combien es-tu devenu meilleur et plus sage? « *Que sert à un homme de gagner le monde s'il vient à perdre son âme?* » Si tu ne fais pas attention à ceci, tu auras beau compter des millions dans ta caisse, tu paraîtras pauvre, même ici-bas, aux yeux de ceux qui savent voir, et tu seras vraiment pauvre dans l'éternité. »

Ces paroles, extraites de l'*Almanach du bonhomme Richard, pour l'année* 1756 [1], sont la confession même de Franklin. Toute sa vie il a tenu ce double compte, matériel et moral; il a toujours su l'état de sa caisse

---

1. Jared Sparks, *Franklin's Works*, t. II, p. 91.

et l'état de son âme, et ne s'est pas moins occupé d'enrichir son esprit que d'agrandir sa fortune. Quand on le connaît bien, on peut même affirmer que, de ces deux poursuites, la première était celle qui l'intéressait le plus ; il s'est moins inquiété de ce qu'il laisserait dans ce monde que de ce qu'il emporterait avec lui. C'est là qu'est l'originalité de Franklin. On trouve partout des commerçants qui ne pensent qu'à leurs affaires, des philosophes qui ne songent qu'à leur science, mais un homme qui réunit ces deux modes de l'activité humaine et qui est à la fois commerçant et philosophe excellent, c'est chose plus rare, et qui mérite d'être étudiée.

Quelle est la philosophie de Franklin ? Pour être plus exact, je devrais dire quelle est sa religion, car il y a chez Franklin une foi sincère et raisonnée, une conviction ardente qui le dirige dans toutes ses actions. Franklin croit fermement à Dieu et à l'immortalité de l'âme, mais son Dieu n'est pas cet être solitaire et indifférent que les déistes relèguent dans son immuable éternité, et qui n'a plus droit de s'occuper du monde une fois qu'il l'a laissé échapper de sa main ; le Dieu de Franklin s'appelle la Providence ; il écoute la prière du plus misérable et du plus faible individu, et pour sauver une âme, il suspend au besoin la nature et ses lois fatales.

« Si Dieu, dit notre philosophe, n'intervient pas quelquefois par sa Providence, c'est qu'il ne le peut pas, ou qu'il ne le veut pas. Quelle de ces suppositions choisirez-vous ? Voici une nation indignement opprimée par un tyran cruel, elle prie Dieu de la délivrer. Dire que Dieu ne peut pas le faire, c'est lui dénier son pouvoir infini; dire qu'il ne le veut pas, c'est lui dénier sa bonté infinie. Vous êtes forcés d'avouer qu'il est profondément raisonnable de croire à la Providence, parce qu'il est profondément absurde de croire le contraire.

« S'il est déraisonnable de supposer que Dieu n'a pas le pouvoir de nous aider et de nous favoriser particulièrement, qu'il ne peut nous entendre ni s'occuper de nous, que les bonnes actions ne méritent pas plus de bienveillance que les mauvaises, je conclus que la foi en une Providence est le fondement de toute vraie religion. Nous devons aimer et respecter Dieu pour sa bonté, et le remercier de ses bienfaits; nous devons adorer sa sagesse, craindre son pouvoir, et implorer sa faveur et sa protection. Cette religion sera la règle et la maîtresse de nos actions, elle nous donnera la paix et la tranquillité de l'âme, et nous rendra bienveillants, utiles et bienfaisants pour les autres hommes [1]. »

Quant à l'immortalité de l'âme, Franklin n'en est pas moins sûr que de son existence actuelle. L'homme est un esprit, le corps n'est qu'une enveloppe qu'on dépouille quand elle est usée. C'est là chez lui une foi inébranlable, une pensée de tous les instants. Depuis l'épitaphe anticipée qu'il se compose à vingt-deux ans [2], jusqu'à la lettre qu'à la veille de mourir il adresse à Ezra Stiles [3], tout dans sa vie, ses lettres, ses écrits, est pénétré de cet espoir en une vie meilleure, où chacun sera traité suivant ce qu'il a fait ici-bas.

Quelle sera la récompense de ceux qui auront passé

1. *De la Providence de Dieu dans le gouvernement du monde.* *Franklin's Works*, t. II, p. 531.
2. *Infra*, p. 21.
3. *Lettre du 9 mars 1790. Correspondance*, t. II, p. 509.

sur la terre en faisant le bien, Franklin n'ose le décider. Un bonheur, infini en degré, éternel en durée,
c'est chose qui dépasse sa raison. «Pour ma part, dit-il,
je n'ai ni la vanité de penser que j'en suis digne, ni la
folie de l'espérer, ni l'ambition de le désirer ; mais content de me soumettre à la volonté, et de me remettre à
la disposition de ce Dieu qui m'a créé, et qui jusqu'ici
m'a conservé et béni, je me confie en sa bonté pater-
nelle, sûr qu'il ne voudra jamais mon malheur, et que
les afflictions même que je pourrai souffrir, auront
mon bien pour objet[1]. »

Pour être agréable à Dieu, que faut-il faire ? Il faut
aimer et servir les enfants de Dieu, c'est-à-dire les
hommes, nos frères. C'est le vrai moyen de témoigner
notre reconnaissance à celui qui n'a nul besoin de
notre culte et de nos cérémonies. « Adorer Dieu est un
devoir, écouter et lire des sermons peut avoir son utilité ; mais se borner à écouter et à prier, comme font
trop de gens, c'est ressembler à un arbre qui s'estime-
rait parce qu'on l'arrose, et qu'il pousse des feuilles,
mais qui ne donnerait jamais de fruits[2]. »

Telle est la morale de Franklin ; à vrai dire, c'est celle
de l'Évangile. On comprend que notre philosophe ait
pu dire en toute sincérité : « Le système de religion et
de morale que Jésus de Nazareth nous a laissé, est le
meilleur que le monde ait jamais vu, et que, suivant
toute apparence, il verra jamais[3] ; » on peut seulement
regretter que Franklin, qui a si bien vu la grandeur
de cette morale, et qui l'a si sincèrement pratiquée,

1. *Lettre à Whitefield*, 6 juin 1753. *Mémoires*, p. 375.
2. *Ibid*, p. 376.
3. *Lettre à Ezra Stiles. Correspondance*, t. II, p. 509.

soit resté étranger à la religion de celui qui a régénéré le monde en y apportant la charité.

Si par sa bonté active, Franklin est un disciple de l'Évangile, il est fils du dix-huitième siècle, par son extrême tolérance. Les querelles théologiques le révoltent, et suivant toute apparence, ce sont elles qui l'ont éloigné du christianisme. Il a mis les fautes du prêtre au compte de la religion.

L'orthodoxie, disait-il finement, *c'est ma doxie; l'hétérodoxie, c'est votre doxie* [1]; traduisons en français : *La raison, c'est ma raison; la déraison, c'est votre raison.*

Mais si Franklin a l'horreur des controverses, et s'il flétrit la persécution et les persécuteurs, il n'y a pas chez lui cette haine furieuse qui anime les philosophes français contre l'Église; Franklin, qui n'a pas souffert de la domination ecclésiastique, ne veut rien renverser. L'expérience lui a appris à se défier de sa propre raison, il voudrait donner à tous les hommes un peu de cette modestie et de cette douceur que la vie lui a fait chèrement acheter.

A la morale de l'Évangile, à la philosophie du dix-huitième siècle, Franklin ajoute une maxime qui en fait un homme de notre temps : *Travaille, fais ta fortune, élève-toi.*

Né dans un pays où il n'y avait jamais eu ni royauté ni Cour, ni noblesse, ni classes privilégiées, Franklin ne connaît que le travail. C'est pour lui la condition première, l'honneur et le charme de la vie.

Il définissait l'homme : *un animal qui fait des outils*, et un jour que les marchands de Philadelphie annon-

---

1. Parton, *Vie de Franklin*, t. II, p. 377.

çaient un bal par souscription, d'où seraient exclus les ouvriers, leurs femmes et leurs filles : « Il est fort heureux, dit Franklin, que Dieu le tout-puissant ne se présente pas, on ne le recevrait point. — Pourquoi lui demanda-t-on? — Parce que Dieu, répondit Franklin, est évidemment le plus grand ouvrier de l'Univers. L'Écriture ne nous dit-elle pas qu'il a tout fait par nombre, poids et mesure? » Sur cette ingénieuse réflexion, on admit tout le monde [1]. On voit que Franklin avait à la fois l'amour et l'orgueil du travail.

Aussi voulait-il que chacun s'occupât sérieusement de son métier, et avait-il peu de goût pour les amateurs. On en peut juger par une de ces anecdotes, où, à la façon de Socrate, il cachait le sérieux sous la plaisanterie : « Il y avait une fois, disait-il, un tailleur qui vola un cheval; il fut pris, et mis en prison; là il rencontra un compagnon qui faisait profession de voler les chevaux. Le tailleur conta son histoire; l'autre aussitôt de lui demander pourquoi il n'avait pas pris telle route, endossé tel habit, déguisé le cheval. — Je n'y ai pas pensé. — Qui donc êtes-vous, et quel est votre état? — Je suis tailleur. — Je suppose que jamais de votre vie vous n'aviez volé de cheval? — Jamais. — Que Dieu vous damne! Quel besoin aviez-vous de vous en mêler? bon homme! Ne vous suffisait-il pas de planter vos choux [2]? »

L'objet du travail, c'est de gagner le bien-être et l'indépendance, condition nécessaire du progrès. Franklin veut qu'on fasse fortune, mais par le travail, l'or-

1. Temple Franklin, *Memoirs of Franklin*, t. I, p. 448.
2. Parton, *Vie de Franklin*, t. II, p. 377.

dre et l'économie ; cette fortune faite, il ne la change
point en un instrument de plaisirs bas, de jouissances
matérielles, il en use pour cultiver son âme et pour
élever ses frères. Pauvre ouvrier, ses premières éco-
nomies, achetées par des privations, lui ont servi à
fonder la première bibliothèque populaire. C'est à lui
que Philadelphie doit sa première société scientifique,
son premier collége, sa première compagnie d'assu-
rance, et son premier hôpital. A soixante-dix ans, au
moment de s'embarquer pour la France, où il vient
demander un appui dont l'Amérique a besoin, Franklin
rassemble ce qu'il a d'argent et met près de cent mille
francs à la disposition du Congrès. Pour notre philosophe la fortune est un moyen d'action ; plus clairement que personne il a vu que le capital est le grand
outil de la civilisation moderne ; cet outil, il l'estime et
le veut acquérir pour en aider et lui-même et les autres ; il a l'ambition d'être riche, il n'a pas l'amour de
l'argent.

Cette juste appréciation de la richesse distingue
Franklin de tous ces rêveurs arriérés qui, dans le dix-
huitième siècle, et en France, voulaient ramener le
monde à la vertueuse ignorance et à la sainte pauvreté
des Spartiates ; elle explique comment notre philosophe est un des fondateurs de l'économie politique. La
lettre au gouverneur Shirley écrite en 1754, plus de
vingt ans avant la publication de l'ouvrage d'Adam
Smith, est la réfutation la plus nette du système colo-
nial, une des erreurs capitales du dix-septième et du
dix-huitième siècle. Les réflexions sur le progrès de la
population, sur le prix du grain, sur la loi des pauvres, sur le commerce et les manufactures, sur le

luxe, etc., qu'on trouvera dans ce volume attestent chez Franklin une doctrine arrêtée et qui se résume en un mot : *liberté.*

« C'est une vaine imagination, écrit-il en 1774, de supposer que nous existons seulement pour nous, ou seulement pour notre pays. La suprême sagesse a voulu qu'une *mutuelle dépendance* unit toutes ses œuvres....

« La liberté et la sécurité sont les deux choses, d'où dépend le succès du commerce, et il n'y a pas de plus grand ennemi du commerce que les restrictions....

« En général, ce qu'il y aurait de mieux, c'est que le gouvernement ne se mêlât du commerce que pour lui garantir la sécurité et le laisser suivre son cours. La plupart des lois, actes, édits, *arrêts*, placards, par lesquels les parlements, les princes, les États prétendent régler, diriger ou restreindre le commerce, ne sont que des bévues politiques, ou le résultat du tripotage de quelques intrigants qui font leurs affaires sous le manteau de l'intérêt public. Quand Colbert réunit quelques vieux et sages marchands de France, et leur demanda comment il pourrait le mieux servir et favoriser le commerce, ils se consultèrent et répondirent en trois mots: *Laissez-nous faire.* Un solide écrivain du même pays[1], dit que celui-là est fort avancé dans la science de la politique qui comprend toute la force de cette maxime : *Ne gouvernez pas trop;* maxime qui peut-être touche le commerce plus encore que tout autre intérêt public. Il serait donc à désirer que le commerce fût aussi libre entre toutes les nations du monde qu'il l'est entre les comtés d'Angleterre; toutes, par de mutuelles communications, obtiendraient plus de bien-être. Le commerce mutuel ne ruine pas les comtés d'Angleterre, il ne ruinerait pas davantage les peuples. Aucune nation n'a

---

1. François Quesnay.

jamais été ruinée par le commerce, si désavantageux qu'il paraisse.

« Quand on laisse entrer des articles de luxe, l'industrie est excitée, l'abondance se produit. Quand on ne permet d'acheter que le nécessaire, les hommes ne travaillent qu'autant qu'il est nécessaire pour l'obtenir[1]. »

Quand Franklin défendait ces principes il y a un siècle, les sages du temps le regardaient comme un rêveur; ses paradoxes sont aujourd'hui des vérités; par ses idées en économie politique il est notre contemporain.

En politique il est démocrate et républicain. Quoiqu'il ait vécu vingt-sept ans en Angleterre ou en France, il n'a jamais rien compris ni à la monarchie, ni à la noblesse; les fortes impressions de son enfance, la légitime fierté d'un homme qui s'est élevé lui-même l'ont toujours empêché de comprendre les avantages de privilége, et les bienfaits de l'hérédité politique. Un législateur héréditaire lui semble quelque chose d'aussi ridicule qu'un professeur de mathématiques héréditaire, curiosité, qui, dit-il, existait dans une université d'Allemagne. Lorsque les Américains établirent en 1778 l'ordre et la société des Cincinnati, pour perpétuer les souvenirs glorieux de la guerre de l'indépendance, Franklin écrivit à sa fille une lettre satirique où il raille la vanité de ses compatriotes et la chimère de la noblesse[2]. Il engagea Mirabeau à publier un pamphlet contre les Cincinnati, et lorsque Lafayette,

1. *Principes du Commerce. Works of Franklin*, t. II, p. 384 et 401.
2. *Lettre du 26 janvier 1784, infra*

grand partisan de la nouvelle institution, lui demanda ce qu'il en pensait : *Rien du tout,* fut la réponse narquoise du vieil imprimeur, devenu diplomate par circonstance, mais resté démocrate par conviction.

Partisan déclaré de la liberté des noirs, non moins ardent à défendre l'égalité civile, Franklin est un des premiers qui ait réclamé le suffrage universel, comme une des conséquences nécessaires de la liberté. On en jugera par les réflexions intitulées : *Quelques bons principes Whigs.* En ce point, il est beaucoup plus près des idées françaises que des idées anglaises qui, de son temps, régnaient encore en Amérique. Les Anglais en sont restés aux doctrines de Locke; le vote est pour eux la défense de la propriété, et non pas un droit naturel.

En véritable républicain Franklin demandait que les fidèles et les citoyens nommassent eux-mêmes leurs pasteurs et leurs juges. A ce sujet, il répétait la phrase célèbre où Jacques 1er trahissait le secret de la royauté : « *Tant que je ferai des Évêques et des juges, j'aurai l'Évangile et la loi que je voudrai* [1]. » Mais il se séparait de la tradition américaine et défendait une idée française, lorsqu'il demandait qu'on ne payât pas les grands fonctionnaires publics. Son opinion, empruntée de Mably, n'a pas fait fortune en Amérique; je ne vois pas qu'elle ait mieux réussi sur le continent. Je la crois fausse, du reste, et contraire aux principes que Franklin défendait. La gratuité des fonctions mène droit à l'établissement d'une aristocratie.

Avec de pareils sentiments, Franklin avait naturelle-

---

1. *On freedom of speech. Works of Franklin,* t. II, p. 289.

ment peu de goût pour les rois. On en peut juger par l'anecdote suivante que Franklin conta un soir à John Adams. « Un écrivain espagnol, lui dit-il, qui a publié des visions de l'enfer[1], raconte qu'un jeune diable civil et obligeant lui montra toutes les pièces du séjour infernal, et, entre autres, l'appartement des rois morts. L'Espagnol fut charmé de ce grand spectacle, et, après avoir regardé quelque temps, il dit à son conducteur qu'il serait bien aise de voir les autres rois. — Les autres, dit le diablotin ? Tu vois ici tous les rois qui ont régné sur la terre, depuis la création du monde jusqu'aujourd'hui. A quoi diable penses-tu[2] ? »

Parmi tous ces rois maudits, il en était un cependant que Franklin devait excepter par reconnaissance, c'est Louis XVI, le fidèle allié des Américains. Et, en effet, il aimait à lui rendre justice.

« Le docteur Franklin, nous dit son petit-fils, était si passionné pour les échecs, qu'un soir à Passy il joua depuis six heures jusqu'au lendemain matin. Dans un des coups, son *roi* était en échec; Franklin, sans s'inquiéter de le défendre, et contrairement à toutes les règles du jeu, attaqua son adversaire de façon à lui faire perdre la partie. « Monsieur, lui dit ce dernier, vous ne pouvez faire cela, votre roi est en *échec*. — Je le vois, répondit le docteur, mais je ne veux pas le défendre. Si c'était un bon roi, comme le vôtre, il mériterait la protection de ses sujets; mais c'est un tyran, il leur a déjà coûté plus qu'il ne vaut. Prenez-le, si vous le voulez, je puis me passer de lui, je gagnerai la bataille en républicain[3]. »

1. C'est Quévedo; mais l'histoire est de Franklin
2. Parton, *Vie de Franklin*, t. II, p. 376.
3. *Ibid.*, p. 419.

Républicain, c'est là son vrai nom; jamais il ne démordit de sa foi démocratique. Au milieu des splendeurs de Versailles il pensait à la grandeur future de l'Amérique, et quand il reçut la première nouvelle de la Révolution de 1789, « Bon, dit-il, les Français ont fait ici leur apprentissage de liberté, les voilà qui vont s'établir pour leur compte [1]. » Hélas l'apprentissage n'était pas terminé, et comme le disait Fox à la même époque, « Si les Français étaient comme nos vieux amis les Américains, je n'aurais pas si grand'peur pour eux. »

Dans les écrits de ce patriote ardent on sera peut-être étonné de rencontrer une critique mordante des excès des journaux. Qu'on ne se hâte pas de mettre Franklin au nombre des ennemis de la presse. Notre philosophe s'est trop bien servi de cet instrument [2] pour n'en pas connaître le prix. Sans doute il a flagellé la calomnie dont il avait eu à souffrir plus qu'une personne, mais il a entendu se faire justice lui-même, et n'a jamais invoqué le secours du bras séculier. Il connaissait la fable du *cheval qui veut se venger du cerf*, et ne voulait pas de ces protecteurs qui vous débarrassent du fardeau et des ennuis de la liberté.

1. Parton, *Vie de Franklin*, t. II, p. 600.

2. On a vu dans les *Mémoires* que c'est par la presse, et comme journaliste, que Franklin s'est élevé. C'est lui qui a inventé, ou du moins perfectionné les annonces. On en a conservé quelques-unes à cause de leur originalité, celle-ci, par exemple :

« Il y a quelques mois, on a pris, dans un banc de l'église, un livre de *Common-Prayer*, relié en rouge, doré et marqué D. F. (Deborah Franklin). La personne qui a pris ce livre est priée de l'ouvrir, de lire le huitième commandement, et après cela de remettre le volume où elle l'a pris. On ne fera pas d'autres recherches. »

« La liberté de la parole, écrivait-il dès l'année 1737, est le principal pilier d'un gouvernement libre ; ôtez ce support, la constitution d'une société libre est ruinée, la tyrannie s'élève sur ses débris. Les républiques et les monarchies limitées tirent leur force et leur vigueur de la surveillance que le peuple exerce sur la conduite des magistrats ; ce privilège, on en a abusé et on en abusera dans tous les siècles. Les meilleurs des hommes n'ont pu échapper, de leur vivant à la censure et à l'envie. Mais ce mal n'est pas aussi grand qu'il paraît à première vue. Un magistrat qui cherche sincèrement le bien public aura toujours pour lui es inclinations de la grande majorité ; l'impartiale postérité ne manquera pas de lui rendre justice.

« Ces abus de la liberté de langage sont les excès de la liberté. On doit les réprimer, mais à qui confier ce soin? Un magistrat pervers, à qui l'on remettrait le pouvoir de *punir des mots*, aurait entre les mains l'arme la plus destructive et la plus terrible. Sous prétexte d'émonder les branches luxuriantes, il pourrait détruire l'arbre même.

« Il est certain que celui qui vole à autrui son honneur mérite bien mieux le gibet que s'il lui avait volé sa bourse sur la grande route. Mais, sous le spécieux prétexte de protéger les Romains contre la calomnie, Auguste-César glissa la loi qui punissait le libelle des peines de lèse-majesté. Cette loi établit la tyrannie. Pour un petit mal qu'on prévint, on eut dix mille maux, horribles et écrasants. Désormais la fortune et la vie de chacun dépendit du souffle empoisonné des délateurs. L'interprétation des mots étant arbitraire, et laissée à la décision des juges, personne ne put écrire ni ouvrir la bouche sans courir le risque de perdre la tête.

« Un historien fut mis à mort pour avoir fait l'éloge de Brutus ; un autre fut tué pour avoir appelé Cassius le dernier des Romains. Caligula éleva à la dignité de consul son cheval *Incitatus*; et quoique l'histoire soit muette en ce

point, je ne doute pas qu'il y eût peine de mort pour quiconque eût témoigné le moindre mépris à ce grand officier
d'État. Supposez qu'on eût appelé le premier ministre un
stupide animal, le conseil de l'empereur aurait pu dire que
la malice du libelle était d'autant plus grande que le fait
était plus vrai [1], et que par conséquent la *famille de cet
illustre magistrat* devait être d'autant plus excitée à la violence et à la vengeance. Une pareille poursuite nous pa-
raîtrait ridicule; cependant, si l'on en croit la tradition,
il y a eu autrefois des proconsuls en Amérique, plus méchants mais non pas plus intelligents que le consul Incitatus, qui se seraient crus injuriés si on les avait appelés
de *leur propre nom* [2].

« ... C'est le mensonge qui craint les attaques, et qui crie
pour avoir des auxiliaires. La vérité ne craint pas la bataille, elle méprise le secours du bras séculier et triomphe
par sa force naturelle [3].

« L'histoire nous montre le danger fatal qui accompagne
nécessairement toute restriction de la liberté de la parole
et de la presse; on en est donc amené à conclure que quiconque essaye de supprimer l'un ou l'autre de ces droits
qui nous appartiennent naturellement, est un ennemi de
la liberté et de la constitution. Il faut souffrir un inconvénient quand on n'y peut remédier que par un plus grand
mal [4]. »

J'ai résumé dans ces quelques pages le symbole re-
ligieux, moral, économique et politique de Franklin;
je laisse maintenant la parole à ce philosophe aussi
aimable que sensé ! En le lisant, on ne se sent pas emporté vers les régions de l'idéal, c'est un vrai fils de

1. C'était la maxime des juges anglais.
2. *Works of Franklin*, t. II, p. 255.
3. *Ibid.*, p. 292.
4. *Ibid.*, p. 295.

la terre, il ne la quitte jamais ; en revanche, on se sent
plus raisonnable, plus courageux, plus content de soi-
même et des autres. En nous faisant aimer le travail,
l'ordre, l'économie, en nous montrant le prix de la
liberté et de l'égalité, Franklin nous réconcilie avec la
vie, et nous apprend à nous trouver heureux ici-bas.
Connaît-on beaucoup de philosophes qui aient rendu
un plus grand service à l'humanité ?

Glatigny-Versailles, ce 15 novembre 1866.

ESSAIS DE MORALE

ET

D'ÉCONOMIE POLITIQUE

DE BENJAMIN FRANKLIN

RÉGLES POUR UN CLUB D'AMÉLIORATION MUTUELLE [1].

1728.

Questions auxquelles on répondra avant d'ouvrir la séance.

Avez-vous lu ce matin les questions suivantes pour voir ce que vous en pourriez dire à la junte ?

1.) Dans le dernier auteur que vous avez lu, avez-vous trouvé quelque chose de remarquable, ou de

---

1. Ce club était la *Junte*, dont il est question dans les *Mémoires*, chap. v, et qui, quarante ans plus tard, forma le noyau de la *Société philosophique américaine*. Il nous est resté le titre de quelques-unes des questions discutées dans la *Junte*; on y reconnaît l'esprit curieux et pratique de Franklin. Par exemple : Le *son* est-il une entité ou un corps ? — L'intérêt personnel est-il le gouvernail qui mène l'humanité, le monarque dont nous sommes tous tributaires ? — Y a-t-il une forme de gouvernement qui convienne à tous le peuples ? — Le papier-monnaie

2

nature à être communiqué à la junte? Particulièrement en histoire, en morale, en poésie, en médecine, en voyages, en industrie, en science?

2.) N'avez-vous pas entendu dernièrement quelque histoire nouvelle, et agréable à raconter en conversation?

3.) Quelque citoyen de votre connaissance a-t-il fait récemment de mauvaises affaires, et quelle cause en donne-t-on?

4.) Avez-vous entendu parler récemment de quelque citoyen qui réussit dans ses affaires, et des moyens qui le font réussir?

5.) Vous a-t-on dit depuis peu comment une personne riche, ici ou ailleurs, s'y est prise pour faire fortune?

6.) Connaissez-vous un de vos concitoyens qui vienne de faire une bonne action, digne de louange et d'imitation, ou qui vienne de commettre une faute qui puisse nous servir de leçon?

7.) Dites-nous ce que, dans ces derniers temps, vous avez vu, ou entendu dire des malheureux effets de l'intempérance, de l'imprudence, de la passion, ou de tout autre vice ou folie?

8.) Avez-vous remarqué d'heureux effets de la tem-

---

n'est-il pas dangereux? — L'objet de la philosophie est-il de déraciner les passions? — Comment empêcher les cheminées de fumer? — Pourquoi la flamme d'une chandelle monte-t-elle en spirale? — Qu'est-ce qui est le moins criminel? Une *mauvaise* action jointe à une *bonne* intention, ou une *bonne* action faite avec *mauvaise* intention? — Dans un libre gouvernement, les principes de la liberté permettent-ils de punir comme libelliste un homme qui dit la vérité? Jared Sparks (*Works of Franklin*, t. II, p. 9).

pérance, de la prudence, de la modération, ou de quelque autre vertu?

9.) Vous ou quelqu'une de vos connaissances, avez-vous été récemment malade, ou blessé? En ce cas, quels remèdes avez-vous employés, quels en ont été les effets?

10.) Connaissez-vous quelqu'un qui fasse prochainement un voyage sur terre ou sur mer, et qu'on puisse, au besoin, charger de commissions?

11.) Avez-vous l'idée de quelque chose qui permette aux membres de la Junte de rendre service à l'*humanité*, au pays, à leurs amis, ou à eux-mêmes?

12.) Quelque étranger de mérite est-il arrivé dans la ville, depuis notre dernière réunion? Que dit-on ou que savez-vous de son caractère et de son mérite? Pensez-vous qu'il soit au pouvoir de la Junte de l'obliger ou de l'encourager?

13.) Connaissez-vous quelque honnête commerçant qui vienne de s'établir, et que la Junte puisse encourager?

14.) Avez-vous remarqué dans les lois de votre *patrie* quelque défaut dont il serait bon de demander la correction à la législature? Connaissez-vous quelque loi bonne qui nous manque?

15.) Avez-vous remarqué dernièrement quelque empiètement sur les justes libertés du peuple?

16.) Quelqu'un a-t-il attaqué votre réputation? Que peut faire la Junte pour la défendre?

17.) Y a-t-il quelque personne dont vous désiriez l'amitié? Quelqu'un des membres de la Junte peut-il vous l'obtenir?

18.) A-t-on attaqué devant vous le caractère de

quelque membre de la Junte? Comment l'avez-vous
défendu?

19.) Quelqu'un vous a-t-il fait tort? Est-il au pouvoir de la Junte de vous procurer une réparation?

20.) De quelle façon la Junte, ou quelqu'un de ses
membres, peuvent-ils vous assister en d'honorables
projets?

21.) Avez-vous en vue quelque importante affaire,
où les conseils de la Junte puissent vous être utiles?

22.) Quel bienfait avez-vous reçu dernièrement
de quelque personne, qui ne soit pas présente ici?

23.) Y a-t-il quelques points difficiles en matière
d'opinion, de justice, ou d'injustice, que vous seriez
bien aise de voir discuter aujourd'hui?

24.) Dans les usages, ou procédés de la Junte,
voyez-vous quelque défaut à corriger?

Avant d'être reçu dans la Junte, le candidat se lèvera, mettra sa main sur sa poitrine, et répondra aux
questions suivantes :

1.) Avez-vous quelque prévention particulière contre aucun des membres de la Junte? *Réponse.* Je n'en
ai point.

2.) Déclarez-vous en toute sincérité que vous aimez les hommes en général, quelle que soit leur profession ou leur religion? *Réponse.* Je le déclare.

3.) Pensez-vous que pour des opinions purement
spéculatives, ou pour la forme du culte, ou puisse inquiéter personne dans son corps, sa réputation ou ses
biens? *Réponse.* Non.

4.) Aimez-vous la vérité pour elle-même, voulez-vous la rechercher sincèrement, l'adopter pour vous, et la communiquer aux autres? *Réponse.* Oui.

Épitaphe de Franklin, écrite par lui-même en 1728.

LE CORPS
DE
BENJAMIN FRANKLIN,
IMPRIMEUR,
— TEL QUE LA COUVERTURE D'UN VIEUX LIVRE,
DÉPOUILLÉ DE SES FEUILLES,
DE SON TITRE ET DE SA DORURE, —
GÎT ICI, — PATURE POUR LES VERS.
MAIS L'ŒUVRE ELLE-MÊME NE SERA PAS PERDUE,
ELLE REPARAÎTRA, C'EST LA FOI DE FRANKLIN,
DANS UNE NOUVELLE
ET PLUS BELLE ÉDITION,
REVUE ET CORRIGÉE
PAR
L'AUTEUR.

L'INDISCRÉTION.

1729.

A Monsieur Touche-à-tout.

Monsieur,

Vous étant posé en *Censuror Morum* (c'est ainsi, je crois, que vous vous appelez), ce qui, dit-on, signifie un réformateur de mœurs, je ne connais personne à qui je puisse mieux m'adresser pour faire cesser tous les ennuis que nous avons à souffrir par le manque de politesse de quelques personnes.

Vous saurez d'abord, que je suis demoiselle, et que, pour vivre, je tiens une boutique dans cette ville.

J'ai une voisine, qui est vraiment d'une agréable compagnie et avec laquelle je suis liée d'amitié d'ancienne date; mais depuis quelque temps ses visites sont devenues si fréquentes, et elle reste si longtemps à chaque visite que ma patience est à bout. Je n'ai pas un instant à moi, et vous qui semblez être un sage, vous devez comprendre que chacun a ses petits secrets, ses mystères qui ne sont pas même pour les amis les plus intimes. Maintenant je ne puis faire la moindre chose sans qu'il faille qu'elle le sache, et c'est merveille que j'aie trouvé le temps de vous écrire cette lettre. Mon malheur est, que je la respecte, et que je ne sais comment faire pour ne pas la désobliger, en lui disant que je serais bien aise d'avoir moins souvent sa compagnie; car si je lui donne cela à entendre, je crains qu'elle ne soit si froissée que jamais je ne verrai son ombre devant ma porte.

Mais hélas, monsieur, je ne vous ai pas encore dit la moitié de mes peines. Elle a deux enfants qui sont juste assez grands pour courir tout autour de nous, et faire de charmantes sottises; ils sont toujours avec leur maman, ou dans ma chambre, ou dans ma boutique, quel que soit le nombre de pratiques ou de gens avec lesquels je suis occupée; quelquefois ils tirent mes marchandises des tablettes d'en bas et les jettent par terre, peut-être à la place que l'un d'eux vient de mouiller; mon amie ramasse l'étoffe et s'écrie: « Oh! le méchant petit drôle! heureusement il n'y a pas grand mal ! c'est seulement un peu humide ; » et elle remet l'étoffe sur la tablette. Quelquefois ils attrapent ma boîte de clous derrière le comptoir et, à mon grand ennui, s'amusent à mêler ensemble mes clous à dix, à huit, et à quatre penny. J'essaye de cacher ma contrariété autant que possible, et d'un air grave je cherche à rassortir mes clous. Elle s'écrie alors : « Ne te tourmente pas, voisine, laisse-les jouer un peu, je remettrai tout en place avant de m'en aller. » Mais les choses ne sont jamais si bien mises en place, que je ne trouve toujours beaucoup à ranger quand ils sont partis. Ainsi, monsieur, j'ai tout l'ennui et le tourment des enfants sans avoir le plaisir d'en avoir à moi ; et ils sont maintenant si habitués à être ici qu'ils ne s'amusent nulle autre part.

Si ma voisine avait été assez bonne pour réduire ses visites à dix par jour, et à ne rester qu'une demi-heure chaque fois, j'aurais été satisfaite, et je crois que je ne vous aurais jamais importuné. Mais ce matin même ils m'ont tellement tourmentée que je ne puis en endurer davantage, car, tandis que la mère me faisait vingt questions impertinentes, le plus jeune a attrapé mes clous, et à sa grande joie il les a jetés à pleines mains sur le plancher ; l'autre pendant ce temps faisait un si terrible tapage sur le comptoir avec un marteau que j'en étais à moitié folle. J'étais justement en train de me tailler des barbes de bonnets. Dans le tumulte et la confusion, je les coupai tout de travers, j'ai gâté toute une pièce de mousseline, première qualité.

Je vous prie, monsieur, dites-moi ce que je dois faire, et parlez un peu contre ces visites déraison-

nables dans votre prochain numéro. Pour rien au
monde, je ne voudrais me brouiller avec elle, je l'aime
sincèrement elle et ses enfants, autant que le peut
faire une voisine, et elle achète pas mal de choses
à ma boutique pendant l'année; mais je voudrais la
prier de faire attention qu'elle me traite sans pitié,
bien que je pense que c'est seulement par manque de
réflexion. Mais j'ai encore vingt autres choses à vous
dire en dehors de tout ceci. — Il y a un beau Monsieur qui a l'idée (je ne le mets pas en doute) de me
faire la cour, mais il ne peut trouver l'occasion de....
— Oh Dieu! la voilà qui revient, il faut en finir.

Votre, etc., etc. PATIENCE.

LETTRE D'ANTOINE LE SAGE-APRÈS-COUP[1].

Extrait de la Gazette de Pensylvanie.

24 juillet 1732.

Monsieur le Gazetier,

Je suis un honnête marchand qui n'a jamais pensé
à faire de mal à personne. Mes affaires allaient genti-
ment tant que j'étais garçon; mais dernièrement
j'ai rencontré quelques difficultés que je prends la liberté de vous conter.

Vers l'époque où je commençais à rechercher ma
femme, son père donna à entendre que si elle épousait un homme qui fût à son goût, il lui donne-

---

1. C'est ainsi que je traduis *Afterwit.*

rait deux cents livres comptant, le jour de son mariage. Il ne me l'a jamais dit à moi, il est vrai ; mais il me recevait toujours affectueusement chez lui et encourageait ouvertement ma cour. Je formais de beaux projets sur ce que je ferais avec ces deux cents livres, et jusques à un certain point j'en négligeais mes affaires. Mais malheureusement il arriva que lorsque je fus tout à fait engagé, le mariage trop avancé pour pouvoir être rompu, le vieux bonhomme se mit fort en colère sans m'en donner aucune raison ; il m'interdit l'entrée de sa maison, et dit à sa fille que si elle m'épousait il ne lui donnerait pas un farthing. Néanmoins (comme il le pensait bien) nous ne fûmes pas découragés par cette menace ; mais nous étant mariés secrètement je l'emmenai à ma maison, où nous n'étions pas tout à fait dans une aussi pauvre condition que le couple de la chanson écossaise, qui n'avait :

> Ni pot ni casserole,
> Mais quatre jambes nues pour tout bien.

J'avais une maison assez bien meublée pour un garçon qui n'était pas riche. Je n'en devais rien à monsieur mon beau-père qui, dit-on, fut charmé de sa manœuvre politique. J'ai appris depuis qu'il y a d'autres vieux ladres, comme on dit, qui font le même tour pour marier leurs filles, en gardant tout ce qu'ils peuvent épargner, jusqu'à ce que la mort leur ouvre les mains. Mais ceci est une digression. A bon entendeur, salut.

Je vis bientôt qu'avec de l'économie et du travail nous pourrions vivre à l'aise, et avoir bon crédit chez nos voisins, mais ma femme était née pour être dame. En conséquence il arriva qu'un jour mon vieux miroir passé de mode se trouva brisé, *on ne savait comment,* me dit-elle. Cependant comme nous ne pouvions nous passer de miroir dans notre chambre, elle me dit : « Mon cher, nous ferons aussi bien d'acheter une grande glace à la mode, celle que M. un tel a à vendre. Cela ne coûtera guère plus qu'un miroir commun, mais ce sera beaucoup plus beau et plus honorable. » La glace fut donc achetée et pendue contre le mur; mais en moins d'une semaine, ma femme me fit entendre peu à peu que *la table n'allait pas du tout avec une si belle glace;* on acheta une table plus convenable. Quelque temps après, mon épouse, qui est une excellente ménagère, m'indiqua où nous pourrions avoir de très-belles chaises *d'occasion;* et ainsi, par degrés, mon vieux mobilier monta au grenier, tandis qu'en bas tout fut changé pour le mieux.

Si nous nous étions arrêtés là, c'eût été bien; mais ma femme allait prendre le thé chez les bonnes dames qu'elle visitait : nous ne pouvions faire moins que de leur rendre la pareille, quand elles venaient nous voir. De cette façon nous achetâmes une table à thé avec tous les accessoires en porcelaine et en argent. Bientôt mon épouse s'étant malheureusement très-fatiguée à laver la maison, nous ne pûmes aller plus longtemps sans prendre une servante. D'ailleurs, il arrivait souvent que lorsque je rentrais à une heure à la maison, on venait justement de mettre le pot au feu, et *ma chère âme pensait réellement qu'il n'était qu'onze heures.* D'autres fois, quand j'arrivais à la même heure, *elle s'étonnait de ce que j'avais autant tardé, car le dîner était prêt à une heure, et on m'attendait depuis deux heures.* Ces irrégularités, occasionnées par des erreurs de temps, me convainquirent qu'il était absolument nécessaire *d'acheter une pendule,* — *fort bel ornement pour la chambre,* me fit remarquer mon épouse. Enfin, à mon grand chagrin, elle fut tourmentée d'un malaise ou d'un autre, *et rien ne lui était si bon que de monter à cheval, et ces chevaux de louage étaient de si horribles bêtes* que j'achetai une jument très-belle et de bonne allure, qui me coûta vingt livres sterling; et cependant depuis **un an,** les affaires ne vont plus dans ce pays.

Je voyais bien que tout ceci ne pouvait pas s'arranger avec ma position; mais je n'avais pas assez de caractère pour l'empêcher, lorsque dernièrement je reçus la visite d'un créancier très-dur qui parla d'assignation. Je commençai sérieusement à projeter ma délivrance. Lundi dernier, ma chère femme alla voir une parente, chez laquelle elle devait rester une quinzaine, parce qu'elle ne pouvait pas supporter la chaleur de la ville. Dans l'intervalle, j'ai fait à mon tour mes changements : bref, j'ai renvoyé la servante, sac et bagage (car que ferions-nous d'une servante, nous qui, outre notre petit garçon, n'avons à nous occuper que de nous?). J'ai vendu la belle jument et acheté moyennant trois livres une bonne vache laitière. J'ai disposé de la table et mis à la place un bon rouet qui me semble faire très-bonne figure. J'ai empli de lin huit corbeilles vides, et avec quelque peu de l'argent que m'a rapporté le service à thé, j'ai acheté une paire d'aiguilles à tricoter, car, pour vous dire la vérité, *je commence à manquer de bas.* J'ai transformé la belle pendule en un sablier; j'ai gagné là-dessus une bonne somme ronde. **Un** des morceaux du vieux miroir, équarri

et encadré, supplée à la grande glace que j'ai serrée dans
un cabinet où elle pourra bien rester quelques années;
bref, la face des choses est complétement changée.
Vous souririez si vous voyiez mon sablier pendu à la
place de la pendule. Quel ornement pour la chambre! J'ai payé mes dettes, et j'ai de l'argent dans ma
poche. J'attends ma chère épouse vendredi prochain;
et comme on lit votre journal dans la maison où elle
est, j'espère que cette lecture la préparera à ces sur-
prenantes révolutions. Si elle peut se conformer à cette
nouvelle manière de vivre, nous serons le plus heureux
couple de cette province, et, par la bénédiction de
Dieu, nous serons peut-être bientôt dans une situation
prospère. J'ai gardé la grande glace, parce que je sais
que c'est sa faiblesse. Quand ma femme rentrera,
je lui accorde d'être prise subitement de *mal de
tête, de mal d'estomac, de défaillance,* ou de tel autre
mal qu'elle jugera plus convenable; elle pourra se
mettre au lit aussitôt qu'il lui plaira. Mais si je ne la
trouve pas le lendemain matin en parfaite santé de
corps et d'esprit, la susdite grande glace, avec d'autres
babioles dont je n'ai pas besoin, s'en ira le jour même
à l'encan; c'est là l'irrévocable résolution de

Son tendre mari
et Votre très-humble serviteur.
Antoine Le sage-après-coup.

P. S. Je serais bien aise de savoir si vous approuvez
ma conduite.

Réponse. Je n'aime pas me mêler des affaires entre
mari et femme.

LETTRE DE MISS CÉLIA SINGLE[1].

24 juillet 1732.

Monsieur le Gazetier,

Je dois vous avertir que vous imprimez des choses qui font plus de mal que de bien, notamment la lettre du négociant qui était dans une de vos dernières feuilles; elle a désobligé beaucoup de personnes de mon sexe, et a troublé la paix de plusieurs familles en causant des querelles entre maris et femmes. Je vous en donnerai un exemple que j'ai vu de mes yeux, entendu de mes oreilles.

Mercredi matin, j'étais chez Mme W.; son mari revenait du marché, il lui montra entre autres objets quelques pelotes de fil qu'il avait achetées. « Ma chère, lui dit-il, j'aime infiniment les bas que notre voisine Afterwit tricotait hier pour son mari avec le fil qu'elle avait elle-même filé; je serais très-aise d'avoir des bas semblables. Je sais que votre servante Marie est une très-bonne tricoteuse; en voyant ce fil au marché, je l'ai acheté afin que cette fille me fasse une ou deux paires de bas. » Mme W. était justement à se coiffer devant la glace, elle se retourna, les épingles dans la bouche. « Seigneur ! mon enfant, s'écria-t-elle, êtes-vous fou? Marie a-t-elle le temps de tricoter? qu'est-ce qui fera l'ouvrage, bon Dieu! si vous la mettez à tricoter? — Peut-être, ma chère, dit-il, avez-vous l'envie de les tricoter vous-même. Je me rappelle que, lorsque je vous faisais la cour, je vous ai entendu dire que

1. C'est-à-dire *Célibataire*.

vous aviez appris à tricoter de votre mère. — Tricoter des bas pour vous! dit-elle; non, vraiment. Il y a assez de pauvres femmes dans la ville qui peuvent tricoter; si cela vous fait plaisir vous pouvez les employer. — Bien, ma chère, dit-il; mais vous savez *qu'un penny économisé est un penny gagné*, et qu'il n'y a ni péché ni honte à tricoter une paire de bas; pourquoi avez-vous une telle aversion pour cet ouvrage? Et que signifie ce mot de pauvres femmes? Vous savez bien que nous ne sommes pas des gens de qualité; nous n'avons d'autre fortune que mon travail et mon industrie. Il ne devrait pas vous déplaire d'avoir comme moi l'occasion de gagner quelque chose.

—Je m'étonne, dit-elle, que vous puissiez me proposer une chose pareille. Ne m'avez-vous pas toujours dit que vous me feriez vivre comme une dame? Si j'avais épousé le capitaine, je suis sûre qu'il ne m'aurait jamais parlé de tricoter des bas. — Que voulez-vous dire avec votre capitaine, dit-il, un peu piqué; si vous aviez pu l'épouser je pense que vous l'auriez fait, ou peut-être ne l'aimiez-vous pas beaucoup. Si je vous ai fait la promesse de vous faire vivre en dame, il me semble qu'il est grand temps de vous conduire comme une dame. Combien de temps pensez-vous que je puisse suffire à votre genre de vie actuel? — Assez, dit-elle d'un ton sec, en jetant la houppe dans la boîte à poudre. Ne me traitez pas ainsi, car je vous assure que je ne le supporterai pas : voilà le fruit de vos journaux empoisonnés, il n'en entrera plus ici, je vous le promets. — Miséricorde! dit-il; quelle chose étrange! Est-il nécessaire qu'une fille de marchand et a femme d'un marchand soit une dame? Bref, je suis

forcé de travailler pour vivre, et si vous êtes de trop
bon sang pour faire de même, la porte est là; allez et
vivez de vos rentes. Et, comme je n'ai jamais rien eu
de vous et n'en puis rien attendre, je désire n'avoir plus
d'ennuis avec vous. »

Quelle réponse elle a faite, je ne puis vous le dire,
car, sachant que le mari et la femme se querellent plus
violemment quand ils sont devant des étrangers que
lorsqu'ils sont seuls, je m'esquivai promptement. Mais
j'appris de Marie, qui vint chez moi dans la soirée pour
une commission, qu'ils avaient dîné très-paisiblement
et très-affectueusement ensemble; les pelotes de fil
qui avaient causé la querelle avaient été jetées au feu
dans la cuisine, ce que je fus très-heureuse d'apprendre.

J'ai vu quelquefois dans votre journal des réflexions
sur la paresse et l'extravagance de nous autres femmes;
mais je ne me rappelle pas d'avoir vu une pareille critique des hommes. Si nous étions disposées à jouer
le rôle de censeur, nous pourrions vous fournir bon
nombre d'exemples. Je nommerais M. Billiard, qui
perd plus qu'il ne gagne à une table verte et serait en
prison depuis longtemps, s'il n'avait une femme tra-
vailleuse. M. Hustlecap, qui, chaque jour de marché
au moins et souvent tout le long du jour, quitte ses
affaires pour le bruit que fait un demi-pence dans une
certaine allée; ou M. Finikin qui a sept différents habillements complets des plus élégants, et en change
chaque jour, tandis que sa femme et ses enfants restent
à la maison à moitié nus. M. Crownhim, qui rêve
toujours sur l'échiquier et qui ne s'occupe pas comment
vont les choses dans sa propre famille, pourvu qu'il

gagne. M. Totherpot, l'habitué de la taverne. M. Bookish, le liseur éternel. M. Tweedledum, et beaucoup d'autres qui sont très-actifs pour toutes choses, excepté pour leurs propres affaires. Je dis que si j'étais disposée à faire le censeur, je pourrais nommer ces gens-là et bien d'autres encore ; mais je rougirais qu'on crût que je médis de mes voisins : c'est pourquoi je me tais.

Quant à vous, je vous conseille à l'avenir d'amuser vos lecteurs avec toute autre chose que les réflexions des uns sur les autres ; rappelez-vous qu'il y a autant de trous sur votre habit que sur celui d'autrui, et que ceux qui sont atteints par la satire que vous publiez feront moins d'attention à celui qui écrit qu'à celui qui imprime, et vous traiteront en conséquence. Ne vous fâchez pas de la liberté que prend votre amie et lectrice.   CÉLIA SINGLE.

SUR LE SCANDALE.

Gazette de Pensylvanie, 1732.

Monsieur le Gazetier,

J'ai été charmé de votre article sur LE SCANDALE ; la doctrine originale que vous y prêchez est tout à fait d'accord avec mes principes et mes habitudes, et l'article a paru fort à propos pour châtier l'impertinence d'un écrivain du *Mercure*, qui, dans le numéro de jeudi dernier, à la fin d'un de ses ridicules alinéas, gémit de ce que le beau sexe est particulièrement coupable de ce crime énorme. Tout sot, ancien ou mo-

derne, qui tient une plume, se met à nous chanter la
même chanson. Si *scandaliser* les gens est vraiment un
crime, que font donc ces jolis messieurs? Ils décrivent
le scandale, ils le peignent sous les couleurs les plus
odieuses, les plus effrayantes, les plus abominables,
ils le représentent comme le plus grand des crimes,
puis rondement et charitablement ils en chargent
tout le sexe féminin. En condamnant de cette façon
le scandale, ne se rendent-ils pas coupables du crime
même qu'ils condamnent? S'ils nous accusaient de
tout autre crime, force leur serait de nous scandaliser par leur accusation; mais nous scandaliser en
faisant du scandale, c'est la plus belle des absurdités; pour en arriver là il faut l'impudence la plus
consommée unie à la plus profonde stupidité.

Vous avez convaincu tous les gens raisonnables que
rien n'est plus faux que de croire que le scandale est un
crime. Laissons donc ces plaisants moralistes et permettez-moi de vous donner quelque idée de ma vie
et de mes mœurs.

Je suis une jeune fille de trente-cinq ans environ,
et je vis avec ma mère. Je n'ai pas besoin de gagner ma
vie, aussi je trouve qu'il est de mon devoir autant que
de mon goût d'exercer mon talent de *censure* pour le
bien de mes concitoyens. On m'a dit qu'il y avait
un généreux empereur, qui, s'il passait un jour sans
faire du bien, disait à ses amis, en latin : *Diem perdidi*
ce qui veut dire : *J'ai perdu ma journée*. Je pourrais
me servir de la même expression s'il était possible
qu'un jour se passât sans que j'eusse le plaisir de scandaliser les gens, mais, grâces soient dites, un pareil
malheur n'est pas tombé sur moi depuis douze ans.

Quelque service que je rende, je n'irai point jusqu'à prétendre que je me suis livrée à la pratique de cette vertu pour le seul amour du bien public, car je me rappelle qu'étant enfant j'avais une violente inclination à toujours faire mon éloge; mais comme on me répétait sans cesse que c'était une mauvaise habitude, et qu'une fois même cela me valut d'être sévèrement fouettée, le fleuve barré s'est ouvert un nouveau canal, et j'ai dès lors commencé à déprécier autrui. Cela est plus agréable à la compagnie, et pour moi c'est la même chose. Quelle différence y a-t-il entre s'élever soi-même ou abaisser le prochain ? Le *scandale*, comme toute autre vertu, porte en soi sa récompense; il nous donne le plaisir de montrer que nous valons mieux que les autres ou que les autres ne valent pas mieux que nous.

Ma mère, la pauvre femme, et moi nous n'avons pas toujours été d'accord en ce point. Elle prétendait que le scandale gâtait la conversation, et moi je soutenais qu'il n'y avait pas de bonne conversation sans scandale. Notre dispute alla si loin qu'un jour nous séparâmes nos tables de thé, et que je me résolus à recevoir mes connaissances à la cuisine. Le soir de cette séparation, nous prîmes le thé à la même heure; mais ma mère reçut ses amies dans le parloir. Elle ne souffrit pas qu'on touchât à la réputation de personne; et commença une nouvelle espèce de discours, d'un ton philosophique des plus bizarres : « Je suis charmée, disait-elle, quand je considère que le monde n'est pas aussi méchant que l'imaginent des gens qui ont l'humeur chagrine. Il n'est personne qui n'ait quelque aimable ou bonne qualité. A ne parler que de la classe

la moins considérée, telle femme est une excellente
fille, et a les plus belles dents du monde ; telle autre
respecte son mari ; celle-ci est très-bonne pour ses
pauvres voisins, et de plus elle a une belle taille ; celle-
là est toujours prête à rendre service et, suivant moi,
il n'y a pas dans toute la ville une femme qui ait l'air
ou la tournure plus agréable. » Ce beau discours dura
près d'une demi-heure ; ma mère le finit en disant :
« Je suis sûre que chacune de vous a fait quelque remarque semblable, et je serais charmée que la conversation continuât sur ce sujet. » Juste à ce moment, je
regardai au travers de la porte ; jamais de ma vie je
n'ai vu figures plus sottes et plus insipides. Elles n'é-
taient ni gaies ni tristes, ni mécontentes ni satisfaites,
ni indifférentes ni attentives ; on eût dit (pardonnez la
comparaison) des masques de pain d'épices. Pour moi,
dans la cuisine, j'avais déjà commencé la ridicule histoire de M. X et de sa femme de chambre, et de la
conduite de Madame, en découvrant cette intrigue.
Certains passages nous faisaient rire de tout cœur ;
aussi une des dames les plus sérieuses de la compagnie
de maman se leva-t-elle sans lui répondre *pour aller
voir ce qui rendait les enfants si gais.* Une seconde dame
la suivit, puis une troisième, si bien que ma pauvre
vieille maman se trouva seule. Convaincue alors que son
projet était impraticable, elle finit par venir prendre le
thé avec nous. Depuis lors *Paul aussi a été parmi les
prophètes,* et nos querelles sont assoupies.

A force de travail et d'application, je me suis fait le
centre de tout le scandale de la province. Si petit que
soit le bruit, je l'entends. Je suis entrée dans le monde
avec cette maxime que nul commerce ne peut subsister

sans retours; et en conséquence, chaque fois qu'on
m'apporte une bonne histoire, j'en donne deux en
échange. Mon exactitude en ce genre m'a procuré une
masse d'affaires, et, sans mon activité et la bonté de
ma méthode, il me serait impossible de m'en tirer.
Car, sans parler de ce fonds de médisance qui m'arrive
tout naturellement, j'ai trouvé le moyen de tirer les
vers du nez aux gens qui ont le moins de goût pour le
scandale. Faut-il découvrir mon secret? Oui; le laisser
mourir avec moi serait de l'inhumanité. Si on ne m'a
jamais dit de mal d'une personne, j'attribue cela à ce
que l'individu n'a point d'intelligence; *car personne
n'est sans défaut.* S'il s'agit d'une femme, je saisis la
première occasion de faire savoir à toutes ses connaissances qu'on m'a dit que tel ou tel, le plus bel homme
ou le meilleur de la ville, a loué sa beauté, son esprit,
sa vertu, son économie. Si vous connaissez un peu la
nature humaine, vous voyez que cela amène naturellement la conversation sur les défauts passés, présents
et futurs de la dame. C'est de la même façon et avec le
même succès que je loue à l'occasion tout homme en
réputation devant ses rivaux en amour, en affaires ou
en popularité. Aux temps d'élections, je fais l'éloge du
candidat devant quelques personnes de l'autre parti,
j'écoute avec attention la réponse. Mais, en pareil cas,
l'éloge n'est pas toujours nécessaire, et il est bon d'en
user modérément. Dans ces dernières années, il m'a
suffi d'écouter ce que les partis disaient les uns des autres; j'ai noté tous les détails et toutes les accusations,
et si après ma mort quelqu'un lit mes cahiers, il pourra
croire qu'à une certaine époque le peuple de Pensylvanie n'a choisi pour remplir ses places d'honneur et

de confiance que les plus grands drôles, les plus grands
sots et les plus grands misérables de la province. Le
temps des élections me donnait fort à faire; mais cette
année, je le dis à regret, on est devenu si bienveillant,
on se traite avec tant d'amitié que je ne vois rien à
faire de ce côté.

J'ai dit plus haut que sans la bonté de ma méthode,
je n'aurais pas pu suffire à la besogne. Du vivant de
mon père, j'avais quelque habitude de la tenue des
livres, ce qui me sert beaucoup pour mes affaires d'aujourd'hui. Je tiens mes livres en si bon ordre, que je
peux dire, en moins d'une heure, comment vont les
choses entre le monde et moi. Sur la *main-courante*
j'inscris à l'instant tout article de médisance ; j'ouvre
un crédit pour les *scandales reçus en compte*; et quand
je m'acquitte par un échange, je porte mon histoire
au *débit* de ceux qui m'écoutent. Sur mon *livre-journal*,
j'ajoute à chaque histoire la broderie qu'elle peut supporter, et le tout est régulièrement inscrit sur mon
grand-livre.

Je suppose que le lecteur me condamne déjà dans
son cœur, parce que *j'ajoute des détails;* mais il m'est
facile de justifier cette pratique. C'est chez moi un
principe arrêté que personne ne doit avoir plus de réputation qu'il n'en mérite; s'il en a davantage, il en
impose au public. Je sais que l'intérêt et l'effort de
chacun, c'est de cacher ses vices et ses folies, et je suppose qu'il faut qu'un homme soit *extraordinairement*
sot ou insouciant pour laisser le quart de ses fautes
arriver à la connaissance du public. Prenant en bloc
la prudence et l'imprudence générales, je suppose que
chaque homme ne livre au public que le cinquième de

ses erreurs. Par conséquent, je crois rester dans les limites de la modération, lorsqu'en apprenant la faute de quelqu'un, je ne la rends que trois fois plus grosse qu'elle est, et je me réserve le privilége de charger les gens d'une faute sur quatre, quoiqu'ils en puissent être parfaitement innocents. Vous voyez qu'il n'est pas beaucoup de personnes qui soient aussi soigneuses que moi de rendre justice. Quelle raison ont donc les hommes pour se plaindre du *scandale?* Le pire qu'on puisse dire de nous ne va pas à la moitié de ce qu'on pourrait dire, si l'on voyait tous nos défauts.

Mais hélas! deux grands maux sont tombés sur moi en même temps : un gros rhume qui m'empêche de parler, et un terrible mal de dents qui ne me laisse pas ouvrir la bouche. Dans ces derniers jours, j'ai reçu dix histoires pour une que j'ai payée; je ne puis balancer mes comptes, si vous ne venez à mon secours. J'ai réfléchi depuis longtemps que si vous vouliez faire de votre journal un véhicule de scandales, vous doubleriez le nombre de vos abonnés. Je vous envoie donc le récit de quatre friponneries, de deux ***, de quatre ***, de trois femmes battues, de quatre maris qui chauffent la couche : c'est la récolte de la quinzaine. Vous pouvez en régaler le public, ce sont articles de nouveauté; si mon mal de dents continue, je vous en enverrai d'autres. Je suis, en attendant, votre lectrice assidue.

ALICE LANGUE-DE-VIPÈRE.

Je remercie de sa bonne volonté Mistriss Alice, ma correspondante; mais je la prie de m'excuser si je n'insère point l'article qu'elle m'a envoyé; il n'y a en vérité rien de moins nouveau que ces nouveautés.

LE GASPILLAGE DE LA VIE.

Gazette de Pensylvanie, 18 *novembre* 1736.

Anergus[1] était un gentilhomme en bonne situation
de fortune; il avait été élevé à ne rien faire et ne
savait comment perdre agréablement ses journées; il
n'avait aucun penchant pour les exercices du corps,
ni aucun goût pour la culture de l'esprit; il passait
généralement dans son lit dix heures sur vingt-quatre;
il sommeillait en outre deux ou trois heures sur son
canapé; il en passait autant chaque soir à boire s'il
se trouvait avec des gens de son humeur. Il flânait
avec indolence durant les cinq ou six heures qui lui
restaient; sa grande affaire alors était de combiner
ses repas et de nourrir son imagination de l'attente
d'un dîner ou d'un souper; non pas qu'il fût absolument gourmand, ou si complétement occupé de manger; c'était surtout parce qu'il ne savait pas à quoi
employer ses pensées, qu'il les laissait errer sur la
subsistance de son corps.

Il avait trouvé moyen de consumer ainsi dix années depuis que l'héritage paternel était tombé entre
ses mains, et cependant, suivant l'abus de mots qui
règne aujourd'hui, on l'appelait un homme vertueux,
parce qu'on l'avait rarement vu tout à fait ivre, ou que
sa nature n'était pas très-portée à la débauche.

Un soir qu'il était seul à rêver, ses pensées prirent
un tour inusité, car il jeta un regard en arrière et

1. *Anergos,* littéralement *qui ne fait rien.*

commença à réfléchir sur son genre de vie. Il s'avisa
de songer au nombre d'êtres vivants qui avaient été
sacrifiés pour nourrir son corps, et à la quantité de blé
et de vin qui avait été mêlée à ces offrandes. Il n'avait
pas tout à fait oublié l'arithmétique qu'il avait apprise
quand il était enfant, et il se mit à calculer ce qu'il
avait dévoré depuis qu'il avait âge d'homme.

« Une douzaine de créatures emplumées, petites et
grandes, dit-il, ont chaque semaine, l'une dans l'autre,
donné leur vie pour prolonger la mienne, ce qui monte
pendant dix ans au moins à six mille.

« Cinquante moutons ont été sacrifiés dans une année avec une demi-hécatombe de gros bétail, afin que
je puisse avoir chaque semaine sur ma table les morceaux les plus délicats. Ainsi un millier de bêtes à
corne ou à laine ont été tuées en dix ans de temps
pour me nourrir; outre ce que la forêt m'a fourni.
Des centaines de poissons de toute espèce, et quelques milliers de fretin ont été privés de la vie pour
mes repas.

« Une mesure de blé me fournirait à peine pour un
mois de belle farine; ce qui fait environ cent vingt
boisseaux; beaucoup de barils d'ale, de vin et d'autres
liqueurs ont passé dans mon corps, ce misérable
gouffre à viande et à boisson.

« Et qu'ai-je fait tout ce temps pour Dieu et pour
l'homme? Quelle profusion de bonnes choses pour une
vie inutile, pour un être indigne! La moindre créature
de toutes celles que j'ai dévorées a mieux répondu que
moi à la fin pour laquelle elle a été créée! Elle a été
faite pour nourrir l'homme, elle l'a fait. Chaque crabe,
chaque huître que j'ai mangés, chaque grain de blé

que j'ai avalé ont rempli leur place dans l'échelle des êtres avec plus de convenance et d'honneur que je ne l'ai fait. Quelle honteuse perte de vie et de temps! »

Bref, Anergus continua ces réflexions morales avec une force de raison si juste et si sévère qu'elle lui fit changer entièrement son genre de vie, cesser de suite ses folies et s'appliquer à acquérir quelque connaissance utile, quoiqu'il eût déjà plus de trente ans. Il vécut longtemps encore avec la réputation d'un homme d'honneur et d'un excellent chrétien. Il se rendit utile à son prochain, et fit brillante figure comme patriote au sénat; il mourut la conscience en paix et ses concitoyens versèrent des larmes sur sa tombe.

Le monde, qui connaissait toute l'histoire de sa vie, s'étonna de ce grand changement. On regarda sa réforme comme miraculeuse; lui-même confessait et adorait la puissance ou la divine miséricorde qui d'une brute avait fait un homme.

Ceci est un exemple isolé, et nous pouvons presque nous aventurer à l'appeler un *miracle*. Dans ce siècle dégénéré, combien n'y a-t-il pas de jeunes gens des deux sexes dans la classe aisée qui gaspillent ainsi leur vie sans jamais songer à la rendre utile?

Quand je rencontre des gens de cette triste espèce, il me revient à l'esprit quelques lambeaux d'Horace :

Nos numerus sumus et fruges consumere nati
       .... Alcinoique
       .... juventus
Cui pulchrum fuit in medios dormire dies, etc.

PARAPHRASE.

« Il y a un certain nombre d'entre nous qui traînent
dans ce monde pour y manger et y dormir, ignorant
pourquoi ils sont nés, si ce n'est pour consommer du
blé, dévorer bétail, volaille et poisson sans laisser derrière eux un plat vide. Les corneilles et les corbeaux
en font autant, oiseaux de malheur et de nom odieux.
Corbeaux et corneilles pourraient remplir leur place,
avaler du blé et manger des carcasses. Quand ces
gens-là mourront, si on n'apprend pas à leur tombe à
flatter et à mentir, il n'y aura rien de mieux à dire
sinon qu'*ils ont mangé tout leur pain, bu tout leur
vin, et sont allés se coucher.* »

Il y a encore d'autres fragments de ce poëte payen
qui reviennent à la mémoire en de telles occasions;
l'un dans la première de ses satires, l'autre dans la
dernière de ses épîtres, fragments qui semblent ne
peindre la vie que comme la saison du plaisir.

« .... *Exacto contentus tempore vitæ,
Cedat uti conviva satur.* »
« *Lusisti satis, edisti satis atque bibisti.
Tempus abire tibi est.* »

Que nous pouvons traduire ainsi :

La vie n'est qu'une fête, et quand nous mourrons,
s'il était là, Horace nous dirait : « Ami, tu as assez
mangé, assez bu, il est temps de partir. Va-t'en donc
comme un convive bien repu, le regard réjoui, le
cœur content; dis bonsoir à tes amis en leur répétant:
J'ai fini la besogne de la journée. »

AVIS NÉCESSAIRE A CEUX QUI VEULENT FAIRE FORTUNE.

1736.

Tout l'avantage de l'argent est dans l'usage qu'on en fait.

Pour six livres sterling par an, vous pouvez avoir l'usage de cent livres, pourvu que vous soyiez un homme d'une prudence et d'une honnêteté reconnues.

Celui qui dépense inutilement huit sous par jour, dépense inutilement plus de six livres sterling par an, ce qui est l'intérêt auquel on vous prête cent livres.

Celui qui gaspille la valeur de huit sous de son temps par jour, l'un dans l'autre, perd le privilége d'avoir tous les jours cent livres à sa disposition.

Celui qui perd par négligence une valeur de temps de cinq shillings, perd cinq shillings et ferait tout aussi sagement de jeter cinq shillings à la mer.

Celui qui perd cinq shillings, non-seulement perd cette somme, mais tout le profit qu'il en pourrait tirer dans le commerce; ce qui, dans l'espace de temps qui s'écoule entre la jeunesse et la vieillesse pourrait monter à une somme considérable.

En outre, celui qui vend à crédit demande pour l'objet qu'il vend un prix équivalent au principal et à l'intérêt de son argent pour le temps qu'il ne le fera pas valoir; c'est pourquoi celui qui achète à crédit paye l'intérêt de ce qu'il achète, tandis que celui qui paye comptant pourrait économiser et placer cet argent; ainsi celui qui possède une chose qu'il a achetée paye un intérêt pour l'usage qu'il en fait.

Toutefois en achetant il est mieux de payer comptant, parce que celui qui vend à crédit s'attend à perdre cinq pour cent; par les mauvais payeurs; c'est pourquoi il charge le prix de tout ce qu'il vend à crédit afin de prévenir une perte probable.

Ceux qui achètent à crédit subissent cette augmentation de prix.

Celui qui paye comptant échappe ou peut échapper à cette augmentation de prix.

Penny économisé en vaut deux.

Une épingle économisée chaque jour, c'est huit sous de gagné par an.

MOYEN D'AVOIR TOUJOURS DE L'ARGENT DANS SA POCHE[1].

1736.

En ce temps, où chacun se plaint que l'argent est rare, c'est une bonne action que d'enseigner à ceux qui sont sans argent la manière de garnir leurs poches. Je leur ferai connaître le vrai secret d'attraper de l'argent, la façon de remplir les bourses vides, et de les garder toujours pleines. Deux simples règles bien observées feront toute l'affaire.

La première : Que l'honnêteté et le travail soient toujours tes compagnons.

La seconde : Dépense un penny de moins que ton bénéfice net.

---

1. Il est douteux que cette pièce soit de Franklin. C'est son esprit, mais ce n'est pas son style.

Alors ta poche si plate commencera à enfler et ne criera plus jamais qu'elle a le ventre vide. Les créanciers ne t'insulteront plus, le besoin ne se fera pas sentir, la faim ne te mordra plus, la nudité ne te gèlera plus. Le monde entier sera plus brillant, le plaisir jaillira dans tous les coins de ton cœur. Suis donc ces avis et sois heureux.

Bannis de ton esprit les vents glacés du chagrin, et vis indépendant. Alors tu seras un homme, tu ne cacheras pas ton visage à l'approche du riche, tu ne te sentiras point humilié quand les fils de la fortune marcheront à ta droite, car l'indépendance, qu'elle soit petite ou grande, est une bonne fortune, et te place sur le même rang que les plus fiers de la toison d'or. Oh! alors sois sage, que le travail marche avec toi dès le matin, et te suive jusqu'à ce que tu atteignes l'heure du soir pour ton repos.

Que l'honnêteté soit comme le soufle de ton âme, et n'oublie jamais d'avoir un penny quand toutes tes dépenses sont comptées et payées, alors tu auras atteint le comble du bonheur ; l'indépendance sera ta cuirasse, ton bouclier, ton casque et ta couronne ; alors ton âme marchera droite, tu ne te courberas pas devant le faquin vêtu de soie, parce qu'il a la richesse, tu ne dévoreras pas non plus un affront, parce que le main qui l'inflige porte une bague en diamants.

———

MOYEN DE CONSERVER LA SANTÉ.

(*Almanach du bonhomme Richard*)

1742.

Mange et bois l'exacte quantité que ton corps réclame eu égard au service de ton esprit.

Ceux qui étudient beaucoup ne doivent pas manger autant que ceux qui travaillent fort, leur digestion n'étant pas si facile.

Quand tu auras trouvé la quantité et la qualité qui te sont nécessaires, garde les constamment.

Évite l'excès en toutes choses, aussi bien que dans le boire ou le manger.

La jeunesse, l'âge, la maladie, demandent une différente quantité de nourriture. Il en est de même pour les diverses constitutions; ce qui est trop pour un flegmatique, n'est pas assez pour un tempérament colérique.

La quantité de nourriture doit être autant que possible proportionnée à la qualité et aux conditions de l'estomac, pour que l'estomac la digère.

Si cette quantité est suffisante, l'estomac peut parfaitement la cuire et la digérer; elle suffit pour nourrir convenablement le corps.

On peut manger de certains aliments plus que d'autres, quand ils sont de plus légère digestion.

La difficulté gît à trouver une mesure exacte; mais mange par nécessité non par plaisir, car la gourmandise ne sait pas où le besoin finit.

Veux-tu jouir d'une longue vie, d'un corps sain, d'un

esprit vigoureux; veux-tu goûter les œuvres merveil-
leuses de Dieu, travaille d'abord à soumettre tes ap-
pétits à ta raison.

———

AVIS A UN JEUNE COMMERÇANT.

1748.

A mon ami A. B.

Suivant votre désir, je vous donne les indications suivantes qui m'ont rendu service, et qui, si vous les suivez, pourront aussi vous être utiles.

Rappelez-vous que *le temps est de l'argent*. Celui qui
par son travail peut gagner dix shillings par jour, et
qui va s'amuser ou qui reste à rien faire la moitié de
la journée, ne doit pas calculer que son plaisir ou son
oisiveté ne lui coûtent que six pences, il a réellement
dépensé ou plutôt gaspillé cinq shillings en plus.

Rappelez-vous que *le crédit est de l'argent*. Si quelqu'un laisse son argent dormir dans mes mains après
l'échéance, il m'en donne l'intérêt ou tout ce que j'en
puis tirer, durant le temps qu'il me le laisse. Cela
monte à une somme considérable quand un homme a
un grand crédit et en fait bon usage.

Rappelez-vous que l'argent est de nature féconde et
prolifique. L'argent enfante l'argent, ses rejetons en
font d'autres, et ainsi de suite. Cinq shillings placés
en valent six; placés encore ils en valent sept et trois
pences; et ainsi de suite jusqu'à ce qu'ils deviennent
cent livres sterling. Plus il y a d'argent, plus il rapporte,

de sorte que le profit s'élève de plus en plus vite. Celui qui tue une truie pleine détruit tout les petits jusqu'à la millième génération. Celui qui assassine une piastre en détruit les petits, et tout ce qu'elle pourrait produire, jusqu'à des centaines de livres sterling.

Rappelez-vous que six livres par an c'est huit sous par jour. Avec cette faible somme que nous pouvons chaque jour gaspiller soit en dépense inaperçue, soit en perte de temps, un homme qui a du crédit peut avoir sur sa propre garantie la constante possession et l'usage de cent livres sterling. Ce capital activement employé par un homme industrieux produit de grands résultats.

Rappelez-vous le proverbe: *le bon payeur est de la bourse d'autrui seigneur.* Celui qui est connu pour payer ponctuellement et exactement à l'échéance, peut en tout temps et en toute occasion trouver tout l'argent dont ses amis disposent. Ceci est quelquefois très-utile. Après le travail et l'économie, rien ne contribue davantage à la fortune d'un jeune homme que la ponctualité et l'intégrité dans les affaires; c'est pourquoi ne gardez jamais de l'argent emprunté une heure de plus que le temps promis pour le rendre, de peur que le désappointement ne vous ferme pour toujours la bourse de votre ami.

On doit faire attention aux actions les plus insignifiantes qui affectent le crédit d'un homme. Le bruit de votre marteau entendu à cinq heures du matin ou à neuf heures du soir, par un créancier, le rend facile pour six mois de plus. Mais s'il vous voit à un billard, ou s'il entend votre voix dans une taverne quand vous devriez être à l'ouvrage il envoie chercher son argent, le lendemain, et le demande en bloc avant l'échéance.

Cela montre en outre que vous pensez à votre dette, cela vous fait paraître aussi soigneux qu'honnête, et cela augmente encore votre crédit[1].

Gardez-vous de croire que tout ce que vous possédez est à vous et de vivre en conséquence. C'est une erreur où tombent beaucoup de gens qui ont du crédit. Pour l'éviter, tenez pendant quelque temps un compte exact de vos dépenses et de votre revenu. Si vous prenez la peine de noter le détail, cela aura un très-bon effet; vous verrez combien de petites et insignifiantes dépenses arrivent d'une manière qui vous surprendra, à faire des sommes considérables; vous discernerez ainsi quelles dépenses vous auriez pu éviter, et vous pourrez économiser à l'avenir sans vous gêner beaucoup.

Bref, si vous le voulez, le chemin de la fortune est aussi uni que le chemin du marché. Tout consiste en deux mots : *travail* et *économie:* c'est-à-dire ne perdre ni temps ni argent, mais faire le meilleur usage de ces deux choses. Sans travail et sans économie on ne fait rien, avec le travail et l'économie on fait tout. Celui qui gagne tout ce qu'il peut gagner honnêtement et économise tout ce qu'il gagne (les dépenses nécessaires exceptées) deviendra certainement *riche*, si cet Être qui gouverne le monde et vers lequel nous devrions toujours nous tourner pour obtenir la bénédiction de nos efforts, n'en a pas décidé autrement dans sa sage providence.

UN VIEUX COMMERÇANT.

1. C'est sa propre expérience que cite ici Franklin. V. **Les Mémoires**, p. 131.

LETTRE AU GOUVERNEUR SHIRLEY

Sur le moyen d'unir plus intimement les colonies à la Grande-Bretagne en leur accordant des représentants au parlement.

Boston, 22 décembre 1754.

Monsieur,

Depuis la conversation dont Votre Excellence a bien voulu m'honorer, au sujet d'une *union plus intime des colonies* avec la Grande-Bretagne en leur accordant des *représentants au parlement*, j'ai étudié de plus près la question; je pense qu'une telle union serait très-acceptable pour les colonies, pourvu qu'il leur soit accordé un nombre raisonnable de représentants, que tous les anciens actes du parlement restreignant le commerce ou gênant les manufactures des colonies soient en même temps annulés, et que les sujets britanniques *de ce côté de l'eau* soient mis à cet égard sur le même pied que ceux de la Grande-Bretagne, jusqu'à ce que le nouveau parlement, qui représentera tout l'empire, juge qu'il soit de l'intérêt général de remettre en vigueur quelques-uns de ces actes. Ce n'est pas que j'imagine que les quelques représentants accordés aux colonies auraient un grand poids par leur nombre; mais je pense que cela suffirait pour rendre ces lois meilleures et plus impartiales, et peut-être pour surmonter l'intérêt d'une petite corporation ou de quelques coteries de fabricants et de commerçants d'Angleterre, qui jusqu'ici, semblent avoir été plus considérées que toutes les colonies, ou plus qu'il ne convenait à l'intérêt général.

Je pense aussi qu'il serait infiniment plus agréable au peuple des colonies d'être gouverné par un parlement, où il serait convenablement représenté que par des instructions royales, comme on l'a essayé dernièrement; ce serait plus en harmonie avec la constitution *anglaise* et la liberté *anglaise*. Et ces lois qui aujourd'hui semblent écraser les colonies, seraient acceptées plus volontiers et plus facilement exécutées lorsque le parlement aurait jugé qu'elles sont dans l'intérêt de tous.

J'espérerais ainsi que par une telle union le peuple de la Grande-Bretagne et le peuple des colonies, apprendraient à se considérer, non comme de différentes sociétés, ayant de différents intérêts, mais comme une seule société, ayant un seul et même intérêt; ce qui, j'imagine, contribuerait à fortifier le royaume entier, et diminuerait beaucoup la crainte d'une séparation dans l'avenir.

Il est admis, je crois, qu'il est de l'intérêt général de tout État, que son peuple soit nombreux et riche; il lui faut beaucoup d'hommes prêts à combattre pour sa défense, prêts à payer des impôts suffisants pour supporter cette charge; tout cela contribue à assurer la sécurité de l'État, et le protége contre l'étranger. Mais il ne me semble pas de la même importance que le combat soit soutenu par Jean ou par Thomas; l'impôt payé par Guillaume ou par Charles. La fabrication du fer emploie et enrichit les sujets *britanniques*; mais qu'importe à l'État que les maîtres de forges demeurent à Birmingham ou à Sheffield, puisque dans les deux cas ils sont sur son territoire, et que leurs richesses, leurs personnes sont à sa disposition? Si par impos-

sible, les sables de Goodwin étaient desséchés, et qu'un
large espace de terre représentant un grand pays fût
ainsi gagné à l'Angleterre et rempli d'habitants anglais, est-ce qu'il serait juste de priver ces habitants
du droit dont jouissent les autres Anglais, du droit de
vendre leurs produits dans les mêmes ports, ou de
faire leurs souliers, parce qu'un marchand ou un cordonnier vivant dans le vieux pays s'imaginerait qu'il
est plus avantageux pour lui de faire le commerce
et les chaussures pour ces nouveaux venus? Est-ce
que cela serait juste quand même cette terre nouvelle
aurait été conquise aux frais de l'État? Ne serait-ce
pas encore moins juste si les colons eux-mêmes avaient
supporté la peine et le travail pour ajouter ces terres
à la Grande-Bretagne ? Est-ce que la dureté ne parai-
trait pas encore plus grande si on refusait au peuple
de ce nouveau pays, des représentants dans le parlement qui lui vote ses impôts.

Maintenant, je regarde les colonies comme autant
de pays acquis à la Grande-Bretagne, et avec plus
d'avantage que s'ils avaient été acquis dans les mers
qui environnent ses côtes et réunis à son sol. Placées
sous des climats différents, les colonies fournissent
une plus grande variété de produits, et plus de matériaux pour les manufactures; séparées par l'Océan,
elles accroissent d'autant plus le nombre des navires
et des matelots anglais. S'il est vrai qu'elles fassent
partie du royaume britannique, s'il est vrai que la
force et la richesse des parties soit la force et la richesse de tout, qu'importe à l'État qu'un marchand,
un forgeron, un chapelier s'enrichisse dans la *vieille*
ou dans la *nouvelle Angleterre* ? Et si la population

étant augmentée on a besoin de deux forgerons au lieu d'un que l'on employait auparavant, pourquoi ne permettrait-on pas au *nouveau* forgeron de vivre et de prospérer dans le *nouveau* pays, aussi bien que l'*ancien* forgeron dans l'*ancien* pays? Enfin pourquoi la protection de l'État serait-elle accordée *partielle-ment* si ce n'est en faveur de ceux qui ont le plus de titres? S'il y avait une différence, ce devrait être en faveur de ceux qui ont le plus contribué à agrandir l'empire et le commerce britannique, qui ont accru la force, la richesse, la population anglaise, au risque de leur vie et de leur fortune, dans des contrées nou-velles et sauvages.

J'ai l'honneur d'être, avec le plus grand respect et la plus grande estime, de Votre Excellence, le très-obéissant et très-humble serviteur. B. FRANKLIN.

PLAN POUR ÉCONOMISER CENT MILLE LIVRES STERLING.

(Tiré de l'Almanach du bonhomme Richard, pour l'an 1756.)

L'hiver dernier, comme je passais quelques semaines à visiter mes vieilles connaissances dans les Jerseys, j'entendis de grandes plaintes sur le manque d'argent; on eût voulu plus de papier-monnaie. Amis et concitoyens, mes avis en ce point ne vous coûteront rien, et si vous ne m'en voulez pas de vous les donner, je vous promets que je ne me fâcherai pas si vous n'en usez point.

On dit que chaque année vous dépensez au moins

deux cent mille livres sterling en articles d'Europe,
de l'Inde et des Antilles. Supposons que la moitié de
ces dépenses se fasse en choses *absolument nécessaires*,
on peut dire que l'autre moitié sont des *superfluités*
ou tout au plus des commodités; vous pourriez vous en
passer pendant une petite année et ne pas souffrir excessivement. Maintenant, pour économiser cette moitié,
suivez ces quelques indications.

I. Quand vous avez envie d'acheter un nouvel habit,
examinez d'abord l'ancien, voyez si vous ne le
feriez pas encore aller un an en le dégraissant, en le
raccommodant, et même en lui faisant mettre une pièce
au besoin. Souvenez-vous qu'une pièce à votre habit et
de l'argent dans votre poche valent mieux et donnent
plus de crédit qu'une assignation sur votre dos et pas
d'argent pour l'en ôter.

II. Quand vous avez envie d'acheter de la porcelaine,
de la mousseline ou de la soie des Indes, ou quelqu'autre de ces produits légers et élégants, je n'aurai pas
la cruauté d'insister pour que vous y *renonciez* absolument; tout ce que je vous conseille, c'est *d'ajourner à
l'année prochaine* comme vous faites pour votre repentir, et à certains égards, ceci vous évitera une occasion de repentir.

III. Si vous buvez maintenant du punch, du vin ou
du thé deux fois par jour, l'année prochaine n'en buvez qu'*une fois* par jour. Si vous n'en buvez qu'une fois
par jour, n'en buvez que tous les deux jours. Si vous
n'en buvez maintenant qu'une fois par semaine, n'en
buvez que tous les quinze jours. Si vous n'augmentez

pas la quantité et si vous diminuez les occasions, vous économiserez la moitié de votre dépense sur ces articles.

IV. Quand vous avez envie de boire du rhum, mettez *moitié* d'eau dans le verre.

C'est ainsi qu'à la fin de l'année il y aura *cent mille ivres sterling* de plus dans le pays.

Si on pouvait faire une aussi grande émission de papier-monnaie, personne n'en aurait sans donner quelque chose en échange; mais, par le moyen que j'indique, tout ce qu'on économise, *on l'aura pour rien* et le pays en sera d'autant plus riche. On payera honnêtement au marchand les vieilles dettes douteuses, et si le commerce n'est plus aussi étendu, il sera plus sûr.

———

LE CHEMIN DE LA FORTUNE OU LA SCIENCE
DU BONHOMME RICHARD [1].
1757.

Ami lecteur,

J'ai ouï dire que rien ne fait plus grand plaisir à un auteur que de voir citer ses œuvres avec respect. Jugez donc combien a dû me flatter une aventure q e je vai vous conter.

Ces jours derniers, j'arrêtai mon cheval dans un endroit où il y avait beaucoup de monde rassemblé pour une vente publique. L'heure de l'encan n'ayant pas

---

1. V. *Mémoires,* chap. vii. Il y a différentes éditions de ce morceau célèbre; j'ai suivi le texte donné par Vaughan et Jared Sparks. C'est le plus simple et le plus précis.

encore sonné, on causait de la dureté des temps. Quelqu'un de la compagnie s'adressant à un vieillard en cheveux blancs, simplement et proprement vêtu, lui dit : « Eh bien ! père Abraham, que pensez-vous de ce temps-ci ? Ces lourdes taxes ne ruineront-elles pas le pays ? Serons-nous jamais en état de les payer ? Que nous conseillez-vous ? »

Le père Abraham se leva et répondit : « Si vous voulez avoir mon avis, je vous le donnerai en bref, car : *à bon entendeur, salut,* comme dit le bonhomme Richard. » On se réunit pour le presser de dire sa pensée, et quand on fut en cercle autour de lui, il continua en ces termes :

« Amis, dit-il, il est vrai que les taxes sont très-lourdes. Si nous n'avions à payer que celles que le gouvernement nous impose, nous pourrions encore nous tirer d'affaire, mais nous en avons beaucoup d'autres, et qui sont bien plus onéreuses pour quelques-uns d'entre-nous. Notre oisiveté nous taxe au double de l'impôt ordinaire, notre orgueil au triple et notre folie au quadruple. Ces taxes-là, il n'est pas de percepteur qui puisse nous en décharger ni en diminuer le poids, en nous accordant une remise. Cependant, si nous sommes gens à suivre un bon avis, tout n'est pas perdu. *Aide-toi, le Ciel t'aidera,* comme dit le bonhomme Richard.

I. « Si un gouvernement taxait ses sujets à la dixième partie de leur temps, pour l'employer à son service, on le trouverait très-dur ; mais il en est beaucoup d'entre nous que l'oisiveté taxe bien davantage. L'oisiveté, en amenant des maladies, abrége forcément la vie. *L'oisiveté, comme la rouille détruit plus que n'use le travail ; clef qui sert est toujours claire*, comme dit le bonhomme Richard. *Si tu aimes la vie, ne perd pas le temps, car c'est l'étoffe dont la vie est faite*, comme dit le bonhomme Richard. Combien n'en perdons-nous pas à dormir plus qu'il n'est nécessaire, oubliant que : *Renard qui dort, n'attrape pas de poules*, et qu'*il y aura assez de sommeil dans la tombe*, comme dit le bonhomme Richard. »

« *Si le temps est le plus précieux de toutes les choses, dissiper le temps*, comme dit le bonhomme Richard, *doit être la plus grande des prodigalités*, puisque, comme il le dit ailleurs : *Temps perdu ne se rattrape jamais, et ce que nous appelons* assez de temps, *se trouve toujours trop court*. A l'œuvre donc, agissons et agissons à propos. Avec de l'activité on fait beaucoup plus de besogne, et avec moins de peine. *La paresse rend tout difficile, mais le travail rend tout aisé. Qui se lève tard trotte le jour, et attrape à peine sa besogne à la nuit*, tandis que *Fainéantise voyage si lentement que Pauvreté l'a bientôt attrapée. Mène tes affaires, ne te laisse pas mener par elles. Se coucher tôt, se lever tôt, donne santé, fortune et sagesse*, comme dit le bonhomme Richard. »

« A quoi bon souhaiter et attendre des temps meilleurs? En nous évertuant, nous pouvons rendre le temps meilleur. *Travail n'a que faire de souhaits. Qui vit d'espoir, mourra de faim. Il n'y a point de profit sans peine; ainsi donc : à l'aide, mes mains, puisque je n'ai point de biens, ou, si j'en ai, ils sont finement taxés. Qui a un métier a une terre; qui a un talent a une fonction qui donne honneur et profit*, comme dit le bonhomme Richard. Mais il faut travailler de son métier, et faire valoir son talent, sans quoi ni la terre, ni la fonction ne nous aideront à payer nos taxes.

« Si nous sommes laborieux, nous ne mourrons jamais de faim. *La faim regarde à la porte de l'ouvrier, mais elle n'ose pas entrer.* Huissier et sergents n'y entreront pas davantage. Car *le travail paye les dettes tandis que le désespoir les augmente.* Vous n'avez besoin ni de trouver un trésor, ni d'hériter d'un riche parent. *Activité est mère de bonne fortune et Dieu ne refuse rien au travail. Laboure à fonds, tandis que dorment les fainéants, et tu auras du blé à vendre et à garder.* Travaillez aujourd'hui car vous ne savez pas combien vous pouvez en être empêché demain. *Un bon aujourd'hui vaut deux demains,* dit le bonhomme Richard, et il ajoute : *Ne remets jamais à demain ce que tu peux faire aujourd'hui.* »

« Si vous étiez au service d'un bon maître, ne seriez-vous pas honteux qu'il vous surprît les bras croisés ? N'êtes-vous pas votre propre maître ? Rougissez donc de vous surprendre les bras croisés quand il y a tant à faire pour vous-même, pour votre famille, pour votre pays et pour votre roi. Pour manier vos outils, ne prenez point de mitaines; souvenez-vous que *chat ganté n'attrape pas de souris,* comme dit le bonhomme Richard. Il est vrai qu'il y a beaucoup à faire, et peut-être n'avez-vous pas les bras forts. Mais allez ferme et vous verrez des merveilles. *Goutte à goutte l'eau use la pierre; et avec du travail et de la patience une souris coupe un câble; et à force de petits coups on abat les grands chênes.*

« Il me semble que j'entends quelqu'un qui dit : « Il faut bien se donner un peu de loisir ». Mon ami, je répondrai ce que dit le bonhomme Richard : *Si tu veux gagner du loisir, emploie bien ton temps; et puisque tu n'es pas sûr d'une minute, ne perds pas une heure.* Du loisir est du temps pour faire quelque chose d'utile; ce loisir, l'homme actif le trouvera, le fainéant jamais; car *une vie de loisir et une vie de fainéantise sont deux. Bien des gens voudraient vivre sans travail et sur leur esprit seulement. Mais, faute de capital, ils font banqueroute,* tandis que le travail donne bien-être, abondance et considération. *Fuis les plaisirs, ils te suivront. Bonne fileuse ne manque jamais de chemise. Depuis que j'ai une brebis et une vache dans ma cour, chacun me souhaite le bonjour.*

II. « Mais il ne suffit pas de travailler, il faut encore être persévérant, sédentaire et soigneux; il faut surveiller nos affaires avec nos propres yeux, et ne pas trop nous en fier à autrui, car, comme dit le bonhomme Richard : *Arbre qu'on transplante, famille qui déménage, tournent moins bien que ceux qui restent en place,* et encore : *Trois déménagements valent un incendie;* et encore : *Garde ta boutique, ta boutique te gardera;* et encore : *Si tu veux que tes affaires se fassent, vas-y toi-même; si tu veux qu'elles ne se fassent pas, envoies-y quelqu'un.* Et encore : *Qui par la charrue veut s'enrichir, doit la tenir ou la conduire.* Et encore : *L'œil du maître fait plus de besogne que ses deux mains.* Et encore : *Faute de soin fait plus de tort que faute de savoir.* Et encore : *Ne pas surveiller tes ouvriers, c'est leur laisser ta bourse ouverte.* Trop compter sur la vigilance d'autrui a ruiné bien des gens, car : *Dans les affaires de ce bas monde, ce n'est pas la foi qui sauve, mais la défiance.* Mais le soin qu'on prend soi-même est toujours profitable, car : *si tu veux avoir un serviteur fidèle, et qui te plaise, sers-toi toi-même. Petite négligence peut enfanter un grand mal. Faute d'un clou le fer est perdu, faute d'un fer le cheval est perdu, et faute d'un cheval le cavalier lui-même est perdu; l'ennemi l'attrape et le tue; et tout cela faute d'avoir eu un peu de soin pour un clou de fer à cheval.* »

III. « Mes amis, en voilà assez sur le travail et sur l'attention que chacun doit donner à ses affaires, mais, si nous voulons être sûrs du succès de notre travail, il y faut ajouter l'économie.

« Qui ne sait pas épargner à mesure qu'il gagne, mourra sans laisser un sou, après avoir eu toute la vie le nez collé sur sa meule. *De grasse cuisine, sort maigre testament*, dit le bonhomme Richard. *Depuis que, pour la table à thé, les femmes ont oublié la quenouille et le tricot, depuis que pour le punch, les hommes ont oublié la hache et le marteau, les fortunes se dissipent à mesure qu'on les gagne. Veux-tu être riche, songe à épargner autant qu'à gagner. Les Indes n'ont pas enrichi l'Espagne, parce que ses dépenses sont plus grandes que ses revenus.*

« Chassez-moi ces folies dispendieuses et vous aurez moins à vous plaindre que les temps sont durs, les impôts lourds, le ménage coûteux : *Femme, vin, jeu, plaisirs, font la richesse petite et les besoins grands.* Et encore : *Avec ce que coûte un vice on élèverait deux enfants.* Un peu de thé, un peu de punch de temps en temps, une table un peu mieux servie, des habits un peu plus fins, une petite partie de plaisir, par hasard, qu'est-ce que cela, pensez-vous? Mais rappelez-vous qu'*un peu, souvent répété, fait beaucoup.* Prenez garde aux menues dépenses. *Petite voie d'eau fait couler grand vaisseau*, comme dit le bonhomme Richard ; et encore : *Qui aime les bons morceaux deviendra mendiant*, et encore : *Les fous donnent les repas et les sages les mangent.*

« Vous voilà tous réunis pour cette vente de curiosités et de bagatelles. Vous appelez cela des *biens*, mais, si vous n'y prenez garde, ce seront des *maux* pour quelques-uns d'entre vous. Vous comptez que tout cela sera vendu bon marché et peut-être au-dessous du prix coûtant; mais si vous n'en avez pas besoin, cela vous coûtera cher. Rappelez-vous ce que dit le bonhomme Richard : *Achète ce dont tu n'as pas besoin, tu vendras bientôt ce qui t'est nécessaire.* Et encore : *A grand bon marché, réfléchis avant d'acheter.* Il veut dire que peut-être le bon marché n'est qu'apparent, ou qu'en vous gênant dans vos affaires, il vous fera plus de mal que de bien. Car, dans un autre endroit, il dit : *Bon marché a ruiné bien des gens*, et encore : *C'est folie de dépenser son argent pour acheter un repentir.* Cependant cette folie se fait tous les jours dans les ventes aux enchères, faute de se souvenir de l'almanach du bonhomme Richard. Pour le plaisir d'avoir sur le dos un bel habit, combien de gens ne vont-ils pas le ventre vide, laissant mourir de faim leur famille. *Soie et satin, velours, hermine, éteignent le feu de la cuisine*, comme dit le bonhomme Richard.

« Ce ne sont pas là des nécessités de la vie; à peine peut-on dire que ce sont des agréments; et cependant parce que cela brille, combien de gens en ont-ils envie? Par ces extravagances et d'autres pareilles, les gens de bon ton sont réduits à la pauvreté, et forcés d'emprunter de ceux qu'ils dédaignaient naguères, mais qui, à force de travail et d'économie, ont su se maintenir. C'est ce qui prouve clairement que : *Manant debout est plus grand que gentilhomme à genoux*, comme dit le bonhomme Richard.

« Peut-être que ces messieurs avaient hérité d'une petite fortune, sans savoir comment on la gagne. Ils disaient en eux-mêmes : *Il fait jour, il ne fera jamais nuit*. Sur une fortune comme la mienne, cette petite dépense n'est rien. Mais, *à force de prendre dans la huche, sans y rien mettre, on en trouve bientôt le fond*, comme dit le bonhomme Richard, *Quand le puits est à sec, on connaît le prix de l'eau*. S'ils avaient écouté l'avis du bonhomme, ce prix, ils l'auraient su plus tôt. *Veux-tu savoir le prix de l'argent, essaye d'en emprunter; qui cherche un prêteur cherche un crève-cœur*, comme dit le bonhomme Richard. Autant en arrive à celui qui prête à de pareilles gens, quand il veut ravoir son argent.

« Ce n'est pas le dernier conseil du bonhomme Richard; il dit encore : *L'orgueil de la parure est une malédiction; avant de consulter ta fantaisie, consulte ta bourse*. Et encore : *L'Orgueil est un mendiant qui crie aussi haut que le Besoin, et qui est bien plus insatiable*. Quand vous avez acheté une jolie chose, il vous en faut acheter dix autres, pour que rien ne jure. Mais, dit le bonhomme Richard : *Il est plus aisé d'étouffer le premier désir que de satisfaire tous ceux qui suivent*. Le pauvre qui veut singer le riche est aussi fou que la grenouille qui s'enfle pour égaler le bœuf. *Grands vaisseaux peuvent risquer davantage; petits bateaux doivent suivre le rivage*.

« Ces folies de l'orgueil sont bientôt punies; car, comme dit le bonhomme Richard : *L'Orgueil qui dîne de vanité, soupe de mépris. L'Orgueil déjeune avec l'Abondance, dîne avec la Pauvreté et soupe avec la Honte.* Et, après tout, à quoi sert cet orgueil de paraître, pour lequel on risque tant, on souffre tant? Il ne peut donner la santé, ni adoucir la peine, il n'augmente pas notre mérite; il excite l'envie, il hâte la ruine.

« Quelle folie de s'endetter pour ces superfluités? Aux termes de la vente, on nous offre six mois de crédit; peut-être cette offre a-t-elle engagé quelques-uns de nous à venir ici. On n'a pas d'argent comptant, mais on espère se faire beau sans rien débourser. Mais, en vous endettant, songez à ce que vous faites : vous donnez à autrui des droits sur votre liberté. Si vous ne pouvez payer à l'échéance, vous rougirez de voir votre créancier; vous ne lui parlerez qu'en tremblant; vous alléguerez les excuses les plus mauvaises, les plus pitoyables, les plus basses. Par degrés, vous en viendrez à perdre votre franchise, vous vous abaisserez jusqu'au mensonge; car : *Mentir est le second vice; le premier est de s'endetter,* comme dit le bonhomme Richard. Et encore : *La Dette porte en croupe le Mensonge.* Un Anglais, citoyen d'un pays libre, ne devrait ni rougir, ni craindre de voir ou d'affronter homme qui vive ; mais souvent la pauvreté ôte tout courage et toute vertu. *Il est difficile qu'un sac vide se tienne debout.*

« Que penseriez-vous d'un prince ou d'un gouvernement qui rendrait un édit pour vous défendre de vous habiller comme des messieurs et des dames, et cela sous peine de prison ou de servitude? Ne diriez-vous

pas que vous êtes libres, que vous avez le droit de vous
habiller comme il vous plaît ; qu'un pareil édit viole vos
priviléges ; qu'un pareil gouvernement est tyrannique ?
Et cependant si vous vous endettez pour avoir ces
habits, vous allez vous soumettre de vous-mêmes à cette
tyrannie. Votre créancier aura le droit de vous priver de
votre liberté, suivant son bon plaisir, en vous tenant
en prison jusqu'à ce que vous soyiez en état de le
payer [1].

« Quand vous faites votre marché, peut-être ne vous
inquiétez-vous guère du payement ; mais, comme dit
le bonhomme Richard : *Les créanciers ont meilleure
mémoire que les débiteurs ; les créanciers sont une
secte superstitieuse, grands observateurs des jours et des
mois.* L'échéance arrive sans que vous y pensiez ; la
demande est faite avant que vous soyiez prêt à y satisfaire ; ou, si vous n'oubliez pas votre dette, l'échéance,
qui d'abord semblait si éloignée, vous paraîtra, en se
rapprochant, extrêmement courte. On dirait que le
temps a mis des ailes à ses talons comme à ses épaules.
Pour qui doit payer à Pâques, le carême est court.

« En ce moment peut-être vous croyez-vous en pleine
prospérité ; satisfaire une petite fantaisie vous semble sans
danger ; mais *Soleil du matin ne dure pas tout le jour ;
tandis que vous le pouvez, épargnez pour l'heure de la
vieillesse et du besoin.* Le gain est passager et incer-
tain ; mais, tant qu'on vit, la dépense est constante et
certaine. *Il est plus aisé de bâtir deux cheminées que d'en
chauffer une,* comme dit le bonhomme Richard ; aussi

---

1. Dans les lois anglaises du dernier siècle, la contrainte par
corps durait jusqu'à parfait payement. Un débiteur insolvable
pouvait rester en prison toute sa vie.

*Couche-toi plutôt sans souper que de te lever endetté.
Gagne ce que tu peux, garde bien ce que tu gagnes :
voilà la pierre philosophale qui changera ton plomb en
or.* Et quand vous tiendrez cette pierre-là, vous ne
vous plaindrez plus de la rigueur des temps, ni de la
difficulté de payer les impôts.

IV. « Cette doctrine, mes amis, est celle de la raison
et de la sagesse. Mais, après tout, ne vous fiez pas trop
à votre travail, à votre économie, à votre prudence,
quoique ce soit d'excellentes choses; car, sans la bénédiction du ciel, tout cela peut avorter. Demandez donc
humblement cette bénédiction; ne soyez point sans
charité pour ceux à qui semble manquer cette faveur.
Consolez-les, aidez-les. Rappelez-vous que Job fut misérable, et qu'ensuite il redevint heureux. -

« Et maintenant pour conclure : *L'expérience fait
payer cher ses leçons,* comme dit le bonhomme Richard; *mais pour les insensés il n'est pas d'autre école;*
encore n'en profitent-t-ils pas toujours; car : *On peut
donner un bon avis, mais on ne peut donner une bonne
conduite.* Quoi qu'il en soit, rappelez-vous : qu'*on ne
peut secourir celui qui ne veut pas qu'on le conseille.*
Et encore : *Si tu ne veux pas écouter la raison, elle te
donnera sur les doigts,* comme dit le bonhomme Richard. »

C'est ainsi que le vieil Abraham finit sa harangue.
On l'écouta, on l'approuva, et l'on fit aussitôt le contraire, comme si l'on sortait du sermon ordinaire. Dès
que la vente commença, on acheta follement.

Je vis que le Bonhomme avait étudié à fond mes
Almanachs, et qu'il avait rassemblé tout ce que j'avais
semé durant le cours de vingt-cinq années. La répé-

tition continuelle de mon nom aurait fatigué toute
autre personne, mais ma vanité en fut merveilleuse-
ment chatouillée ; quoique je susse parfaitement que,
de toute cette sagesse qu'il m'attribuait, la dixième
partie ne m'appartenait point : j'avais glané ces maximes
de bon sens chez toutes les nations et dans tous les
siècles.

Néanmoins, je résolus de faire mon profit de cet écho
du bon sens ; j'étais venu, décidé à m'acheter du drap
pour me faire un habit neuf ; je m'en allai résolu de
porter mon vieil habit un peu plus longtemps.

Lecteur, si tu veux en faire autant, ton profit sera
aussi grand que le mien.

Je suis, comme toujours, tout à toi, pour te servir.

RICHARD SAUNDERS.

———

APPENDICE AU BONHOMME RICHARD.

M. Parton, dans sa *Vie de Franklin*[1], a rassemblé
un certain nombre de proverbes qu'il a recueillis dans
les *Almanachs* du bonhomme Richard. On les lira avec
plaisir. Il y a apparence que plusieurs de ces proverbes
ont été empruntés à des collections anglaises ou françaises.

— L'épreuve de l'or, c'est le feu ; l'épreuve de la
femme, c'est l'or ; l'épreuve de l'homme, c'est la femme

— Une nouvelle vérité est une vérité ; une vieille
erreur est une erreur.

— Bois de l'eau, mets l'argent dans ta poche, et laisse
la colique dans le bol de punch.

1. Tome I, p. 231.

— Nécessité n'a jamais fait un bon marché.

— Trois personnes peuvent garder un secret, si deux sont mortes.

— Prive-toi, par amour de toi-même.

— Voici l'orateur avec son flot de paroles et sa goutte de raison.

— Un vieux jeune homme sera un jeune vieillard.

— Averti, garanti.

— Les poissons et les hôtes sentent mauvais au bout de trois jours.

— La richesse n'est pas à celui qui la possède, mais à celui qui en jouit.

— Ne jetez pas de pierre à vos voisins, si vos fenêtres sont de verre.

— Dieu guérit, le médecin touche l'argent.

— La plus noble question du monde est celle-ci : Quel bien puis-je faire ici?

— Il y a trois amis fidèles : une vieille femme, un vieux chien, et de l'argent comptant.

— Qui donc t'a trompé aussi souvent que toi-même?

— Fuis le plaisir, il te suivra.

— Avant de te marier, ouvre de grands yeux; après le mariage, ferme-les.

— Cherche les vertus chez les autres et les vices chez toi.

— Que la première leçon que tu donnes à ton fils soit l'obéissance; la seconde sera ce que tu voudras.

— Pour supporter les afflictions d'autrui on a du courage de reste.

— La ruse et la perfidie sont la ressource des gens qui n'ont pas assez d'esprit pour être honnêtes.

— Quand tu sais qu'une chose est mal, ne laisse

aucun plaisir te tenter, aucun profit te séduire, aucune ambition te corrompre, aucun exemple t'entraîner; ainsi tu vivras gaiement, car une bonne conscience est une fête perpétuelle.

———

A MISS MARY STEVENSON.

Sur l'étude des insectes[1].

Craven street, 11 juin 1760.

.... Votre réflexion sur ce que vous avez lu dernièrement au sujet des insectes est très-juste et très-solide. Des esprits superficiels sont disposés à mépriser et à traiter d'hommes frivoles ceux qui prennent cette partie de la création pour en faire leur étude; mais certainement le monde leur a de grandes obligations. Grâce aux soins et au ménage de l'homme, le chétif ver à soie donne de l'emploi et de la subsistance à des milliers de familles, il est devenu un immense article de commerce. L'abeille nous cède son miel délicieux et sa cire

1. Franklin lui-même était grand observateur des insectes. Un voyageur suédois, Pierre Kalm (celui peut-être qui a donné les renseignements contenus dans cette lettre), a raconté à ce sujet une histoire fort répandue au siècle dernier.

M. Franklin, dit-il (dans son *Voyage en Amérique*, publié en 1748), inclinait fort à croire que les fourmis avaient quelque moyen de se communiquer leurs pensées, il confirmait cette opinion par quelques exemples. Quand une fourmi trouve du sucre, elle court aussitôt à la fourmilière, et quand elle y est restée quelque temps, il en sort toute une armée qui va là où est le sucre, et qui l'emporte par miettes. Quand une fourmi rencontre une mouche morte qu'elle ne peut traîner à elle seule, elle court au logis, et bientôt d'autres fourmis entourent la mouche et l'emportent. Il y a quelque temps, M. Franklin mit dans un cabinet un pot de mélasse. Une foule de fourmis entra dans le

qui sert à une multitude d'emplois. Un autre insecte,
dit-on, produit la cochenille, d'où se tire notre riche
teinture d'écarlate. Tout le monde connaît l'utilité des
cantharides (ou mouches d'Espagne) en médecine;
des milliers de personnes doivent la vie à ce remède.
L'industrie et l'observation humaine découvriront peut-
être quelque jour chez d'autres insectes d'autres propriétés non moins utiles. Une parfaite connaissance
de ces petites créatures peut aussi mettre les hommes
en état de prévenir l'accroissement de celles qui
sont nuisibles, ou de nous garantir des dommages
qu'elles occasionnent. Vos livres sans doute parlent de
tout cela; je ne puis y ajouter qu'un exemple récent
que je tiens d'un gentilhomme suédois, très-digne de
crédit[1].

Dans les chantiers du roi de Suède, les pièces de
charpente fraîches, destinées à construire des vaisseaux, étaient attaquées par une espèce de vers, qui
devenaient plus nombreux et plus pernicieux d'année

pot et se mit à manger la mélasse fort tranquillement. Quand le
propriétaire du pot s'en aperçut, il jeta les fourmis à terre, et
au moyen d'une ficelle attacha le pot à un clou mis au plafond,
si bien que le vase était suspendu après la ficelle. Par hasard, une
fourmi était restée dans le pot; elle mangea jusqu'à ce qu'elle
fût repue; mais quand elle voulut sortir, elle fut fort embarrassée
de trouver la route; elle tourna autour du pot, mais inutilement;
enfin, après bien des essais, elle trouva moyen d'aller au plafond en suivant la ficelle. Du plafond, elle gagna le mur, et du
mur la terre. Il y avait à peine une demi heure qu'elle était
partie, que parut une troupe de fourmis, qui monta au plafond, descendit le long de la corde, et se remit à manger. La
chose dura jusqu'à ce que toute la mélasse fût dévorée, un esca-
dron descendait le long de la ficelle, et un autre remontait[*].

1. C'est sans doute de Pierre Kalm qu'il s'agit.

* Pierre Kalm, *Voyage en Amérique*, t. I, p. 303.

en année, de sorte que les vaisseaux étaient fort endommagés, avant même que d'être mis à l'eau. Le roi envoya de Stockholm M. Linnée, le grand naturaliste, pour examiner la chose, et voir si le mal comportait quelque remède. Après examen, Linnée découvrit que le ver sortait d'un petit œuf, déposé sur les aspérités du bois par une sorte de mouche ou de scarabée dont la nymphe aussitôt qu'elle était éclose commençait à ronger la substance du bois; au bout de quelque temps, elle se métamorphosait en mouche, pareille à celle qui l'avait pondue; c'est ainsi que l'espèce se multipliait. Linnée reconnut en outre que la saison de la ponte se réduisait à une quinzaine de jours, dans le mois de mai, à ce que je crois, et n'avait jamais lieu dans un autre temps. Il conseilla donc de jeter dans l'eau, peu de temps avant cette date, toutes les pièces de bois frais coupées et de les tenir immergées jusqu'à ce que la saison fût passée. La chose faite par l'ordre du roi, les mouches, privées de leur nid habituel, ne purent se multiplier; l'espèce en fut détruite, ou alla ailleurs, et le bois fut sauvé, car, passé la première année il était trop sec et trop dur pour convenir à ces insectes.

Il est toutefois à propos d'apporter une certaine modération dans les études de cette sorte. La connaissance de la nature peut être un objet d'agrément ou d'utilité, mais on serait répréhensible si, pour s'y distinguer, on négligeait la connaissance et la pratique des devoirs essentiels. Car, dans les études naturelles, il n'y a rien qui soit aussi important que d'être bon père, bon fils, bon mari ou bonne femme, bon voisin ou bon ami, fidèle sujet ou bon citoyen, et en un mot bon chrétien. Nicolas Gimcrack, qui négligeait le soin de sa famille pour courir après les papillons, était donc un personnage ridicule, et donnait beau jeu aux satiriques, à qui il faut l'abandonner.

Adieu, ma chère amie, croyez-moi toujours,

Votre affectionné,

B. F.

PRÉCAUTIONS NÉCESSAIRES A CEUX QUI VONT FAIRE UN VOYAGE SUR MER[1].

1760.

Quand on doit entreprendre un long voyage, il n'y a rien de mieux que de le tenir secret jusqu'au moment du départ. Sans cela, on est continuellement interrompu et tracassé, par des visites d'amis et de connaissances, qui font non-seulement perdre un temps précieux, mais oublier mille choses qu'on désire se rappeler; de sorte que quand on est embarqué et qu'on cingle déjà en pleine mer, on se rappelle avec beaucoup d'inquiétude des affaires non terminées, des comptes non réglés, et un nombre infini de choses qu'on se proposait d'emporter, et dont on sent, à chaque instant, la privation.

Ne serait-il pas très-avantageux de changer la coutume, de laisser les voyageurs seuls et tranquilles pour faire leurs préparatifs, et ensuite, quand ces préparatifs sont finis, d'avoir quelques jours pour prendre congé de ses amis, et recevoir leurs vœux pour un heureux retour?

1. Ce morceau est curieux comme souvenir des misères qui accompagnaient la vie en mer au dernier siècle.

Il n'est pas toujours possible de choisir le capitaine
avec lequel on doit s'embarquer; et cependant, le plaisir, le bonheur du voyage en dépend pour la plus
grande part; car il faut, pendant un temps, vivre dans
sa société, et être, en quelque sorte, sous ses ordres. Si c'est un homme sociable, sensible, obligeant,
et d'un bon caractère, on est bien plus heureux.

On rencontre quelquefois des capitaines de ce genre
mais ils sont rares. Toutefois, si le vôtre n'est pas de
ce nombre, il peut être bon marin, attentif, vigilant,
et vous devez alors le dispenser du reste; car ce sont
là les qualités essentielles.

Quelque droit que, d'après votre accord avec lui,
vous ayez aux provisions du bord, il est toujours prudent d'avoir quelques provisions particulières, dont
vous puissiez vous servir à l'occasion. Il faut avoir de
bonne eau, celle du vaisseau est souvent mauvaise.
Mais mettez la vôtre en bouteille; autrement, elle se
gâtera. Il faut aussi que vous emportiez du bon thé,
du café moulu, du chocolat, du vin de l'espèce que
vous aimez le mieux, du cidre, des raisins secs, des
amandes, du sucre, du sirop de capillaire, des citrons,
du rhum, des œufs dans des flacons d'huile, des tablettes de bouillon, et du biscuit. Quant à la volaille,
il est presque inutile d'en emporter, à moins que vous
ne vouliez vous charger du soin de la nourrir et de
l'engraisser vous-même. On en prend si peu de soin
à bord, qu'elle est presque toujours malade, et que
la viande en est aussi coriace que du cuir.

Les marins ont une opinion qui doit sans doute
son origine à un manque d'eau, et à la nécessité où
l'on a été de l'épargner. Ils prétendent que la volaille

a toujours soif, et que quand on lui donne de l'eau
à discrétion, elle se tue en buvant outre mesure. En
conséquence, ils ne lui en donnent qu'une fois tous
les deux jours, encore est-ce en petite quantité. Mais
comme ils versent cette eau dans des auges incli-
nées, elle court du côté qui est le plus profond; alors
les poules sont obligées de monter les unes sur les autres pour en attraper un peu, et il y en a quelques-
unes qui ne peuvent pas même y tremper le bec. Dévorées de soif et éprouvant continuellement le supplice de
Tantale, elles ne peuvent pas digérer la nourriture
très-sèche qu'elles ont prise, et bientôt elles sont malades et périssent. On en trouve, chaque matin, quelqu'une de morte, qu'on jette à la mer, tandis que celles qu'on tue pour la table valent rarement la peine
d'être mangées.

Pour remédier à cet inconvénient, il est nécessaire
de diviser les auges en petits compartiments, de façon
que chacun contienne de l'eau : mais c'est un soin
qu'on ne prend guère. Les cochons et les moutons
sont donc les animaux qu'il est plus convenable d'embarquer, comme viande fraîche; le mouton est en général très-bon à la mer, le porc est excellent.

Il peut arriver qu'une partie des provisions, que je
recommande de prendre, devienne inutile, par les
soins qu'aura eus le capitaine, d'en mettre à bord une
suffisante quantité. Mais, dans ce cas, vous pouvez
en secourir les pauvres passagers, qui, payant moins
pour leur passage, sont empilés dans l'entre-pont
avec l'équipage, et n'ont droit qu'à la ration des matelots.

Ces passagers sont quelquefois malades, tristes,

abattus : il y a souvent des femmes, des enfants, qui n'ont pas le moyen de se procurer toutes ces choses et qui en ont peut-être le plus grand besoin.

En leur distribuant une partie de votre superflu, vous pouvez leur être du plus grand secours. Vous pouvez leur rendre la santé, leur sauver la vie, enfin les rendre heureux; avantage qui procure toujours les émotions les plus douces à une âme sensible !

La chose la plus désagréable en mer, c'est la cuisine; car, à proprement parler, il n'y a jamais à bord de vrai cuisinier. Le plus mauvais matelot est ordinairement choisi pour cet emploi, et il est presque toujours fort malpropre. C'est de là que vient le dicton des marins anglais : — « *Dieu nous envoie la viande et le diable les cuisiniers.* » — Cependant ceux qui ont meilleure opinion de la Providence, pensent autrement. Sachant que l'air de la mer et le roulis du vaisseau ont un merveilleux effet pour aiguiser l'appétit, ils disent que Dieu a donné aux marins de mauvais cuisiniers pour les empêcher de trop manger, ou bien que prévoyant qu'ils auraient de mauvais cuisiniers, il leur a donné un bon appétit, pour les empêcher de mourir de faim.

Mais si vous n'avez pas confiance dans ces secours de la Providence, vous pouvez vous pourvoir d'une lampe à esprit-de-vin et d'une bouilloire, et vous apprêter vous même quelques aliments, comme de la soupe, du hachis, etc. Un petit fourneau de tôle est aussi très-commode à bord; votre domestique peut vous y faire rôtir un morceau de mouton ou de porc.

Si vous avez envie de manger du bœuf salé, qui est souvent très-bon, vous trouverez que le cidre est la meilleure boisson pour étancher la soif qu'occasionnent la viande et le poisson salés.

Le biscuit de mer est trop dur pour les dents de quelques personnes; on peut le ramollir en le faisant tremper : mais le pain cuit deux fois est encore meilleur; parce qu'étant fait de bonne miche coupée par tranches, et remise au four, il s'imbibe tout de suite, devient mou, et se digère facilement. Aussi est-ce une nourriture excellente, et bien supérieure au biscuit qui n'a point fermenté.

Il faut que j'observe ici que ce pain remis au four était autrefois le biscuit qu'on préparait pour les vaisseaux; car en français le mot *biscuit* signifie cuit deux fois. Les pois qu'on mange à bord, cuisent mal et sont durs. Pour qu'ils soient bons, il faut mettre dans la marmite un boulet de deux livres, le roulis du vaisseau fait que les pois forment une espèce de purée, comme de la moutarde.

J'ai souvent vu à bord que lorsqu'on servait la soupe dans des vases larges et peu profonds, elle était renversée de tous côtés par le roulis du vaisseau; et alors je désirais que nos potiers d'étain divisassent les soupières en compartiments, dont chacun contiendrait de la soupe pour une seule personne. Par ce moyen, on serait sûr que dans un roulis extraordinaire, la soupe ne sauterait pas hors du plat, pour échauder ceux qui sont a table.

Maintenant que je vous ai entretenu de ces choses de peu d'importance, permettez-moi de conclure par quelques réflexions générales sur la navigation.

Quand la navigation sert à transporter des denrées nécessaires, d'un pays où elles abondent dans les lieux où elles manquent, quand elle prévient la disette, qui était jadis si commune et si fatale, nous ne pouvons nous empêcher de la regarder comme un des arts qui contribuent le plus au bonheur du genre humain. Mais quand la navigation ne sert qu'à charier des choses inutiles, des objets d'un vain luxe, il n'est pas certain que les avantages qui en résultent suffisent pour contre-balancer les malheurs qu'elle occasionne, en exposant la vie de tant d'hommes, sur le vaste Océan. Et lorsqu'elle sert à piller des vaisseaux et à transporter des esclaves, elle est, sans contredit, un moyen funeste d'accroître les calamités qui affligent l'humanité.

On ne peut s'empêcher d'être étonné, quand on songe au nombre de vaisseaux et d'hommes qui s'exposent tous les jours en allant chercher du thé à la Chine, du café en Arabie, du sucre et du tabac en Amérique, tous objets sans lesquels nos ancêtres vivaient fort bien. Le seul commerce du sucre emploie mille vaisseaux, et celui du tabac presque autant. Pour l'utilité du tabac, on n'en peut rien dire; et quant au sucre, combien ne serait-il pas méritoire de sacrifier le plaisir momentané que nous avons à en prendre deux fois par jour dans notre thé, plutôt que d'encourager les cruautés sans nombre qu'on exerce continuellement pour nous le procurer !

Un célèbre moraliste français dit que quand il considère les guerres que nous fomentons en Afrique pour y avoir des nègres, le grand nombre qu'il en périt dans ces guerres, les multitudes de ces infortunés qui meurent, pendant la traversée, victimes de la maladie, de l'air empoisonné ou de la mauvaise nourriture, et enfin tous ceux qui succombent aux traitements cruels qu'on leur fait souffrir dans l'esclavage, il ne peut pas voir un morceau de sucre sans s'imaginer qu'il est taché de sang humain. Mais s'il ajoutait à cela les guerres que nous nous faisons les uns aux autres pour prendre et reprendre les îles qui produisent cette denrée, il ne verrait pas le sucre simplement taché de sang ; il verrait qu'il en est entièrement trempé.

Ces guerres sont cause que les puissances maritimes de l'Europe, et les habitants de Paris et de Londres, payent leur sucre bien plus cher que les habitants de Vienne, encore que ceux-ci soient presque à trois cents lieues de la mer. Une livre de sucre coûte aux premiers, non-seulement le prix qu'ils donnent pour l'avoir, mais aussi les impôts qu'ils payent pour soutenir les flottes et les armées destinées à protéger et à défendre les contrées qui le produisent.

SUR LA PRESSE DES MATELOTS [1].

1762.

Remarques écrites au crayon en marge d'un exemplaire de l'opinion donnée par le juge Foster [2].

Page 157. La seule question, maintenant, est de savoir si des marins, c'est-à-dire des gens qui ont choisi volontairement la vie de mer, des gens que leur éducation et leur existence prépare et endurcit à ce service, ne peuvent

---

1. Ce morceau, n'a rien perdu de son intérêt, parce qu' ne partie des raisonnements s'applique également à l'inscrip ion maritime.
2. Les pages indiquées sont celles de l'édition de 1762.

pas légalement être *pressés*[1] pour le service de l'État, lorsque le salut public le demande : *ne quid detrimenti respublica capiat.*

Pour moi, je pense qu'on peut le faire. Je pense que la couronne a droit d'exiger le service de ces gens. C'est en vertu du même droit, qu'en cas d'invasion ou d'insurrection elle requiert le service de *tout homme* capable de porter les armes. Dans les deux cas, le droit est fondé sur le même principe : la nécessité de se sacrifier pour le salut commun.

La conclusion du *tout* à la *partie* ne semble pas ici d'une bonne logique. Quand on met en réquisition *tout homme* capable de porter les armes, le fardeau est également réparti. Il n'en est pas ainsi quand on demande le service à une classe de citoyens et qu'on en dispense les autres. Si l'alphabet disait : « que toutes mes lettres combattent pour la défense commune, » il y aurait de l'égalité et par conséquent cela pourrait être juste. Mais s'il disait : « qu'A, B, C, D s'arment et combattent pour nous, tandis que nous resterons au logis et dormirons entre deux draps, » cela ne serait plus de l'égalité, et par conséquent cela ne peut pas être juste.

Page 158. Ce serait du temps perdu que de prouver que, sans une force navale égale à tous les événements qui peuvent survenir, l'Angleterre ne peut être longtemps tranquille, nos côtes défendues, notre commerce protégé. Et comment nous assurer une pareille force? Maintenir en temps de paix les armements qui, en temps de guerre, sont absolument nécessaires à notre sécurité, ce serait une dépense absurde, stérile et ruineuse. Le seul moyen qui

---

1. C'est-à-dire pris de force.

nous reste, c'est que, dans les occasions pressantes, la
couronne ait le droit d'*employer* les matelots élevés dans
la marine marchande.

Employer, je le veux bien. Le mot *employer* signifie
que j'engage un individu à travailler pour moi, en lui
offrant un salaire suffisant pour qu'il préfère mon service à tout autre. Cela est fort différent de le *forcer* à
travailler pour moi : *aux conditions qu'il me plaît
d'établir.*

Quant au matelot lui-même, quand il est pris pour le service de la couronne, que fait-il autre chose que de changer de maître pour un temps donné? *Son service et ses
occupations* sont les mêmes, avec cet avantage que les
dangers de la mer et de l'ennemi ne sont pas aussi grands
dans le service de la couronne que dans le service marchand.

Le fait est faux. *Son service et ses occupations* ne
sont pas les mêmes. Un vaisseau marchand n'est point
un vaisseau de guerre; il n'a point à combattre, il
a seulement à transporter une cargaison. Au service de
roi, le matelot est obligé de se battre, et de courir
tous les hasards d'un combat. Sur les vaisseaux du
roi la maladie est aussi plus commune, et plus souvent
mortelle. A la fin d'une campagne, le matelot peut
quitter le service du commerce, mais non celui du
roi. Enfin la solde que paye le commerce est plus cons
sidérable.

Je ne suis pas insensible aux fatigues que la *presse* cause
en certain cas aux matelots, particulièrement quand, après
une longue traversée, il est *pressé* au port. mais les armateurs qui m'entendent, savent qu'il y aurait de bien plus

grandes souffrances pour le commerce du royaume, si l'on faisait la *presse* sur des vaisseaux qui partent, et cependant cela même est quelquefois nécessaire.

Ici, on compare deux choses qui ne sont pas comparables, je veux dire l'injustice faite aux gens de mer et les souffrances du commerce. Les souffrances de tout le commerce d'une nation ne justifieront jamais l'injustice faite à un seul matelot. Si le commerce ne peut se passer du service de cet homme, qu'il le paye; il est en état, et c'est son devoir de lui proposer un salaire suffisant pour le décider à s'offrir volontairement.

Entre deux maux, quand il y a place pour le choix, une sage administration choisira *le moindre*.

Quand on a besoin de marins, le *moindre* mal est de leur offrir une solde assez forte pour les décider à s'enrôler volontairemnt. Répartissez ce mal sur toute la nation, au moyen d'une taxe égale qui payera la solde.

Page 159. La guerre elle-même est un grand mal. Mais on le choisit pour en éviter un plus grand. *La presse est un des malheurs que la guerre apporte avec elle. Mais c'est un axiome de droit et de bonne politique que, pour prévenir une calamité nationale, il faut supporter avec patience les maux particuliers.*

Où donc se trouve cet axiome de droit et de bonne politique ? Et qu'est-ce qu'un axiome qui est contraire au sens commun ? Si l'on disait que les maux particuliers qui préviennent une calamité nationale doivent être généreusement réparés par la nation, je comprendrais cet axiome. Mais dire qu'il n'y a autre chose à faire qu'à prendre en patience ces maux particuliers, c'est une absurdité.

Et comme il ne peut nous arriver de plus grande calamité que d'être faibles et sans défense sur mer, en temps de guerre, je ne vois pas que la sagesse de la nation ait trouvé jusqu'ici, pour monter notre flotte, aucune mesure qui ait *moins d'inconvénients* que la *presse*, et qui, en même temps soit aussi sûre et aussi efficace.

Moins d'inconvénient? Pour qui? Pour le riche qui devrait payer? Oui, sans doute. Mais assurément on ne pouvait pas imaginer un mal qui eût *plus d'inconvénient* pour le pauvre marin.

Au temps du roi Guillaume on essaya de l'enrôlement volontaire. Cela ne réussit point. Les derniers projets que j'ai vus me paraissent plus incommodes pour le matelot, et plus inconciliables avec les principes de la liberté, que n'est la pratique de la *presse*, et ce qui est pis, tous ces projets, selon moi, sont impraticables.

Vingt projets impossibles ou incommodes n'en justifient pas un qui est inique.

Page 159. Le droit de *presser* les matelots est fondé sur la coutume d'Angleterre.

Si la *presse* est de droit, suivant la coutume d'Angleterre, l'esclavage aussi y est de droit, car il n'y a pas de pire esclavage que celui auquel on soumet les gens de mer.

C'est une nécessité évidente.

Non, si on arrive au même résultat en donnant une solde plus considérable.

Il y a beaucoup de précédents de *writs* ou d'ordres de *presser*. Il y en a qui ordonnent de *presser* des navires, d'autres ordonnent de *presser* des matelots ; il y en a enfin qui ordonnent de *presser* tout ensemble des navires et des marins.... Ceci nous montre le pouvoir que la couronne a constamment exercé sur toutes les forces navales du royaume, hommes et choses, toutes les fois que le service public l'exige. Remarquons toutefois que dans aucun cas personne n'a servi la couronne à ses propres frais. Maîtres et matelots ont reçu *solde entière*, et on a toujours payé aux armateurs le fret complet.

Solde entière ; c'est sans doute la solde qu'ils recevaient dans la marine marchande. Solde entière pour un matelot, en temps de guerre, c'est la solde que le commerce lui payerait en temps de guerre. Mais on sait que sur les vaisseaux du roi on ne donne pas la moitié de cette solde aux matelots *pressés*.

Page 173. De tout ceci, comment ne pas conclure la convenance, la nécessité, la légalité de la *presse* en général. Pour raisonner autrement il faudrait se faire de la conduite et des paroles de nos législateurs une opinion qu'il ne *serait pas décent pour moi d'articuler* dans cette enceinte.

Je risquerai cette indécence, et j'articulerai cette opinion. Ces législateurs n'étaient pas d'honnêtes gens ; pour sauver leur bourse et celle de leurs constituants, ils ont agi injustement avec les marins, qui n'ont pas de vote aux élections, ou que leur absence empêche de voter. Des parlements plus anciens ont traité, avec la même injustice, le peuple de travailleurs qui n'avait pas quarante shillings de revenu foncier. Après les avoir méchamment privés du droit de voter dans les élections, on limita leur salaire, et on les obligea de travailler à ces prix forcés, sous peine d'être envoyés dans des maisons de correction. Voyez le huitième statut de Henri VI, chap. VII et VIII.

Page 174. Je conviens que la *presse* gêne la liberté naturelle de ceux qui y sont soumis. Mais, d'un autre côté, il faut admettre que toute gêne de la liberté n'est pas illégale *eo nomine,* ni tout à fait incompatible avec les principes de la liberté *civile.* Si cette gêne, quel qu'en soit le degré, paraît nécessaire au bien être et à la prospérité de toute la nation, si elle est autorisée par la loi et par l'usage immémorial, *on ne peut s'en plaindre que comme d'un mal particulier, auquel,* ainsi que je l'ai dit en commençant, *il faut* se soumettre sous tous les gouvernements, pour éviter un mal général.

La justesse de ce *il faut,* je ne la vois point. Le mal particulier, c'est, pour un grand nombre d'honnêtes gens, la perte de la liberté, une demi-solde, et le risque de la vie. Le mal général c'est de payer aux marins une solde plus forte. Penser que pour éviter un mal général *il faut* faire une injustice particulière aussi criante, c'est peut-être comprendre *la loi,* mais c'est peu s'entendre en *équité.* Appliquons la doctrine de l'auteur à sa propre situation. C'est pour le service public qu'on institue des cours de justice et des juges qui appliquent la loi. Les juges doivent être élevés pour leur profession et versés dans la science des lois; mais leurs gros traitements sont un *mal général.* Pour en finir avec cet inconvénient, lancez des ordres de *presse* afin de saisir et appréhender au corps les meilleurs légistes;

forcez-les de servir comme juges à moitié prix de ce qu'ils auraient gagné au barreau. Dites-leur en-suite que c'est là, sans doute, un mal particulier, mais qu'*il faut* s'y soumettre afin d'éviter un *mal général*. Le savant juge approuverait-il cette application de sa doctrine ?

Quand l'auteur parle de la presse (page 158), il di-minue, autant que possible, ce qu'il y a d'horrible dans cette pratique, en nous peignant un seul matelot, qui souffre en *certains cas particuliers* seulement, suivant son expression délicate. C'est à ce malheur d'un individu qu'il oppose les souffrances de tout le com-merce du royaume. Mais s'il arrive (et je crois que le cas est fréquent) que le matelot *pressé* soit obligé de servir pour la défense de ce commerce, au prix de 25 shillings par mois, tandis qu'il pourrait gagner 3 livres 15 shillings au service du commerce, ce sont 50 shil-lings par mois que vous lui prenez [1].

Si vous avez cent mille matelots à votre service, c'est 250 000 livres par mois, ou trois millions sterling [2] que vous dérobez à ces honnêtes gens et à leurs pauvres fa-milles. En même temps vous les forcez à hasarder leur vie, en combattant pour la défense de votre commerce, défense à laquelle chacun doit contribuer (les matelots comme le reste) en proportion du profit que cha-cun en retire. Trois millions sterling, c'est plus que leur part contributive, alors même qu'ils ne payeraient pas de leur personne; et si vous les forcez à payer de leur

1. En argent de France : vous lui donnez 31 fr. par mois, quand il pourrait gagner 93 fr. 75 c., vous lui prenez donc 62 fr. 50 c.

2. 75 000 000 de francs.

personne, au moins devriez-vous les dispenser de contribuer.

On dira que donner aux matelots du roi la solde de commerce, cela coûterait trop cher à la nation ; il faudrait augmenter les impôts. La question se réduit à ceci : Dans une société, est-il juste que les riches forcent une partie de la classe pauvre à combattre pour la défense de leurs personnes et de leurs biens, moyennant le salaire qu'il leur plaît d'accorder, et sous peine de punition pour celui qui refuse ? Notre auteur nous dit que cela est *légal*. Je ne suis pas assez fort en droit pour contester son autorité, mais je ne puis me persuader que cela soit *équitable*. J'accorde pour un moment que la *presse* soit légale quand elle est nécessaire, mais alors je soutiens qu'il en faut user de façon à produire le même bon effet, c'est-à-dire *la sécurité publique*, sans commettre une aussi horrible injustice que celle qui accompagne la presse des simples matelots.

Pour mieux me faire entendre, j'établirai deux points, comme prémisses.

1° Le premier est que pour le service de guerre on aurait des matelots de bonne volonté, si on les payait suffisamment. La preuve en est que pour servir sur les mêmes vaisseaux et courir les mêmes dangers, vous n'avez nul besoin de *presser* ni capitaines, ni lieutenants, ni seconds lieutenants, ni *midshipmen*, ni commissaires, ni autres officiers. Pourquoi ? Parce que les profits de leurs places, ou les émoluments qu'ils en attendent, sont des appâts suffisants. Le problème est donc de se procurer par la *presse* assez d'argent pour avoir des matelots qui servent volontairement comme les officiers, et cela sans mettre de nouvel impôt sur le commerce.

2° Mon second point est celui-ci. Si 25 shillings par mois, avec une ration de bœuf salé, de porc et de pois, suffisent à la subsistance d'un matelot qui travaille péniblement, à plus forte raison cela suffira-t-il à un homme de cabinet ou à un homme du monde.

Je propose donc d'établir une caisse qui payerait des primes aux marins. Pour remplir cette caisse, je *presserais* un certain nombre d'officiers civils qui, en ce moment, ont de gros salaires; je les obligerais à servir dans leurs fonctions respectives, moyennant 25 shillings par mois, avec leur part à la gamelle, et je verserais le reste de leur traitement dans la caisse des marins. Qu'on me donne un pareil mandat à exécuter, la première personne que je *presserai* sera un *recorder* de Bristol, ou un certain juge, nommé M. Foster. J'aurais besoin de cet exemple édifiant pour montrer comment on doit supporter la presse; car M. Foster trouverait certainement que si c'est un *malheur particulier* que d'être réduit à 25 shillings par mois, ce malheur suivant son *axiome de droit et de bonne politique doit être supporté avec patience* pour prévenir une calamité nationale.

Après cela je *presserai* le reste des juges, et, ouvrant le Livre Rouge, je *presserai* tous les fonctionnaires civils, depuis ceux qui touchent 50 livres[1] par an, jusqu'à ceux qui touchent 50 000 livres; cela jetterait dans notre caisse une somme énorme. Ces messieurs n'auraient pas à se plaindre, puisqu'ils recevraient

---

1. 1250 francs.

leurs 25 shillings par mois et leurs rations, et cela
sans être obligés de combattre.

Enfin je crois que je presserais le roi et que je con-
fisquerais son traitement; mais par suite d'un vieux
préjugé qui me prévient en faveur de ce titre, j'alloue-
rais à Sa Majesté la paye de gentleman marchand[1]. Je
ne pourrais pas aller plus loin en sa faveur, car, à dire
le vrai, je ne suis pas pleinement convaincu de la nécessité ou de l'utilité de cette charge dans la Grande-
Bretagne; je vois, dans le monde, beaucoup d'États
florissants, qui sont bien gouvernés, et heureux sans
cela.

Page 177. Pour moi je déclare franchement que d'*anciens*
précédents, s'ils ne sont pas soutenus par l'*usage moderne*,
me touchent fort peu, dans des questions de cette nature.

L'*usage moderne* soutenu par d'*anciens précédents*,
ne me touche pas davantage. Tout cela prouve seulement combien la constitution est encore imparfaite,
puisque, dans un cas aussi général, au lieu d'assurer
la liberté, elle la détruit. Cela prouve encore que les
parlements sont injustes, et qu'ils se prêtent à l'oppression du pauvre, quand le riche peut gagner ou
économiser par cette oppression.

Page 179. Je ne m'excuse pas de la longueur de mon
opinion; j'espère que l'importance de la question sera en
ce point une justification *suffisante*.

L'auteur ne pouvait pas être plus court. Il fallait un

---

1. Je suppose que c'est la paye des subrécargues ou d'employés à bord, au-dessus du rang du matelot.

long discours pour jeter de la poudre aux yeux du sens commun, confondre toutes nos idées du juste et de l'injuste, faire que le noir paraisse blanc, et que la plus mauvaise opinion semble la meilleure.

———

A LORD KAMES A ÉDIMBOURG.

Sur l'harmonie et la mélodie des airs écossais.

Londres, 2 juin 1765.

Dans mon passage en Amérique j'ai lu votre excellent ouvrage des *Éléments de critique;* j'y ai trouvé un grand charme, beaucoup à admirer et rien à reprendre. J'aurais seulement souhaité que vous eussiez examiné plus à fond le sujet de la musique, et que vous eussiez démontré que le plaisir que prennent les artistes à entendre la plupart des compositions dans le goût moderne, n'est pas le plaisir naturel qui résulte de la mélodie ou de l'harmonie des sons, mais que c'est un plaisir du même ordre que celui qu'on prend à voir les tours de force des voltigeurs et des danseurs de corde. Pour ma part, je pense qu'il en est ainsi, et j'imagine que c'est la raison pour laquelle ceux qui ne connaissent point la musique, et qui par conséquent n'ont pas le sentiment de ces difficultés, n'ont point, ou ont fort peu de plaisir à entendre ce genre de musique. La plupart de ces compositions ne sont que des tours de force. Dans des concerts, où assistait le gros du public, je me suis quelquefois placé de façon à voir tout le monde en face; je n'ai observé sur les visages aucun signe de plaisir, pendant l'exécution d'une grande partie des morceaux qui faisaient l'admiration des exécutants, tandis qu'un vieil air écossais, tout uni, que les musiciens dédaignaient, et n'exécutaient qu'à regret, causait manifestement un plaisir universel.

A cette occasion, permettez-moi d'étendre un peu le sens de votre proposition, que *l'harmonie et la mélodie sont agréables, chacune séparément, et que réunies elles sont délicieuses,* et de dire que, à mon avis, la raison pour laquelle les airs écossais se sont soutenus si longtemps, et probablement se soutiendront toujours (s'ils peuvent échapper au danger d'être étouffés par les ornements affectés des modernes), c'est uniquement parce que ce sont des compositions de mélodie et d'harmonie réunies, ou pour mieux dire parce que leur mélodie est de l'harmonie. Je parle des airs simples chantés par une seule voix. Comme ceci a l'air d'un paradoxe, il faut expliquer mon opinion. Il est vrai que, suivant l'acception commune on n'appelle *mélodie* qu'une agréable *succession* de sons, et qu'on n'appelle *harmonie* que la *coexistence* de sons agréables. Mais comme la mémoire est capable de retenir pendant quelques moments une idée parfaite du ton ou de l'élévation d'un son qui vient de finir, de façon à le comparer au ton qui succède, et de juger sûrement de leur accord ou de leur dissonance, il en peut résulter et il en résulte en effet un sentiment d'harmonie entre le son présent et le son passé, aussi agréable que celui qu'éveillent deux sons donnés en même temps.

Or, telle est la composition des anciens airs écossais. Presque toutes les notes emphatiques qui se succèdent, sont une tierce, une quinte, une octave, en un mot, une note qui est en accord avec la note précédente. Les tierces y sont les plus fréquentes, c'est un accord très-agréable. Je me sers du mot *emphatique* pour désigner les notes sur lesquelles on appuie en chantant, et les distinguer des petites notes d'assemblage, qui, ainsi que les articles dans le langage, ne servent qu'à lier les parties.

Avons-nous l'idée parfaite d'un son qui vient de cesser? Sur ce point j'en appelle à tous ceux qui ont quelque connaissance de la musique, ils savent combien il est aisé de répéter un son sur le ton même qu'on vient d'entendre. Lorsque on accorde un instrument, une bonne oreille peut aussi aisément juger que deux cordes sont à l'unisson en les faisant résonner séparément qu'en les faisant résonner ensemble. Et quant à leur dissonance il est aussi aisé, j'oserai même dire, il est plus aisé d'en juger quand on les fait résonner séparément; car, lorsqu'on les fait résonner ensemble, quoiqu'on connaisse par la vibration que l'une est plus haute que l'autre, on ne saurait dire laquelle c'est. J'ai attribué à la mémoire la faculté de comparer le ton présent à celui qui vient de cesser; mais s'il y avait dans l'oreille quelque chose d'analogue à ce que nous remarquons dans l'œil, ce qui n'a rien d'impossible, cette faculté n'appartiendrait pas à la mémoire. Peut-être que les vibrations, communiquées aux nerfs auditifs par un certain son, continuent quelque temps après que la cause de ces vibrations est passée, et que la comparaison aide à mieux discerner l'accord ou la dissonance du son qui suit. Car l'impression faite sur les nerfs visuels par un objet lumineux dure pendant vingt ou trente secondes. Étant assis dans une chambre, regardez fixement le milieu d'une fenêtre pendant quelque temps par un beau jour, et fermez ensuite les yeux; la figure de la fenêtre vous restera dans l'œil, et si distinctement que vous en pourrez compter les panneaux.

Enfin si nous considérons par qui ces vieux airs ont été composés, et comment ils étaient exécutés à l'origine, nous verrons que ces successions harmoniques des sons étaient naturelles, et même nécessaires à leur composition. Les ménestrels les composaient pour les jouer sur la harpe, en les accompagnant de la voix. La harpe était garnie de fil d'archal qui donne un son de longue durée, il n'y avait pas, comme dans le clavecin moderne, un mécanisme qui arrête le son de la note jouée au moment où commence une note nouvelle. Pour éviter une dissonance effective, il était donc nécessaire que la nouvelle note emphatique fût en accord avec la précédente, puisque leur son devait exister en même temps. Voilà d'où vient la beauté de ces airs, qui ont plu si longtemps et qui plairont toujours sans qu'on sache pourquoi. Quand je dis qu'ils ont été originairement composés pour la harpe, et de l'espèce la plus simple, j'entends une harpe qui n'avait de demi-note que celle de l'échelle naturelle, et seulement deux octaves de cordes, de C à C ; je trouve ma conjecture appuyée par un autre fait, c'est qu'aucun de ces airs vraiment anciens, ne contient une demi-note artificielle, et que dans les airs, où il eût été plus convenable d'employer les notes moyennes de la harpe, et de placer la clef en F, le B, qui aurait été un B dièze, y est toujours omis; on passe par-dessus au moyen d'une tierce.

Les connaisseurs en musique moderne diront que je

n'ai pas de goût ; mais je ne puis m'empêcher d'a-
jouter que je crois que nos ancêtres lorsqu'ils enten-
daient une bonne chanson, distinctement articulée,
chantée sur un de ces airs et accompagnée avec la
harpe, sentaient un plaisir plus réel que celui qu'on
peut goûter dans la plupart de nos opéras modernes,
en mettant de côté les décorations et la danse. La plupart des airs modernes, n'ayant point cette harmonie
naturelle unie avec leur mélodie, on a recours à l'harmonie artificielle d'une basse, et d'autres parties d'ac-
compagnement[1]. Les vieux airs n'ont aucun besoin de
ce secours, qui y porte plutôt la confusion que l'agrément. Quiconque les a entendu jouer à James Oswald
sur son violoncelle, aura peu d'envie de me contester
ce point. Plus d'une fois j'ai vu des larmes de joie
dans les yeux des auditeurs, et cependant je crois que
son jeu aurait plu encore davantage s'il avait ajouté
moins d'ornements modernes à ces vieux airs.

Je suis. B. F.

Sur les défauts de la musique moderne.

A PIERRE FRANKLIN, A NEWPORT.

(Sans date.)

Cher frère,

J'aime votre ballade, je trouve qu'elle répond bien à
votre projet de flétrir un luxe coûteux et d'encourager

---

1. Rousseau, dans son *Dictionnaire de musique*, imprimé en
1768 (v. *Harmonie*) a soutenu la même doctrine, ou le même
paradoxe.

le travail et l'économie. Si vous parvenez à la faire
chanter partout dans votre pays, il est probable qu'elle
produira l'effet que vous désirez et que vous en atten-
dez. Mais puisque vous vouliez la rendre familière à
tout le monde, je m'étonne que vous ayez choisi une
mesure de vers si peu commune qu'aucun des airs populaires n'y peut convenir. Si vous l'aviez adaptée à
un vieil air bien connu, elle se serait répandue beaucoup plus vite qu'elle ne fera avec le meilleur air que
nous puissions faire composer exprès pour elle. Je crois
aussi que si vous l'aviez donnée à quelqu'une de ces filles
des champs, au cœur du Massachusetts, qui n'ont jamais
entendu d'autre air que les psaumes, *Chevy-chace, les
Enfants dans les bois, la Dame espagnole* et autres vieux
refrains de cette espèce, mais qui ont naturellement de
l'oreille, elle vous aurait trouvé un air populaire plus
agréable que tous ceux que composeront ici nos grands
maîtres, et qui aurait mieux fait votre affaire. Car ce
qu'il faut, c'est que chaque mot chanté soit compris
par ceux qui l'écoutent, et que l'accent voulu soit donné
par le chanteur comme il le serait par le lecteur : c'est
de là que dépendent l'effet et l'impression que peut
faire une chanson. Je tâcherai cependant de faire composer pour vous l'air le plus convenable qu'il se
pourra.

N'imaginez pas que je cherche à déprécier le talent
de nos compositeurs ; ils sont admirables pour plaire à
des oreilles *exercées*, et savent se charmer *l'un l'autre ;*
mais pour des chansons, le goût à la mode semble tout
à fait hors de la nature, ou plutôt le contraire de la
nature ; et cependant le torrent les emporte tous, un ou
deux exceptés.

A l'exemple des législateurs antiques, vous voudriez réformer les mœurs de votre patrie par l'influence combinée de la poésie et de la musique. Autant qu'on en peut juger par ce qu'on sait de *leurs* chansons, la musique en était simple : elle se conformait à la prononciation des mots, quant à la mesure, à la cadence ou à l'accent, etc., sans jamais déguiser ni brouiller les paroles en faisant d'une syllabe longue une brève, ni d'une brève une longue. Chanter n'était pour eux qu'une façon de parler plus agréable, parce qu'elle était mélodieuse ; on avait toutes les grâces d'une prose éloquente en y joignant le charme de l'harmonie. Le chant moderne, au contraire, néglige toutes les propriétés et toutes les beautés du langage ordinaire ; il y substitue ses *défauts* et ses *absurdités* comme autant de grâces. Peut-être ne voudrez-vous pas m'en croire sur parole, j'essayerai de vous donner des preuves. Voici le premier air qui me tombe sous la main. C'est l'œuvre d'un de nos plus grands maîtres, Handel, à jamais fameux. Ce n'est point un des essais de sa jeunesse, avant que son goût fût éclairé et formé ; Handel a composé cet air quand sa réputation était au comble. Le morceau est fort admiré par tous les admirateurs du musicien, et est vraiment excellent dans son genre. Il est intitulé l'*air favori de Judas Machabée.* Or j'y remarque, parmi les défauts et impropriétés de langage :

1° *La mauvaise position de l'accent*, qu'on fait porter sur des mots sans importance ou sur des syllabes qui ne peuvent le prendre. Exemple :

Avec leur *vain* mystère.

Divine sagesse, ô toi qui *viens* du ciel !

2° *La traînée*, qui prolonge le son des mots au delà de leur mesure naturelle :

Qui guérira mon cœur blessé, *é, é, é,*
Divine sa, *a* gesse, ô toi qui *viens, ens* du ciel, *el.*

3° *Le bégaiement*, qui, d'une seule syllabe en fait plusieurs. Je me souviens que dans un air que je ne retrouve pas, d'une seule syllabe on en faisait seize. C'était le mot *charmes*[1] : *Cha, a, a, a, a, a, a, a, a, a, a, a, a, a, a, armes.* C'est le bégaiement pris en flagrant délit.

4° *Inintelligibilité*[2], résultat naturel de la réunion des trois défauts précédents.

Donnez cet air à chanter à un grand musicien ; qu'il le chante à une compagnie qui ne l'a jamais entendu, vous verrez qu'on ne saisira pas trois mots sur dix. De là vient qu'aux Oratorios ou à l'Opéra, on voit un livret dans la main de quiconque désire entendre ce que chantent les meilleurs musiciens.

5° *La tautologie*, ou redite inutile. Dans l'opéra célèbre d'Acis et Galatée, Handel a répété cent fois coup sur coup : *le monstre Polyphème, le monstre Polyphème.*

6° Les *éclats* de voix sans sujet. Peut-être n'en trouverai-je pas d'exemple frappant dans cet air ; mais quiconque a suivi nos opéras s'en rappellera un grand nombre.

Je vous envoie cet air, paroles et musique. Lisez les

1. *Charms* n'a qu'une syllabe en anglais.
2. *Unintelligibleness :* le mot est, je crois, de la composition de Franklin.

paroles, sans les répétitions. Voyez combien il y a de mots, et quel déluge de notes les inondent; peut-être alors ne serez-vous pas éloigné de penser avec moi que les paroles étaient peut-être l'objet principal des vieilles chansons, mais qu'elles sont de peu d'importance dans les airs modernes, et ne sont en un mot *qu'un prétexte pour chanter.*

Je suis, comme toujours, votre frère affectionné.

B. F.

P. S. J'aurais pu mettre l'*inarticulation* au nombre des vices de langage qu'on fait passer pour des beautés dans le chant moderne. Mais, comme il semble que c'est plutôt une faute du chanteur que du compositeur, je n'en ai pas parlé à propos de la composition. Le beau chanteur à la mode émousse toutes les consonnes dures, et polit tous les sons un peu saillants qui servent à distinguer un mot d'un autre. Vous êtes charmés par un organe admirable; vous n'entendez rien de plus que si l'air était joué par tout autre instrument. Si les musiciens ont jamais eu l'ambition de faire des instruments qui imitassent la voix humaine, leur ambition d'aujourd'hui est à l'inverse de celle-là; la voix ne cherche plus qu'à ressembler à un instrument. C'est ainsi que les premières perruques ont été faites pour imiter une tête naturelle qui a ses cheveux; mais depuis qu'elles sont devenues à la mode, quoique la forme en soit contre nature, nous voyons qu'on coiffe les gens pour que leurs cheveux naturels aient l'air de perruques.

SUR LE PRIX DU BLÉ ET SUR LES SECOURS
DONNÉS AUX PAUVRES [1].

1766.

A Messieurs du public.

J'appartiens à cette classe du peuple qui vous nour-
rit tous et qu'en ce moment vous écrasez tous; en un
mot, je suis *fermier.*

Vos journaux nous apprennent que Dieu a envoyé
une mauvaise récolte à quelques pays de l'Europe. Je
pensais que cela profiterait à la vieille Angleterre, et
que nous obtiendrions un bon prix de notre grain, ce
qui apporterait des millions chez nous, et nous ferait
nager dans l'argent, chose peu commune, assurément.

Mais la sagesse du gouvernement a défendu l'exportation.

« Bon, ai-je dit, nous nous contenterons du prix du
marché, chez nous.

— Non, ont répondu messeigneurs de l'émeute; ce
prix, vous ne l'aurez pas. Apportez votre blé au marché, si vous l'osez; nous le vendrons pour vous et
pas cher, si même nous ne le prenons pour rien. »

Attaqué par les deux bouts de la *Constitution,* par la
tête et la queue du *Gouvernement,* que faire?

Faut-il garder mon blé au grenier pour nourrir et

1. Cet excellent morceau a été publié à Londres, dans le *London-Chronicle,* en 1760, neuf ans avant qu'Adam Smith pu-
bliât *la Richesse des Nations.* Franklin doit être considéré
comme un des fondateurs de l'économie politique; nul n'a défendu et répandu de plus saines idées.

augmenter le peuple des rats? Soit! ils ne seront pas plus ingrats que ceux que j'ai l'habitude de nourrir.

Nous autres fermiers, sommes-nous donc les seuls à qui l'on envie les profits d'un honnête labeur? Et pourquoi? Un de ces écrivailleurs, qui nous déchirent, publie la carte du dîner que j'ai donné pour les épousailles de ma fille, et proclame à la face du monde entier que nous avons eu l'insolence de manger du bœuf et du poudding! N'a-t-il donc pas lu dans le saint livre ce précepte : *Tu ne muselleras pas le bœuf qui foule le grain*, ou pense-t-il que nous soyons moins dignes de bien vivre que nos bœufs?

Oui, mais les manufacturiers! les manufacturiers! Il faut les favoriser, il leur faut du pain à bon marché!

Écoutez un peu, monsieur Lourdaud. Vous dites que les fermiers vivent splendidement. Aimeriez-vous mieux les voir entasser l'argent qu'ils gagnent? Leurs beaux habits, leurs beaux meubles, les font-ils eux-mêmes pour eux ou leurs confrères, de façon à garder chez eux leur argent? Ou, au contraire, emploient-ils vos chers manufacturiers, et par là répandent-ils leur argent dans tout le pays?

La laine me produirait un meilleur prix, si on lui permettait d'aller sur les marchés étrangers; mais cela, messieurs du public, vos lois ne le souffrent pas. Il faut que notre laine reste au pays pour que vos *chers* manufacturiers l'aient au plus bas prix possible. Et puis, après nous avoir ainsi découragés d'élever des troupeaux, vous nous maudissez parce que le mouton est rare!

J'ai entendu dire à mon grand-père que les fermiers s'étaient résignés à la défense d'exporter la laine, parce qu'on leur avait fait espérer et croire que, lorsque le manufacturier achèterait la laine meilleur marché, le drap serait moins cher. Mais, du diable! s'il en est ainsi. Le drap est devenu de plus cher en plus cher. Pourquoi? C'est tout simple : le drap est exporté; cela maintient les prix.

Maintenant, si c'est un bon principe qu'il faut empêcher l'exportation d'un article afin qu'à l'intérieur on l'ait à meilleur marché, tenez-vous à ce principe, et marchez droit devant vous. Défendez l'exportation de vos draps, de vos cuirs, de votre quincaillerie, en un mot, de vos fabrications de toute espèce, afin qu'au pays elles soient meilleur marché. Et je vous réponds qu'elles seront si bon marché, qu'on finira par n'en plus fabriquer du tout.

Il y a des gens qui ont l'air de s'imaginer qu'ils ne seront jamais à leur aise, tant que l'Angleterre ne sera pas devenue un autre pays de Cocagne, beau pays où, dit-on, les pavés des rues sont de brioches, les tuiles de galettes, et où les poulets, tout rôtis, vous crient : « Venez me manger. »

Moi, je dis : quand vous êtes sûrs que vous tenez un bon principe, attachez-vous-y et poussez-le jusqu'au bout. On dit que pour le ministère, c'était chose *nécessaire et juste* de faire prohiber l'exportation des blés, quoique ce fût *contraire à la loi;* on ajoute que pour l'émeute c'était chose *contraire à la loi* que d'arrêter les voitures de grains, quoique ce fût *nécessaire et juste.* C'est la même chose point pour point. Maintenant on me dit qu'il faut voter un bill d'indemnité en faveur du ministère, afin qu'on ne puisse l'inquiéter pour un acte illégal. S'il est ainsi, amnistiez l'émeute. D'autres

personnes prétendent qu'il faut pendre quelques émeu-
tiers, pour l'exemple. S'il en est ainsi.... mais je n'en
dirai pas plus que je n'en ai dit : *Quand vous êtes sûr que
vous tenez un bon principe, allez jusqu'au bout.*

Vous dites que les pauvres ouvriers ne peuvent payer
le pain à un prix élevé, à moins qu'on n'augmente
leur salaire. C'est possible. Mais, nous autres fermiers, comment ferons-nous pour payer plus cher nos
ouvriers, si vous ne nous permettez pas de vendre
notre grain plus cher, quand la chose est possible ?

D'après tout ce que j'apprends si l'exportation avait
été permise, nous aurions eu une guinée de plus par
quarter. Et cet argent, l'Angleterre l'aurait gagné sur
l'étranger.

Mais il semble que nous autres fermiers, nous devons perdre sur le prix du pain, pour que le pauvre
l'ait d'autant meilleur marché.

La prohibition d'exporter équivaut donc à une taxe
pour l'entretien des pauvres. « Très-bonne chose,
direz-vous. — Mais, je vous le demande, pourquoi
une taxe partielle ? Pourquoi ne pèse-t-elle que sur
nous autres fermiers seulement ? Si c'est une bonne
chose, de grâce, messieurs du public, prenez-en
votre part, en nous indemnisant un peu sur votre
trésor public. A faire une bonne chose, il y a tout à
la fois honneur et plaisir ; nous ne vous marchandons
pas votre part.

Pour moi, je ne suis pas convaincu de la bonté de
cette chose. Faire du bien aux pauvres, j'en suis ; mais
sur les moyens à employer, je ne partage pas votre
avis. Le meilleur moyen de faire du bien aux pauvres,
ce n'est pas de les mettre à l'aise *dans* leur pauvreté,

c'est de les tirer ou de les pousser *hors* de leur misère. Dans ma jeunesse, j'ai beaucoup voyagé, et j'ai remarqué en différents pays que plus on organise des secours publics pour prendre soin des pauvres, moins ils prennent soin d'eux-mêmes, et naturellement ils deviennent encore plus misérables. Et, au contraire, moins on fait pour eux, plus ils font pour eux-mêmes, et mieux ils se tirent d'affaire. Il n'y a pas de pays au monde où il y ait autant d'établissements charitables que chez nous : tant d'hôpitaux fondés ou maintenus par la charité privée pour les pauvres malades ou estropiés, tant d'hospices pour les vieillards des deux sexes, sans parler d'une loi solennelle et générale que les riches ont faite pour soumettre leurs domaines à une lourde taxe au profit des pauvres. Sous le poids de toutes ces obligations, le pauvre est-il chez nous modeste, humble, reconnaissant? Fait-il tous ses efforts pour se suffire à lui-même et décharger de ce fardeau nos épaules? Au contraire; j'affirme qu'il n'y a pas de pays au monde où le pauvre soit plus fainéant, plus dissolu, plus ivrogne, plus insolent. Le jour où vous avez voté la loi des pauvres, vous leur avez ôté de devant les yeux le plus grand de tous les encouragements au travail, à la frugalité, à la sobriété; car, pour le soutien de l'âge ou de la maladie, vous leur avez appris à compter sur autre chose que sur l'économie durant la jeunesse et la santé.

En deux mots, vous avez donné un prix d'encouragement à la paresse, ne vous étonnez donc pas si cette prime a eu pour effet d'augmenter la misère. Révoquez votre loi, vous verrez bientôt un changement dans les mœurs du pauvre. *Saint lundi* et *saint mardi* ne seront plus des jours fériés. *Tu travailleras durant six jours :* cet antique commandement, depuis longtemps dédaigné comme une vieillerie, sera de nouveau regardé comme un précepte respectable. Le travail augmentera, et à sa suite viendra l'abondance chez les pauvres gens; leur condition s'améliorera. En leur apprenant à songer à l'avenir et à prendre soin d'eux-mêmes, on aura fait plus pour leur bonheur que si demain on leur partageait toutes nos fortunes.

Excusez-moi, messieurs du public, si, sur ce sujet *intéressant*, je vous donne la peine de lire un peu de *mes* sottises. Je suis sûr d'avoir lu, il n'y a pas bien longtemps, une grande quantité des *vôtres*; j'ai donc quelque droit à votre indulgence (c'est à messieurs les écrivains que je m'adresse).

Je suis, etc.   Arator.

DE LA CONTREBANDE ET DE SES DIVERSES ESPÈCES [1]

1767.

Monsieur,

Il y a beaucoup d'hommes qui veulent qu'on les croie et même qui se croient eux-mêmes des gens *honnêtes*, et qui cependant manquent d'honnêteté en certains points. La mode, la coutume, quelquefois même l'inattention les égare si bien que leur honnêteté n'est que *partielle*, au lieu d'être *générale* ou universelle. Tel, qui dédaignerait de vous surfaire dans un marché, ne

---

1. Publié dans le *London-Chronicle* du 24 novembre 1767, et adressé à l'éditeur du journal.

se fait aucun scrupule de vous tricher un peu aux cartes;
tel autre joue avec la plus grande loyauté, qui ne se
gênera nullement pour vous attraper en vous vendant
un cheval. Mais de toutes les espèces de déshonnêteté
où tombent des gens, qui d'ailleurs sont honnêtes, il
n'en est pas de plus commune et de moins sentie que
la fraude faite au Gouvernement soit par la contrebande,
soit par l'encouragement donné aux contrebandiers, en
achetant leurs marchandises.

Je fis cette réflexion l'autre jour, en entendant deux
gentlemen de bonne réputation, qui causaient ensemble
d'une propriété que l'un voulait vendre, et que l'autre
voulait acheter. En recommandant sa propriété, le
vendeur faisait remarquer que la situation en était très-
avantageuse. Placée sur la côte, dans un pays de contrebande, elle offrait de fréquentes occasions de se procurer à bon marché les articles les plus chers dans un
ménage. Thé, café, chocolat, eau-de-vie, vins, mous-
selines, dentelles de Bruxelles, soies françaises, marchandises de l'Inde, ou pouvait acheter tout cela à vingt,
trente et quelquefois même cinquante pour cent au-dessous du prix exigé, à l'intérieur des terres, par les
marchands qui payent les droits. L'autre *gentleman*,
non moins *honnête* que le premier, reconnaissait que
c'était là un avantage, mais il trouvait que dans le prix
demandé, le vendeur évaluait cet avantage un peu trop
haut. Ni l'un ni l'autre n'avaient l'air de penser que
traiter avec des contrebandiers soit une pratique dont
un *honnête* homme ait à rougir (pourvu qu'il obtienne
les articles à bon marché).

En un temps où le poids de notre dette publique, et
la lourde dépense des flottes et des armées, nécessaires

à notre défense, nous oblige non-seulement à maintenir les anciens impôts, mais souvent encore à en chercher de nouveaux, peut-être ne serait-il pas inutile de
présenter cette question de la contrebande sous un jour
que peu de gens semblent avoir aperçu.

Sous son heureuse constitution, le peuple de la
Grande-Bretagne a un privilége dont jouissent peu
d'autres pays ; il choisit une des trois branches de la
législature et c'est cette branche qui seule a le droit de
régler l'impôt. Maintenant, toutes les fois que pour
le commun intérêt, l'avantage, ou le salut de la nation,
pour la sûreté de nos libertés, de nos biens, de la
religion et de tout ce qui nous est cher, le Gouvernement trouve nécessaire de lever annuellement, au moyen
de taxes et de droits, certaines sommes versées dans
le Trésor et destinées à ces services publics, est-ce que
tout *honnête homme* ne devrait pas librement et volontairement payer sa juste part de ces dépenses nécessaires ? A-t-il le droit de se dire *honnête homme*, celui
qui, par fraude, stratagème, ou artifice, évite de
payer tout ou portion de sa quote-part ?

Que penserions-nous d'un compagnon qui, ayant
soupé avec ses amis à la taverne, ayant pris sa part des
plaisirs de la soirée, tout comme nous, s'arrangerait
pour rejeter toute la dépense sur les autres, afin de
sortir sans payer son écot ? Celui qui agirait de la
sorte, on l'appellerait un drôle. Quel nom donnera-t-on
à celui qui jouit des inestimables bienfaits de la société
politique, et qui, néanmoins, se sert de la contrebande
ou des contrebandiers, pour ne pas payer sa quote-part
des dépenses, telle que l'ont établie ses propres représentants au Parlement, et pour la rejeter injustement

sur ses voisins plus honnêtes et peut-être beaucoup
plus pauvres que lui? Il me dira qu'il ne fait aucun
tort à ses voisins ; il méprise cette calomnie ; tout ce
qu'il fait c'est de tricher un peu le Roi qui est assez
riche pour supporter la perte. Mais c'est là une erreur.
Le Trésor public, c'est le trésor de la nation, l'argent en
est consacré aux dépenses nationales. Et quand on établit un impôt pour une certaine dépense publique et
nécessaire, si la fraude fait tomber le revenu au-dessous de la somme exigée, s'il faut établir de nouveaux
droits pour combler ce déficit, tout ce qu'on ajoute de
nouvelles taxes, tout ce qui, à ce titre, est payé par le
reste du peuple, ne fût-ce qu'un *demi-penny* ou un
farthing par tête, tout cela est pris dans la poche du
peuple par les contrebandiers, leurs complices ou ceux
qui les encouragent. Ceux qui agissent ainsi sont-ils
autre chose que des filous ? Valent-ils mieux ? Quelle
misérable, quelle honteuse filouterie que de mettre la
main dans la poche des gens pour un *demi-pence* ou un
farthing ?

De ce que j'ai dit, je ne voudrais pas qu'on supposât
que selon moi voler le Roi, soit un moindre délit contre
l'honnêteté, que voler le public. Ici, le Roi et le public
sont des noms différents pour une même chose ; mais,
à considérer le Roi, comme distinct du public, le crime
n'en sera pas moindre ; dire que le volé est riche et peut
supporter la perte, ce n'est pas justifier le voleur. Le
Roi a autant de droit devant la justice qu'en peut avoir
le dernier de ses sujets, et comme il est vraiment le *père*
de son peuple, ceux qui le volent tombent sous la malédiction que l'Écriture prononce contre le fils *qui vole
son père et dit que ce n'est pas un péché.*

Si honteuse que soit cette pratique, ne voit-on pas tous les jours des gens riches et considérés qui font la contrebande pour un misérable bénéfice ? Y a-t-il une dame qui rougisse de demander à un gentleman de sa connaissance, partant en voyage, s'il voudra bien lui rapporter en fraude une pièce de soie ou de dentelle, de France ou de Flandre ? Y a-t-il un *gentleman* qui rougisse d'accepter ou d'exécuter cette commission ? Pas le moins du monde. Ils en parlent librement, même devant les tiers, dont ils pillent les poches par cette belle coquinerie.

Parmi les branches de notre revenu une loi récente applique les recettes de la poste au payement de la dette publique, afin de défrayer les dépenses de l'État. Il n'y a que les membres du Parlement et un petit nombre d'officiers publics, qui aient la franchise postale. Lorsqu'ils affranchissent une lettre qu'ils n'ont point écrite eux-mêmes, ou fait écrire pour leurs affaires, c'est un tort fait au revenu, une contravention qu'ils doivent prendre maintenant la peine de cacher eux-mêmes, en écrivant la suscription de leur propre main. Et cependant telle est en ce point notre insensibilité en fait de justice, que rien n'est plus commun que de voir, en bonne société, un très-*honnête* gentleman, une très-*honnête* dame, déclarer son intention de frauder la nation en lui prenant trois pences par une *franchise*. On les voit s'adresser sans rougir à quelqu'un des législateurs même, et lui demander modestement s'il veut avoir la bonté de devenir leur complice, et de les aider dans la perpétration d'un délit.

Voilà des gens, qui par ces pratiques puisent chaque année dans la bourse du public, et mettent l'argent

dans leur poche. Si, en passant dans la chambre où le
trésor public est déposé, quelqu'un saisissait l'occasion
d'empocher une guinée et de l'emporter sans qu'on le
vît, ne serait-ce pas vraiment un larron ? Et si un autre
trouve moyen de ne pas payer au Trésor la guinée
qu'il doit, et s'il l'applique à son profit, quand il sait
qu'elle appartient au public, aussi bien que celle qui a
été versée au Trésor, quelle différence y a-t-il dans
la nature du crime, ou dans la bassesse de celui qui le
commet ?

Il y a des lois qui punissent le recel comme le vol, sur
ce principe que s'il n'y avait pas de recéleurs, il y aurait peu de voleurs. Un de nos proverbes dit justement :
le recéleur est pire que le voleur. De même façon, il y
aurait peu de contrebandiers, si on ne les encourageait
en achetant sciemment leurs marchandises ; et nous
pouvons dire, en raisonnant de même : Ceux qui favorisent la contrebande ne valent pas mieux que les contrebandiers ; et comme les contrebandiers sont une espèce de voleurs, eux et leurs fauteurs méritent la peine
du vol.

En considérant de cette façon le tort fait au revenu
public, que devons-nous penser de ceux qui, au mépris
de la loi et de la justice, trouvent moyen de ne point
payer l'impôt pour leurs voitures ou leur argenterie, et
qui cependant déclament contre la corruption et le péculat, comme si leurs mains et leurs cœurs étaient purs
et sans souillure ? Les Américains nous font une grave
offense, quand, contrairement à nos lois, ils font la contrebande pour introduire des marchandises dans leur
propre pays. Mais du moins n'ont-ils point mis la
main à la fabrication de ces lois. Je ne prétends pas les

justifier par là. Mais je crois que ceux-là commettent un délit plus grand, qui directement ou indirectement, ont pris part à la loi qu'ils violent. Et quand j'entends ces mêmes individus déclamer contre les Américains, quand, à la première contravention contre les Actes de commerce, au moindre empêchement apporté par une poignée d'hommes à un officier de douane, ils crient vengeance contre un peuple de REBELLES et de TRAÎTRES, je ne puis m'empêcher de penser qu'il y a encore dans le monde des gens *qui voient une paille dans l'œil de leur frère tandis qu'ils ne voient pas la poutre dans le leur* ; et que le vieux proverbe est toujours vrai : *Tel aura meilleur marché à voler un cheval que tel autre à regarder par-dessus la haie.*   B. F.

NOTE SUR LE COMMERCE ET LES MANUFACTURES.

Londres, 7 juillet 1767.

Supposons un pays X, qui a trois industries, *drap, soie, fer,* et qui en fournit trois autres pays A, B, C. Ce pays veut accroître la vente, et hausser le prix du drap en faveur de ses drapiers.

Pour cela X défend l'importation des draps étrangers venant de A.

En retour A prohibe les soies de X.

Les ouvriers en soie se plaignent du déclin de leur industrie.

Pour les contenter X prohibe les soies de B.

En retour B prohibe les fers et la quincaillerie de X.

Alors les fabricants de fer et de quincaillerie se plaignent du déclin de leur industrie.

Et X prohibe les fers et la quincaillerie de C.

En retour C prohibe les draps de X.

Que gagne-t-on à toutes ces prohibitions ?

RÉPONSE.

Les quatre pays ont diminué leur fonds commun de jouissances et de commodités de la vie.

QUELQUES BONS PRINCIPES WHIGS [1].

Déclaration des droits du peuple de la Grande-Bretagne, sans lesquels il ne peut être libre.

Il est déclaré,

Premièrement: Que le gouvernement de ce royaume et la confection des lois doivent être placés dans les mains du Roi, des Lords du Parlement et des représentants de *tout le corps* des hommes libres (*freemen*) de ce royaume.

Deuxièmement : Que *chaque homme* du royaume (excepté les enfants, les fous et les criminels) est de droit commun et par les lois de Dieu *un homme libre* (*freeman*), et a droit de jouir de la *liberté.*

Troisièmement: La liberté consiste à avoir une *part effective* dans la nomination de ceux qui font les lois, et qui doivent être les gardiens de la vie, de la propriété et de la sûreté de chacun, car *mon bien* est aussi

1. Supposé écrit vers 1768.

précieux que *le bien* d'un autre, et le pauvre a autant
de droit et a *plus besoin* que le riche, d'avoir des représentants dans la législature.

Quatrièmement : Ceux qui n'ont *ni* voix *ni* vote dans
les élections des représentants, *ne jouissent pas* de la
liberté ; ils sont absolument *asservis* à ceux qui *ont* un
vote et à leurs représentants ; car être *asservi*, c'est
être gouverné par des gens que *d'autres hommes nous
ont imposés*, c'est être soumis à des lois *faites par les
représentants d'autrui*, sans avoir de représentants à
nous qui votent pour *notre* compte.

Cinquièmement : On dénie le privilége de voter
par des représentants au Parlement, à *une très-grande
majorité* du peuple de ce royaume ; ce peuple est,
par conséquent, asservi à une *minorité* qui jouit d'un
privilége exclusif. Cette minorité, on peut le croire, est
loin de désirer la continuation d'un privilége qui met
des frères en dehors du *droit commun, de la justice et
de la liberté.* Si cet avantage n'est pas communiqué à
tous, le privilége amènera bientôt *la ruine certaine
de notre fameuse constitution* et fera de *nous tous* des
esclaves.

Sixièmement et finalement : Nous disons et nous af-
firmons que le peuple de ce royaume a le *droit* de nommer *chaque année* une *nouvelle* chambre des Communes
suivant les anciennes et saintes lois du pays, parce que
lorsqu'un parlement continue à siéger pour *un terme
plus long*, un grand nombre d'hommes qui ont atteint
leur majorité, depuis les dernières élections, et qui,
par conséquent, ont droit d'être actuellement représen-
tés dans la chambre des Communes, sont injustement
privés de ce droit.

L'ART DE NAGER [1].

A Olivier Neale.

Sans date.

Cher monsieur,

Je ne suis pas de votre avis qu'il soit jamais trop tard pour apprendre à nager. La rivière, qui est au fond de votre jardin, vous offre une place fort commode. Comme vos nouvelles fonctions vous obligent à être souvent sur l'eau, dont vous avez grand'peur, je crois que vous feriez bien d'en essayer. Rien ne dissipe mieux les appréhensions que la conscience qu'on a de pouvoir gagner la rive en cas d'accident, ou de se soutenir sur l'eau jusqu'à ce qu'un bateau vienne à notre secours.

Je ne sais pas jusqu'à quel point des ceintures de liége, ou des vessies, peuvent servir pour apprendre à nager. Je n'en ai jamais vu faire grand usage. Peut-être peuvent-elles servir à soutenir le corps, tandis qu'on apprend ce qu'on appelle *le coup*, c'est-à-dire la façon de ramener et de pousser les mains et les pieds, afin de produire un mouvement progressif. Mais tant que vous n'aurez pas confiance dans la force de l'eau pour vous soutenir, vous ne serez pas un nageur. Je vous conseille donc avant tout d'acquérir cette confiance; d'autant plus que j'ai connu plusieurs personnes qui, avec une certaine méthode, ont acquis insensiblement *le coup*, instruites qu'elles ont été par la nature.

1. Sur le talent de Franklin, comme nageur, voyez les *Mémoires*, p. 104, et la *Correspondance*, t. II, p. 396.

La méthode dont je parle est celle-ci : choisissez une place où l'on enfonce dans l'eau graduellement ; entrez-y tranquillement jusqu'à la poitrine ; tournez-vous alors vers la rive, et jetez un œuf dans l'eau, entre vous et le rivage. L'œuf tombera au fond, et vous le verrez facilement, car votre eau est claire. Il faut qu'il soit assez bas pour que vous ne puissiez l'atteindre sans plonger. Pour que vous n'ayiez aucune crainte, songez que vous avancerez toujours vers une eau de moins en moins profonde, et que, en ramenant vos jambes sous vous et en touchant le fond, vous pourrez toujours avoir la tête bien au-dessus de l'eau. Plongez alors, les yeux ouverts, en vous lançant vers l'œuf, et luttez des mains et des pieds contre l'eau pour atteindre vol e objet. Vous verrez que l'eau vous résiste, qu'il n'e y pas aussi aisé d'enfoncer que vous imaginez, et qu'il faut agir avec force pour arriver à saisir l'œuf. Vou sentirez alors combien l'eau a de force pour vous sou-tenir, et vous y prendrez confiance. En même temps, vos efforts pour surmonter cette résistance et pour atteindre l'œuf vous apprendront la façon d'agir sur l'eau, avec vos mains et vos pieds. Plus tard, quand vous nagerez, cette action vous servira à maintenir votre tête au-dessus de l'eau, ou à aller entre deux eaux.

J'insiste beaucoup sur cette méthode. Je vous ai bien démontré que votre corps est plus léger que l'eau et que vous pouvez y flotter longtemps, gardant la bouche libre de respirer, à la condition de prendre une bonne posture, de rester tranquille et de ne pas vous débattre ; mais tant que vous n'aurez pas pris confiance dans l'eau, par expérience, je doute que vous gardiez la présence d'esprit nécessaire pour vous rappeler la posture que

je vous ai indiquée et les conseils que je vous ai donnés. La surprise vous fera tout oublier. Nous nous
targuons d'être des créatures raisonnables et capables
de science ; mais en pareille occasion, la raison et la
science sont pour nous de peu d'usage ; les brutes, à
qui nous accordons à peine une lueur de raison, ont
l'avantage sur nous.

Je saisirai toutefois cette occasion de vous répéter ce
que je vous ai dit dans notre dernière conversation. En
relisant ces indications tout à votre aise, vous les
imprimerez peut-être dans votre mémoire, de façon à
ce qu'elles ne vous soient pas inutiles à l'occasion.

I. Les jambes, les bras et la tête de l'homme sont
spécifiquement un peu plus lourds que l'eau douce,
parce que ce sont des parties solides ; mais le tronc,
et surtout la partie supérieure, qui est creuse, est tellement plus léger que l'eau, que le corps, pris dans
son ensemble, est trop léger pour enfoncer entièrement
sous l'eau ; il y en a toujours quelque partie qui sur-
nage, jusqu'à ce que les poumons s'emplissent d'eau,
ce qui arrive lorsqu'une personne effrayée essaye de
respirer quand sa bouche et ses narines sont sous l'eau,
et avale ainsi de l'eau au lieu d'air.

II. Les jambes et les bras sont spécifiquement plus
légers que l'eau salée et sont portés par la mer. S'il
n'y avait pas la pesanteur spécifique de la tête, un corps
humain n'enfoncerait pas dans l'eau salée, même quand
les poumons seraient remplis.

III. Ainsi donc, une personne qui se met sur le dos
dans l'eau salée et qui étend les bras, peut aisément

se placer de façon à garder sa respiration libre ; un petit mouvement des mains suffit pour l'empêcher de tourner.

IV. Dans l'eau douce, si on se met sur le dos, on ne pourra longtemps rester dans cette position, à moins de remuer les mains sur l'eau. Sans cette action, les jambes et le bas du corps s'enfonceron peu à peu jusqu'à ce qu'on se trouve en position droite, et là on restera suspendu ; la poitrine, qui est creuse, maintenant la tête au-dessus de l'eau.

V. Mais si, dans cette situation, on tient la tête droite au-dessus des épaules, comme on fait à terre, le poids de la tête au-dessus de l'eau fera enfoncer le corps jusqu'au-dessus de la bouche et du nez, peut-être même un peu au-dessus des yeux, si bien qu'on ne peut rester longtemps suspendu dans l'eau, avec la tête dans cette position.

VI. Le corps étant suspendu comme dessus, si l'on penche la tête en arrière, de façon à ce que le visage regarde le ciel, le derrière de la tête étant sous l'eau, et son poids par conséquent supporté par elle, le visage restera au-dessus de l'eau, à peu près libre de respirer ; il montera d'un pouce à chaque *inspiration*, et il enfoncera d'un pouce à chaque *expiration ;* mais jamais assez pour que l'eau couvre la bouche.

VII. Si donc une personne qui ne sait pas nager, et qui tombe à l'eau, avait la présence d'esprit de ne pas se débattre ni de plonger, si elle laissait le corps prendre cette position naturelle, elle pourrait éviter de se noyer, assez longtemps peut-être pour qu'on vînt

à son secours. Car, pour ce qui est des habits, leur
poids n'est rien, tant qu'on est dans l'eau, quoiqu'on
les trouve bien lourds quand on en sort.

Mais, comme je vous l'ai dit, je ne conseille à personne de compter sur sa présence d'esprit en pareil
cas ; le plus sûr est de savoir nager ; je voudrais que
chacun l'apprît dans sa jeunesse. En plus d'une occasion, ce serait le salut ; en beaucoup d'autres, cela nous
affranchirait de craintes pénibles ; je ne parle pas du
plaisir que donne cet exercice salutaire et délicieux.
Les soldats surtout devraient tous apprendre à nager ;
cela leur servira souvent pour surprendre l'ennemi ou
sauver leur vie. Si j'avais des enfants à élever, je pré-
férerais (toutes choses égales), l'école où l'on acquer-
rait cet art avantageux, et qui, une fois appris, ne s'oublie jamais.

Je suis, etc.,   B. F.

SUR L'ART DE NAGER [1].

1768.

J'avoue que je n'ai pas le temps de faire toutes les
recherches et les expériences qu'exige l'art de nager.
C'est pourquoi je me bornerai à faire un petit nombre
de remarques.

La gravité spécifique du corps humain relativement
à celle de l'eau, a été observée par M. Robinson, et on
trouve le résultat de ses expériences dans le volume

1. L'original anglais de ce morceau et du suivant sont perdus ;
nous ne possédons que la traduction française publiée dans l'édition des *OEuvres de Franklin*, de Dubourg, Paris, 1773, in-4°.
T. II, p. 258 et 310.

des *Transactions philosophiques de la société royale de Londres*, pour l'année 1757. Il prétend que les personnes grasses, qui ont les os menus, flottent très-aisément sur l'eau.

La cloche plongeante est aussi décrite dans les *Transactions philosophiques*.

J'avais fait, dans mon enfance, deux palettes ovales, d'environ dix pouces de long et six pouces de large, avec un trou pour pouvoir passer le pouce, et les tenir solidement. Elles ressemblaient beaucoup aux palettes des peintres. En nageant, je les poussais horizontalement en avant, et ensuite j'appuyais fortement leur surface sur l'eau en les ramenant en arrière. Je me souviens que ces instruments me faisaient nager beaucoup plus vite ; mais ils fatiguaient mes poignets.

J'avais aussi attaché sous chacun de mes pieds une espèce de sandale ; mais je n'en étais pas content, parce que j'observai que les pieds des nageurs repoussaient l'eau plutôt avec le dedans et la cheville du pied qu'avec la plante du pied.

Nous avons ici, pour nager plus commodément, des corsets faits avec une double toile à voile piquée et garnie en dedans de petits morceaux de liége.

Je ne connais point le scaphandre de Lachapelle.

Je sais, par expérience, qu'un nageur qui a beaucoup de chemin à faire, a beaucoup d'avantage à se retourner de temps en temps sur le dos, et à varier les moyens d'accélérer son mouvement progressif.

Quand il éprouve une crampe à la jambe, le moyen de la faire cesser est de frapper tout à coup la partie qui en est affectée, et il ne peut le faire qu'en se tournant sur le dos et levant sa jambe en l'air.

Durant les grandes chaleurs de l'été, on ne court aucun risque à se baigner, quoiqu'on ait chaud, lorsque la rivière dans laquelle on se baigne a été bien échauffée par le soleil. Mais il est très-dangereux de se jeter dans l'eau froide quand on a fait de l'exercice et quand on a chaud. Je vais en citer un exemple. Quatre jeunes moissonneurs, qui avaient travaillé toute la journée et s'étaient échauffés, voulant se rafraîchir, se plongèrent dans une source froide. Deux d'entre eux moururent sur-le-champ; un troisième expira le lendemain matin, et le quatrième ne réchappa qu'avec peine. Lorsqu'en pareille circonstance on boit une certaine quantité d'eau froide, dans l'Amérique septentrionale, on en éprouve des effets non moins funestes.

La natation est un des exercices les plus agréables et les plus sains. Quand on nage une heure ou deux, dans la soirée, on dort fraîchement toute la nuit, même dans la saison la plus chaude. Peut-être est-ce parce que les pores de la peau étant alors plus propres, la transpiration insensible en est augmentée et procure cette fraîcheur.

Il est certain qu'un homme attaqué de la diarrhée se guérit en nageant beaucoup et éprouve quelquefois un inconvénient tout opposé. Quant aux gens qui ne savent point nager ou qui ont la diarrhée dans une saison qui ne leur permet point cet exercice, ils peuvent prendre des bains chauds, qui, en nettoyant et rafraîchissant la peau, leur deviennent salutaires, et souvent les guérissent radicalement. Je parle d'après ma propre expérience et celle des personnes à qui j'ai conseillé de faire comme moi.

Vous ne serez pas fâché si je termine ces observa-

tions, faites à la hâte, en vous disant que, comme la
méthode ordinaire de nager se borne au mouvement
des bras et des jambes, et est par conséquent un exercice fatigant, lorsqu'on a besoin de traverser un espace
d'eau considérable, il y a un moyen de nager longtemps avec aisance : ce moyen est de se servir d'une
voile. J'en ai fait la découverte heureusement et par
hasard, ainsi que je vais vous l'expliquer.

Lorque j'étais encore fort jeune, je m'amusais un
jour avec un cerf-volant ; et m'approchant du bord d'un
étang, qui avait près d'un mille de large, j'attachai à
un pieu la corde du cerf-volant, qui s'était déjà élevé
très-haut. Pendant ce temps-là je nageais. Mais voulant jouir des deux plaisirs à la fois, j'allai reprendre
la corde de mon cerf-volant, et me tournant sur le dos,
je m'aperçus que j'étais entraîné sur l'eau d'une manière très agréable. Je priai alors un de mes camarades
de faire le tour de l'étang et de porter mes vêtements
dans un endroit que je lui indiquai ; et tenant toujours
la corde du cerf-volant, je traversai l'eau sans la
moindre fatigue, et même avec beaucoup de plaisir.
Je fus seulement obligé de temps en temps de ralentir
un peu ma course, parce que je m'aperçus que quand
j'allais trop vite, le cerf-volant descendait trop bas.
Mais dès que je m'arrêtais, il remontait.

C'est la seule fois que j'ai fait usage de ce moyen,
avec lequel on pourrait, je crois, traverser de Douvres
à Calais. Mais le paquebot est encore préférable.

NOUVELLE MODE DE PRENDRE DES BAINS.

Londres, le 28 juillet 1768.

J'approuve beaucoup l'épithète de tonique que vous donnez, dans votre lettre du 8 juin, à la nouvelle méthode de traiter la petite vérole; et je saisis cette occasion, pour vous faire part de l'usage que j'ai moi-même adopté.

Vous savez que depuis longtemps les bains froids sont employés ici comme un tonique. Mais le saisissement que produit en général l'eau froide m'a toujours paru trop violent; et j'ai trouvé plus analogue à ma constitution et plus agréable de me baigner dans un autre élément, c'est-à-dire dans l'air froid. Je me lève donc, tous les jours, de très-bon matin, et je reste alors sans m'habiller une heure ou une demi-heure, suivant la saison, m'occupant à lire ou à écrire.

Cet usage n'est nullement pénible. Il est, au contraire, très-agréable; et si, avant de m'habiller, je me remets dans mon lit, comme cela m'arrive quelquefois, c'est un supplément au repos de la nuit, et je jouis une heure ou deux d'un sommeil délectable. Je ne crois point que cela puisse avoir aucun dangereux effet. Ma santé, du moins, n'en est point altérée; et j'imagine, au contraire, que c'est ce qui m'aide à la conserver. C'est pourquoi j'appellerai désormais ce bain, *un bain tonique.*

SUR LES MARIAGES CONTRACTÉS DE BONNE HEURE.

A John Alleyne.

Londres, Craven street, 9 août 1768.

Cher John,

Vous voulez que je vous dise franchement ce que je
pense des mariages précoces, pour répondre aux critiques sans nombre qu'on a faites du vôtre. Vous pouvez
vous rappeler que lorsque vous m'avez consulté à ce
sujet, je vous ai dit que la jeunesse des deux côtés n'é-
tait pas pour moi une objection. Si j'en dois juger par
les ménages que j'ai été à même d'observer, je serais
porté à croire que les meilleures chances de bonheur
sont pour ceux qui se marient jeunes. Les jeunes gens
ont le caractère plus flexible, ils tiennent moins à leurs
habitudes; ils s'accoutument donc plus aisément l'un
à l'autre: ce qui écarte bien des occasions de dégoût.
Si de jeunes époux n'ont pas toute la prudence qu'exige
la conduite d'un ménage, ils ont en général auprès
d'eux des parents ou des amis plus âgés, qui peuvent
les aider de leurs conseils, et qui sont prêts à suppléer
au défaut d'expérience. Un mariage précoce habitue de
meilleure heure les jeunes gens à une vie réglée et
utile ; souvent même il prévient heureusement des accidents ou des liaisons qui nuisent à la santé ou à la
réputation, quelquefois même à toutes deux.

Il est des situations particulières où la prudence conseille de reculer le mariage, mais en général, dès que
la nature nous y a disposés physiquement, il y a présomption qu'elle ne s'est pas trompée en nous en inspi-

rant le désir. Les mariages tardifs ont cet autre inconvénient, qu'ils n'offrent pas aux parents la même chance
d'élever leur famille : « *Les enfants venus tard sont de*
« *bonne heure orphelins*, » dit un proverbe espagnol.
Triste sujet de réflexion pour les gens qui peuvent se
trouver dans ce cas! Chez nous, en Amérique, on se
marie communément au matin de la vie : nos enfants
sont élevés et établis dans le monde vers notre midi, et
quand nos affaires sont faites, nous avons encore une
après-midi, une soirée pour jouir gaiement de notre
loisir. En nous mariant jeunes, nous avons le bonheur
d'avoir une famille plus nombreuse; et comme il est
d'usage chez nous, suivant le vœu de la nature, que la
mère allaite et nourrisse elle-même ses enfants, nous
en élevons davantage. De là le rapide progrès de la population chez nous, progrès qui n'a point d'égal en
Europe.

Au total, je suis charmé que vous soyez marié, et je
vous en félicite cordialement. Vous voici en chemin de
devenir un citoyen utile; vous vous êtes soustrait à cet
état d'éternel célibat, si contraire à la nature. C'est
pourtant la destinée d'une foule de personnes, qui n'en
avaient jamais eu l'intention; mais qui pour avoir trop
tardé à changer de condition, finissent par trouver qu'il
est trop tard pour y songer, et passent ainsi toute leur
vie dans une situation qui fait perdre à l'homme une
partie de sa valeur. Un volume dépareillé n'a pas le
même prix que lorsqu'il fait partie d'une collection
complète. Que ferez-vous de la moitié d'une paire de
ciseaux? Cela ne coupe plus, et fait à peine un mauvais
racloir.

Je vous prie, offrez, mes compliments et mes meil-

leurs souhaits à votre jeune femme. Je suis vieux, et
lourd ; autrement, je les lui aurais offerts en personne.
J'userai sobrement du privilége qu'ont les vieillards,
de donner des conseils à leurs jeunes amis. Traitez toujours votre femme avec respect, et vous serez
respecté non-seulement par elle, mais par tous ceux qui
vous entourent. N'usez jamais envers elle de paroles
piquantes même en badinant ; car des plaisanteries de
cette nature, renvoyées de l'un à l'autre, dégénèrent
souvent en disputes sérieuses. Soyez studieux dans votre
état, vous deviendrez savant. Soyez laborieux et éco-
nome, vous deviendrez riche. Soyez sobre et tempérant,
vous jouirez d'une bonne santé. Enfin soyez vertueux,
et vous serez heureux, ou du moins vous vous serez
donné les meilleures chances de bonheur. Je prie Dieu
qu'il vous bénisse tous deux, étant pour toujours,
     Votre ami affectionné   B. F.

SUR LES PAUVRES OUVRIERS.
1768.

Monsieur[1],

Depuis deux ans je vois dans les journaux beaucoup d'invectives contre la dureté du riche, beaucoup
de plaintes sur l'oppression dont souffrent les pauvres
ouvriers, en ce pays. Voulez-vous me permettre un
mot, ou deux, sur l'autre côté de la question ? Je n'ai
pas l'intention de me faire l'avocat de l'oppression ni

1. Cette lettre a été adressée à l'éditeur d'un journal (on ne dit
pas lequel), en avril 1768.

des oppresseurs. Mais quand je vois qu'on anime le
pauvre contre le riche, qu'on le pousse à des insurrections qui font beaucoup de mal, et où plus d'un
perd la vie, je voudrais qu'on comprît mieux le véritable état des choses, que des écrivains remuants ne
rendissent pas le pauvre plus malheureux que ne le
comporte sa situation, et qu'on ne déshonorât pas la
nation aux yeux de l'étranger, par des accusations publiques qui n'ont pas de fondement, comme s'il était
vrai qu'en Angleterre le riche n'a point de pitié
pour le pauvre, et que les Anglais manquent d'humanité.

En bonne justice, laissez-moi remarquer que la
condition du pauvre est meilleure ici que dans tout
le reste de l'Europe. Car si l'on excepte l'Angleterre et
ses colonies américaines, il n'y a aucun pays au monde,
non pas même l'Écosse et l'Irlande, où la loi s'occupe
de soutenir le pauvre. Partout ailleurs la nécessité réduit à la mendicité. Cette loi n'a pas été faite par le
pauvre. Les législateurs étaient des gens riches. Par
cette loi ils ont volontairement soumis leurs biens et
ceux d'autrui au paiement d'une taxe destinée à l'entretien du pauvre; à cet effet ils ont chargé leurs propriétés d'une espèce de rente foncière, et le pauvre se
trouve avoir une part d'héritage dans tous les biens
des riches. Je voudrais que cette généreuse disposition fût aussi bonne pour le pauvre, que l'était l'intention qui l'a dictée et qui la maintient. Mais je crains
qu'assurer aux hommes, dans l'âge ou la maladie, un
secours qui vienne d'autre chose que de l'industrie ou
de l'économie pendant la jeunesse et la santé, ce soit
flatter notre indolence naturelle, encourager notre pa-

resse et notre prodigalité, et par cela même favoriser et accroître la pauvreté. On irrite ainsi le mal même qu'on veut guérir ; au lieu de diminuer les mendiants, on les multiplie.

En outre de cette taxe, à laquelle les riches se sont soumis en faveur des pauvres, et qui en certains endroits monte à cinq ou six shillings sur chaque livre sterling de revenu annuel, les riches ont, au moyen de donations et des souscriptions, élevé de nombreuses écoles en divers points du royaume ; là les enfants des pauvres apprennent gratis à lire et écrire ; et dans beaucoup de ces écoles les enfants sont nourris et habillés. Les riches ont encore élevé avec des frais immenses des hôpitaux où l'on reçoit et l'on soigne les malades, les estropiés, les blessés, les fous, les femmes en couche, les enfants abandonnés. Nous voyons des souscriptions continuelles pour réparer les pertes occasionnées par l'incendie, l'orage, le naufrage, et pour aider le pauvre en temps de disette ou de froid. En fait de charité aucune nation ne nous surpasse. Tant d'exemples de bonté méritent bien quelque reconnaissance.

Ajoutez à cela toutes les lois faites pour décourager les manufactures étrangères, lois qui imposent des droits très-lourds sur les produits étrangers, ou même qui les prohibent de façon absolue, ce qui oblige le riche à payer ce qu'il porte ou ce qu'il consomme beaucoup plus cher que si le commerce était libre. Ce sont autant de lois pour secourir les pauvres, qui ont été faites par le riche et qui sont maintenues à ses frais. Toute la différence de prix qui existe entre nos articles et ceux de l'étranger, est autant de donné au pauvre par le riche[1]. Grâce à cet avantage les pauvres pourraient s'élever peu à peu au-dessus de la pauvreté, s'ils n'avaient pas en général la mauvaise habitude de considérer tout accroissement de salaire comme un moyen de boire plus et de travailler moins, si bien que leur misère en cas de maladie, de vieillesse ou de disette est tout aussi grande que si on n'avait jamais fait de lois en leur faveur.

Des écrivains blâment de la façon la plus amère le luxe du riche, et ce faste coûteux auquel il s'abandonne tandis que le pauvre meurt de faim, etc., ils ne voient pas que le pauvre reçoit en paiement de son travail tout ce que le riche dépense. On criera au paradoxe, si j'affirme que nos pauvres ouvriers touchent chaque année *tout le revenu de la nation*, et j'entends par là non-seulement le revenu public, mais le revenu, ou clair produit, de toutes les fortunes privées. Qu'on me permette de justifier cette assertion.

Les riches ne travaillent pas les uns pour les autres. Leurs maisons, leurs meubles, leurs habits, leurs voitures, leur nourriture, leurs bijoux, en un mot tout ce qu'eux ou leurs familles consomment, est produit par le travail du pauvre, travail payé au fur et à me-

---

1. Économiquement parlant, cela est contestable. En forçant le travail à se jeter de préférence dans certains canaux, il n'est pas prouvé qu'on relève la main-d'œuvre. L'étranger se défend chez lui par des prohibitions semblables à celles qui l'excluent de l'Angleterre, et le résultat le plus net des prohibitions est une réduction du travail en tous pays. Laissez pleine liberté, les échanges se multiplieront, la multiplication des échanges encouragera en chaque pays le travail, et y accroîtra le prix de la main-d'œuvre. C'est ce que Franklin lui-même a démontré plus haut, p. 108.

sure de sa production. Ce payement absorbe le revenu
des fortunes particulières, car la plupart des gens dépensent tout ce qu'ils touchent. Une grande partie du
revenu public est employée à habiller et nourrir les
troupes, à payer des armes, des munitions, des vaisseaux, des tentes, des équipages, etc., etc., toutes choses qui sont le produit du travail. La paye des fonctionnaires publics, celle des officiers, des soldats et
des marins absorbe le reste du revenu public; et cet
argent sert également à payer ce que produit l'ouvrier.

J'accorde que certaines fortunes s'accroissent parce
que le propriétaire dépense moins que son revenu;
mais combien de gens dépensent-ils plus qu'ils ne reçoivent ? Si ceux qui s'enrichissent veulent acheter de
la terre pour s'arrondir, ceux qui s'appauvrissent sont
tout prêts à vendre, par nécessité ; il y a ainsi parfaite
compensation. J'accorde également que le riche fait
une certaine dépense, pour acheter des articles importés, produits par le travail d'ouvriers étrangers, mais
comment obtient-on ces articles? Par l'échange de nos
propres articles, ou avec de l'argent. Si c'est par l'é-
change, nous payons nos ouvriers pour la production
que nous donnons en retour de celle que nous recevons ;
si c'est avec de l'argent, l'argent n'est pas le produit naturel de notre pays; il faut l'acheter au dehors, et comment
l'acheter, sinon en envoyant au loin des produits de
nos manufactures pour une somme équivalente, et en
ce cas nous avons payé nos ouvriers qui ont fabriqué
ces produits. Si nous n'exportions pas plus que nous
n'importons, nous n'aurions pas d'argent. J'accorde
enfin qu'il y a des intermédiaires qui font des profits
et même qui font fortune en achetant le travail du

pauvre et en le vendant au riche, avec bénéfice ;
mais ces entrepreneurs ne peuvent jouir de leur fortune
qu'en la dépensant, qu'en achetant sous une forme
ou sous une autre le travail du pauvre. Les mendiants, les invalides, les pensionnaires des hôpitaux,
tous ceux enfin qui sont soutenus par la charité dépensent leur revenu de la même façon. Il est donc clair
comme je l'ai dit en commençant que *nos pauvres ouvriers reçoivent annuellement tout le revenu
de la nation,* et de nous ils ne peuvent rien tirer de
plus.

On dit que les salaires sont trop bas et que les ouvriers devraient être mieux payés pour leur travail ; je
souhaite de tout cœur qu'on puisse trouver quelque
moyen de le faire, qui s'accorde avec leur intérêt et
leur bonheur ; mais de même que le bon marché des
choses tient à leur abondance, de même le bon marché du travail tient à la foule des ouvriers, et à ce que
chacun offre de travailler à plus bas prix que son con-
current, afin d'être employé. Comment remédier à
cela ? On pourrait faire une loi pour élever les salaires ;
mais si notre production est trop chère, nos produits
ne se vendront pas au dehors, et toute cette fabrication
s'anéantira, à moins que nous ne combattions pour
forcer les autres nations à acheter nos articles, bon gré
mal gré, ce que certaines gens ont eu quelquefois la
folie de proposer.

Chez nous, à moins de donner moins d'occupation à
nos ouvriers, comment pourrions-nous leur donner un
salaire plus élevé ? Sur quel fonds prendrons-nous
cette augmentation du prix du travail, puisque tous nos
revenus leur sont en quelque façon hypothéqués ? S'ils

avaient un salaire plus fort, seraient-ils moins pauvres, lorsqu'en conséquence de cette augmentation ils ne pourraient plus travailler qu'un moindre nombre de jours dans la semaine? J'ai dit qu'une loi pourrait élever les salaires, mais je doute fort qu'on pût l'exécuter, à moins qu'on ne fît revivre une loi depuis longtemps tombée en désuétude, une loi qu'on cite souvent, mais que peu de gens ont étudiée de près: *Tu travailleras six jours.* C'est un commandement aussi positif que la seconde partie de la loi: *et tu te reposeras* LE SEPTIÈME. Nous savons très-bien comment observer cette disposition agréable, mais nous ne pensons jamais à l'autre. SAINT LUNDI est aussi souvent fêté que DIMANCHE par nos ouvriers; la seule différence c'est qu'au lieu d'employer économiquement leur temps à l'église, ils le gaspillent chèrement au cabaret.

Je suis, Monsieur, votre etc.   MEDIUS.

PLAN POUR FAIRE DU BIEN A DES PAYS ÉLOIGNÉS ET DÉSHÉRITÉS.

Août 1717.

Lorsqu'en 1771, Coke revint en Angleterre sur son vaisseau *l'Endeavour,* après avoir découvert la Nouvelle-Zélande, formée de deux îles, aussi étendues que la Grande-Bretagne, des esprits généreux proposèrent de civiliser ce pays, habité par des sauvages, qui n'avaient ni blé, ni volailles, et de tous les quadrupèdes ne possédaient que le chien.

Franklin, à qui on parla de ce projet, déclara qu'il

souscrivait de tout cœur à une expédition qui aurait pour objet de communiquer les bienfaits de notre civilisation à ces pays deshérités. Un officier de marine, Alexandre Dalrymple accepta le commandement de cette expédition, et rédigea un programme qu'il communiqua à Franklin. Ce dernier écrivit en tête du projet, et pour le recommander, les lignes suivantes.

« On dit qu'à l'origine la Grande-Bretagne ne produisait que des *prunelles*. Combien a-t-elle gagné à recevoir des autres pays les fruits, les grains, les racines, les herbes, les animaux et les arts ? C'est à tout cela que nous devons d'être devenus un peuple riche, puissant, abondant en bonnes choses. N'en résulte-t-il pas pour nous un *devoir* à remplir envers les nations qui sont dans l'état ou nous avons été autrefois ?

« La Grande-Bretagne est maintenant la première puissance maritime du monde. Elle a des vaisseaux innombrables, qui, par leur forme, leur dimension et leur force sont en état de naviguer sur toutes les mers. Nos marins sont entreprenants, habiles et hardis; ils savent explorer les régions les plus lointaines, et au mépris des plus grands dangers, ils sont prêts à s'engager dans des expéditions vers des pays inconnus. Les habitants de ces pays, *nos frères*, n'ont que des canots; comme ils ne connaissent pas le fer, ils ne peuvent construire de vaisseaux; ils ont peu d'astronomie, et ne connaissent point la boussole; ils ne peuvent donc venir à nous, ni profiter de nos avantages. Tout cela ne nous impose-t-il pas quelque devoir envers eux? En nous comblant de faveurs, la Providence ne nous appelle-t-elle pas à faire nous-mêmes quelque chose pour l'intérêt commun de l'humanité?

« Ceux qui croient de leur devoir de demander chaque matin au ciel leur pain et d'autres bienfaits, ne
sentiront-ils pas qu'il est aussi de leur devoir de communiquer ces bienfaits à d'autres, et de témoigner à
leur grand Bienfaiteur, leur reconnaissance par le seul
moyen qui soit en leur pouvoir, c'est-à-dire en aidant
au bonheur de ses autres enfants.

« On dit que Cérès fit un voyage en beaucoup de pays
pour enseigner aux peuples l'usage du blé et l'art de
le cultiver. Pour ce seul bienfait les nations reconnais-
santes l'ont déifiée. Combien les Anglais ne peuvent-
ils pas mieux mériter cet honneur, non-seulement en
répandant la connaissance et l'usage du blé, mais en
propageant tous les autres biens que la terre peut produire, et dont nous sommes en possession. *Communi-
ter bona profundere, Deorum est.*

« Trop d'expéditions maritimes ont été entreprises
dans des vues d'intérêt ou de pillage, pour nous procurer quelque avantage ou pour faire le mal d'autrui.
Mais aujourd'hui on propose d'organiser une expédition pour visiter un peuple de l'autre hémisphère, non
pas afin de le tromper, de le voler, de lui prendre des
terres, ou de l'asservir, mais simplement afin de lui faire
du bien et de l'amener, autant qu'il nous sera possible,
à vivre aussi aisément que nous.

« C'est, ce semble, un vœu louable que de souhaiter
que toutes les nations de la terre se lient par une connaissance mutuelle, par un mutuel échange de bienfaits. Mais une nation commerçante doit particulièrement désirer la civilisation générale du genre humain,
car le commerce est toujours plus considérable avec un
peuple qui connaît les arts et les douceurs de la vie,

qu'avec des sauvages qui vont tout nus. En faisant
cette entreprise, nous espérons donc être aussi utiles à
notre pays qu'à ce pauvre peuple. Si loin qu'il soit de
nous, il est de notre famille ; son bien-être touche,
jusqu'à un certain point, quiconque peut dire : *Homo
sum, humani nihil a me alienum puto*[1]. »

A MISS GEORGIANA SHIPLEY[2].

*Sur la perte d'un écureuil américain qui, en se sauvant
de sa cage, avait été tué par un chien de berger.*

Chère demoiselle,

Je déplore sincèrement avec vous la malheureuse fin
du pauvre Mungo. Peu d'écureuils ont été aussi accom-
plis, car il avait eu une bonne éducation, il avait
beaucoup voyagé, et beaucoup vu le monde. Grâce à
ses vertus, il avait l'honneur d'être votre favori, il ne
faut donc pas qu'il s'en aille comme le commun des
écureuils, sans une élégie ou sans une épitaphe. Dres-
sons lui une épitaphe, dans ce style monumental, qui,
n'étant ni prose ni vers, est peut-être celui qui sied le
mieux à la douleur ; car parler en commun langage a
l'air de dire que nous ne sommes pas affligés, et parler
en vers est chose bien frivole dans le chagrin.

---

1. Ce projet ne fut pas exécuté, au moins tel que les souscrip
teurs l'avaient désiré. Parton, *Life of Franklin*, t. I, p. 525.
2. Fille de l'évêque de Saint Asaph, grand ami de Franklin.

ÉPITAPHE.

HÉLAS! PAUVRE MUNGO!
QUE TU AURAIS ÉTÉ HEUREUX SI TU AVAIS CONNU
TON BONHEUR.
A L'ABRI DE L'AIGLE FAROUCHE,
TYRAN DE TES FORÊTS NATALES,
TU N'AVAIS RIEN A CRAINDRE DE SES ONGLES ACÉRÉS,
NI DU FUSIL MEURTRIER
DU CHASSEUR INSOUCIANT.
TRANQUILLE EN TON CHATEAU DE FIL DE FER,
GRIMALKIN [1] NE POUVAIT TE CAUSER D'ENNUI.
LA BELLE MAIN D'UNE DOUCE MAITRESSE
TE NOURRISSAIT CHAQUE JOUR DES PLUS FRIANDS MORCEAUX,
MAIS, INQUIET,
TU VOULAIS PLUS DE LIBERTÉ!
TROP TÔT, HÉLAS! TU L'AS OBTENUE,
ET DANS TA FUITE,
TU ES TOMBÉ SOUS LA GRIFFE DU CRUEL LIMIER.
APPRENEZ,
VOUS, QUI AVEUGLÉMENT CHERCHEZ LA LIBERTÉ,
SUJETS, FILS, ÉCUREUILS OU JEUNES FILLES,
QU'UNE GÊNE APPARENTE PEUT ÊTRE UNE PROTECTION RÉELLE,
DONNANT LA PAIX ET L'ABONDANCE
AVEC LA SÉCURITÉ.

Vous voyez, ma chère demoiselle, combien ce style brisé est plus décent et plus convenable, que si nous disions, par forme d'épitaphe.

ICI-GIT
MISTIGRIS,
AUSSI A L'AISE
QU'UNE PUNAISE,
DANS UN TAPIS.

1. Le chat.

Et cependant, peut être y a-t-il des gens dans le monde qui ont assez peu de sentiment pour trouver que pareille épitaphe serait assez bonne pour le pauvre Mungo.

Si vous le désirez; je vous procurerai un autre écureuil pour remplacer Mungo, mais peut-être choisirez-vous quelque autre amusement.

Rappelez moi à toute l'aimable famille et croyez-moi toujours votre ami.   B. F.

L'ART D'AVOIR DES SONGES AGRÉABLES.

1772.

Adressé à Mademoiselle *** et écrit à sa demande.

Comme une grande partie de notre vie se passe à dormir et que pendant ce temps nous avons d'agréables et quelquefois de pénibles songes, il est assez important d'éviter les uns, et de se procurer les autres; car, réelle ou imaginaire, la peine est toujours peine, le plaisir toujours plaisir. Si nous pouvons dormir sans rêves c'est une bonne chose, car nous évitons au moins les songes pénibles; mais si tout en dormant nous pouvons avoir des rêves agréables c'est, comme disent les Français, *autant de gagné*. C'est autant d'ajouté au plaisir de la vie.

Pour cela, il est nécessaire, en premier lieu, de prendre soin de conserver sa santé, par un exercice convenable, et une grande tempérance, car dans la maladie l'imagination est troublée, et des pensées désagréables, quelquefois même terribles se présentent d'elles-mêmes à l'esprit. L'exercice doit précéder le repas, et non point le suivre immédiatement; avant le repas il provoque l'appétit, après le repas, à moins qu'il ne soit modéré, il gêne la digestion. Si après l'exercice nous mangeons sobrement, la digestion sera facile et bonne, le corps léger, l'humeur joyeuse; toutes les fonctions animales se feront aisément. Le sommeil sera naturel et sans agitation tandis que l'indolence et une nourriture trop abondante occasionnent des cauchemars et des horreurs inexprimables; nous tombons dans des précipices, nous sommes attaqués par des bêtes féroces, des assassins, des démons; nous éprouvons toute es- espèce d'angoisses. Au reste, remarquez que l'exercice et la nourriture sont choses relatives; ceux qui font beaucoup d'exercice peuvent et même doivent manger largement; ceux qui font peu d'exercice devraient peu manger.

En général l'espèce humaine, depuis le perfection- nement de la cuisine, mange deux fois plus que la nature ne l'exige. Souper n'est pas mauvais quand on n'a pas dîné; mais des nuits agitées suivent natu- rellement des soupers abondants après des dîners co- pieux. Il est vrai que comme il y a des différences dans les constitutions, certaines personnes dorment bien après ces repas; cela leur coûte seulement un songe épouvantable et une apoplexie, après quoi ils dorment jusqu'au jour du jugement. Rien n'est plus commun dans les journaux que les exemples de gens qui après avoir fait un bon souper sont trouvés morts le matin dans leur lit.

Un autre moyen de conserver la santé auquel il faut faire grande attention, c'est de renouveler constam- ment l'air de votre chambre à coucher. C'est une grande erreur de dormir dans une chambre hermétiquement fermée et dans un lit entouré de rideaux. Quel que soit l'air extérieur qui peut vous arriver, il ne sera jamais aussi malsain que l'air qui n'est pas renouvelé et qui est souvent respiré dans une chambre fermée. De même que l'eau bouillante ne devient pas plus chaude à force de bouillir, si les molécules qui reçoivent la plus grande chaleur peuvent s'échapper, de même les corps vivants ne se putréfient pas, si les molécules peuvent être rejetées dès qu'elles deviennent putrides. La nature les expulse par les pores de la peau et par les poumons, elles s'évanouissent dans un air libre et pur ; mais dans une chambre fermée nous les respirons sans cesse, bien qu'elles se corrompent de plus en plus. Un grand nombre de personnes, réunies dans une petite chambre, vicie l'air en peu de minutes et le rend aussi mortel que dans le trou noir de Calcutta.

On dit qu'une seule personne peut vicier par minute un gallon d'air et par conséquent il lui faut plus de temps pour vicier l'air d'une chambre entière ; mais cependant cela arrive peu à peu, et beaucoup de maladies putrides n'ont pas d'autre origine.

On raconte de Mathusalem, l'homme qui a vécu le plus longtemps (et par conséquent on peut supposer qu'il avait su le mieux conserver sa santé), qu'il dormait toujours en plein air, car lorsqu'il eut vécu cinq cents ans, un ange lui dit : « Lève-toi Mathusalem et bâtis-toi une maison, car tu vivras encore cinq cents ans. » Mais Mathusalem répondit et dit : « si je ne dois vivre encore que cinq cents ans, ce n'est pas la peine que je me bâtisse une maison ; je dormirai en plein air comme j'ai l'habitude de le faire. »

Après avoir prétendu pendant des siècles qu'on ne pouvait pas donner d'air frais aux malades, les médecins ont enfin découvert que cela pouvait leur faire du bien. Il faut donc espérer qu'avec le temps ils finiront par découvrir également que l'air frais n'est pas malsain pour ceux qui se portent bien, et nous pourrons être guéris de l'*Aérophobie* qui effraye aujourd'hui les esprits faibles et qui leur fait préférer de s'étouffer et de s'empoisonner, plutôt que de laisser ouverte la fenêtre d'une chambre à coucher, ou de baisser la glace d'une voiture.

L'air renfermé lorsqu'il est saturé de la matière transpirable[1] n'en veut pas recevoir davantage ; cette matière reste dans notre corps et y occasionne des maladies. Nous sentons combien cet air est malsain, en éprouvant un certain malaise, léger d'abord. Pour les poumons, c'est une faible sensation, pour les pores de la peau, c'est une espèce d'agitation difficile à décrire ; beaucoup de gens qui l'éprouvent ne se rendent pas compte de la cause qui l'amène. Mais nous pouvons nous rappeler que quelquefois en nous éveillant la nuit, si nous sommes chaudement couverts, nous éprouvons de la difficulté à nous rendormir. Nous nous retournons souvent sans trouver de repos dans aucune position. Cette inquiétude est causée par un malaise de la peau, qui tient à la rétention de la matière transpirable ; les couvertures en ayant reçu leur

---

1. Ce que les médecins appellent la matière transpirable est cette vapeur qui sort de notre corps, par les poumons et par les pores de la peau. On dit que la quantité de cette matière est égale aux cinq huitièmes de ce que nous mangeons. (*Note de Franklin.*)

quantité suffisante, en étant saturées, refusent d'en
prendre davantage. Pour nous rendre compte de ceci
par une expérience, supposons qu'une personne garde
sa position dans son lit, mais qu'elle rejette les
couvertures et laisse l'air frais s'approcher de la partie
découverte de son corps, elle se sentira de suite rafraî-
chie, parce que l'air prend et emporte le poids de matière transpirable qui l'incommodait. Car chaque portion d'air frais qui approche de la peau brûlante et se
sature de sa part de vapeur, reçoit en même temps un
degré de chaleur qui le raréfie et le rend plus léger;
il est donc chassé avec sa charge par l'air plus frais et
plus lourd qui le remplace pour un instant, et celui-ci
étant à son tour changé et réchauffé cède sa place à
l'air plus frais.

C'est là l'ordre de la nature pour empêcher que les
animaux ne soient infectés par leur propre transpiration.

On comprendra maintenant la différence qu'il y a
entre la partie exposée à l'air et celle qui restant en-
foncée dans le lit n'est pas accessible à l'air; car cette
partie manifeste son malaise plus distinctement par la
comparaison, et le siège du malaise s'aperçoit plus clairement que lorsque toute la surface du corps en souffrait.

Voilà donc une des grandes et principales causes des
songes désagréables, car lorsque le corps est mal à
l'aise, l'âme en est troublée, et toute sorte d'idées pénibles en deviennent dans le sommeil la conséquence
naturelle; de là suivent les remèdes préventifs et
curatifs.

1° En mangeant modérément, comme on l'a conseillé

plus haut dans l'intérêt de la santé, il se produit dans
un temps donné moins de matière transpirable. C'est
pourquoi les couvertures en recevront plus longtemps
sans en être saturées, et nous pourrons dormir
pius longtemps avant d'être incommodés par leur
refus d'en recevoir davantage.

2° En faisant usage de couvertures légères et plus
perméables qui permettront à la matière transpirable
de passer au travers, nous serons moins incommodés
et nous pourrons les supporter plus longtemps.

3° Quand vous êtes éveillé par ce malaise et que
vous ne pouvez pas vous rendormir facilement, sortez
du lit, battez et retournez votre oreiller, secouez vos
couvertures au moins une vingtaine de fois et laissez votre lit ouvert jusqu'à ce qu'il soit rafraîchi.
Pendant ce temps, restez sans vêtements et marchez
dans votre chambre jusqu'à ce que votre peau se soit
débarrassée de ce qui la gêne, chose d'autant plus vite
faite que l'air sera plus sec et plus froid.

Quand vous commencerez à trouver la fraîcheur désagréable, retournez à votre lit ; vous vous endormirez
promptement, votre sommeil sera doux et paisible.
Toutes les scènes qui se présenteront à votre imagination
seront agréables. Elles m'amusent souvent autant que
la représentation d'un opéra. Si vous êtes trop indolent
pour vous jeter à bas du lit, soulevez vos couvertures
avec une jambe ou un bras, de manière à y attirer une
bonne quantité d'air frais; en les laissant ensuite re-
tomber, chassez de nouveau cet air. En répétant cette
manœuvre une vingtaine de fois, cela débarrassera les
couvertures de la matière transpirable qu'elles ont ab-
sorbée et vous permettra de bien dormir au bout de

quelque temps; mais cette seconde méthode ne vaut pas la première.

Ceux qui n'aiment pas l'embarras et qui peuvent avoir deux lits, trouveront une grande jouissance à se lever quand ils s'éveilleront dans un lit brûlant et à passer dans celui qui est frais. Un tel changement de lit serait très-utile aux personnes atteintes de fièvre, il rafraîchit et amène souvent le sommeil. Un très-grand lit qui permet de passer d'une place chaude à une place fraîche, peut jusqu'à un certain point, donner le même résultat.

Un ou deux avis de plus termineront ce petit morceau. Quand vous vous couchez, ayez soin de placer votre oreiller comme vous avez l'habitude de placer votre tête afin de vous trouver parfaitement à l'aise; ensuite ne placez pas vos membres de manière à ce qu'ils portent durement l'un sur l'autre, comme par exemple les deux chevilles; car bien qu'une mauvaise position ne cause d'abord qu'une légère souffrance à peine remarquée, la continuité peut la rendre moins tolérable; le malaise arrivera pendant le sommeil et troublera votre imagination.

Voilà les règles de l'art. Mais quoiqu'en général elles produisent l'effet désiré, il y a cependant un cas dans lequel l'observation la plus ponctuelle sera absolument infructueuse. Je n'ai pas besoin de vous signaler ce cas, ma chère amie, mais mon exposé de l'art serait imparfait sans cela. C'est le cas où la personne qui désire avoir d'agréables songes n'a pas pris soin de conserver la chose la plus nécessaire de toutes : UNE BONNE CONSCIENCE.

PARABOLE CONTRE LA PERSÉCUTION [1].

1774.

1. Et il advint après ces choses qu'Abraham s'assit à la porte de sa tente, vers le coucher du soleil.

2. Et voilà qu'un homme, courbé par l'âge, arriva par le chemin du désert, s'appuyant sur un bâton.

3. Et Abraham se leva, il alla à la rencontre de l'étranger et lui dit : « Entre, je te prie, lave tes pieds, repose-toi toute la nuit, tu te lèveras de grand matin et tu continueras ta route. »

4. Mais l'homme dit : « Non, car je veux me reposer sous cet arbre. »

5. Et Abraham le pressa grandement. Alors il vint et ils entrèrent sous la tente, et Abraham fit cuire du pain sans levain, et ils en mangèrent.

6. Et quand Abraham vit que l'homme ne rendait pas grâces à Dieu, il lui dit : « Pourquoi n'adores-tu pas le Dieu tout-puissant, créateur du ciel et de la terre? »

7. Et l'homme répondit et dit : « Je n'adore pas le

---

1. Cette parabole nous vient du poëte persan Saadi ; elle se trouve dans le *Bostan*. Jeremy Taylor l'a reproduite dans sa *Liberty of Prophesying*. Est-ce là que Franklin l'a prise, c'est ce qu'on ignore. Du reste il ne s'en est jamais donné pour l'inventeur. V. *Correspond.*, t. II, p. 496. Lord Kames est le premier qui ait publié cette pièce en Angleterre, dans son *Esquisse d'une histoire de l'homme*, 1774. Elle avait déjà paru dans le *Boston Chronicle*, en 1768. « Cette parabole, dit lord Kames, m'a été communiquée par le docteur Franklin, de Philadelphie, qui fait une grande figure dans le monde savant, et qui en ferait une plus grande encore par sa bienveillance et son intégrité, si dans cet âge de décadence, on estimait la vertu autant que la science. »

Dieu dont tu parles, et je n'invoque pas son nom; car je me suis fait un dieu qui habite toujours ma maison, et qui pourvoit à tous mes besoins. »

8. Et le zèle d'Abraham s'enflamma contre l'homme, et il se leva, et il tomba sur lui et, à force de coups, il le chassa dans le désert.

9. Et à minuit Dieu appela Abraham et lui dit : « Abraham, où est l'étranger? »

10. Et Abraham répondit et dit : « Seigneur, il ne voulait pas t'adorer, ni invoquer ton nom, c'est pourquoi je l'ai chassé de devant ma face dans le désert. »

11. Et Dieu dit : « L'ai-je supporté pendant cent quatre-vingt-dix-huit ans, et l'ai-je nourri, et l'ai-je vêtu, nonobstant sa rébellion contre moi; et toi qui es un pécheur, ne pouvais-tu pas le supporter une nuit? »

12. Et Abraham dit : « Que la colère du Seigneur ne s'enflamme pas contre son serviteur. J'ai péché, oui, j'ai péché, pardonne-moi, je te prie. »

13. Et Abraham se leva et s'avança dans le désert, et s'empressa de chercher l'homme. Et il le trouva, et il revint avec lui à sa tente, et quand il l'eut traité avec bonté, il le renvoya le matin avec des présents.

14. Et Dieu parla de nouveau à Abraham en lui disant : « A cause de ton péché, ta race sera affligée pendant quatre cents ans dans une terre étrangère.

15. « Mais à cause de ton repentir, je les délivrerai, ils s'élèveront en puissance, en contentement de cœur, et auront beaucoup de biens. »

PARABOLE DE L'AMOUR FRATERNEL.

1774.

1. En ces jours-là, il n'y avait pas de forgeron par toute la terre. Et les marchands de Madian passaient avec leurs chameaux, portant des épices, de la myrrhe, du baume et des outils de fer.

2. Et Ruben acheta une cognée des marchands ismaélites, il l'estimait fort, car il n'y en avait pas dans la maison de son père.

3. Et Siméon dit à Ruben, son frère : « Prête-moi, je te prie, ta cognée; » mais il refusa et ne voulut pas.

4. Et Lévi lui dit aussi : « Mon frère, prête-moi, je te prie, ta cognée; » et il le refusa aussi.

5. Alors Juda vient à Ruben et le supplia en lui disant : « Allons, tu m'aimes, je t'ai toujours aimé, ne me refuse pas de me prêter ta cognée. »

6. Mais Ruben se détourna de lui et le refusa pareillement.

7. Or, il arriva que Ruben coupa du bois sur le bord de la rivière et que sa cognée tomba dans l'eau, et il ne pouvait venir à bout de la retrouver.

8. Mais Siméon, Lévi et Juda avaient envoyé un messager avec de l'argent près des Ismaélites, et avaient acheté chacun une cognée.

9. Alors Ruben vint à Siméon et lui dit : « Vois, j'ai perdu ma cognée et mon ouvrage n'est pas terminé, prête-moi la tienne, je t'en prie. »

10. Et Siméon répondit en disant : « Tu n'as pas voulu me prêter ta cognée, c'est pourquoi je ne te prêterai pas la mienne. »

11. Et alors il alla trouver Lévi et lui dit : « Mon frère, tu connais ma perte et mon besoin, prête-moi, je te prie, ta cognée. »

12. Et Lévi lui fit des reproches en disant : « Tu n'as pas voulu me prêter ta cognée quand je la désirais; mais je serai meilleur que toi et je te prêterai la mienne. »

13. Et Ruben fut blessé de la réprimande de Lévi, tout honteux, il s'en retourna sans prendre la cognée; et il chercha son frère Juda.

14. Et comme il approchait, Juda vit sa face couverte de honte et de douleur; il le prévint en lui disant : « Mon frère, je connais ta perte, pourquoi t'afflige-t-elle? est-ce que je n'ai pas une cognée qui peut servir à toi et à moi; prends-là, je te prie, et uses-en comme de la tienne. »

15. Et Ruben se jeta à son cou et l'embrassa avec larmes en disant : « Ta complaisance est grande, mais ta bonté en me pardonnant est encore plus grande; tu es vraiment mon frère, et tant que je vivrai je t'aimerai certainement. »

16. Juda dit : « Aimons aussi nos autres frères, vois, ne sommes-nous pas tous du même sang? »

17. Et Joseph vit ces choses; il les rapporta à son père Jacob.

18. Et Jacob dit : « Ruben a eu tort, mais il s'est repenti; Siméon aussi a eu tort; Lévi n'a pas été exempt de blâme.

19. « Mais le cœur de Juda est d'un prince; Juda l'âme d'un roi. Les enfants de son père se prosterneront devant lui et il régnera sur ses frères. »

DE L'ÉMIGRATION.

Écrit vers 1774.

A l'éditeur du PUBLIC ADVERTISER.

Monsieur,

Dans votre numéro du mardi, 16 novembre, vous nous donnez « un projet de loi à présenter au prochain parlement pous prévenir l'émigration de notre peuple. » Je ne sais pas ce qu'il y a de sérieux dans ce projet, mais comme le plan est fort détaillé, je suppose qu'il y a quelque chose sous jeu, et qu'on lance cette idée pour tâter le pouls au public. Avec votre permission, je dirai à vos lecteurs ce que je pense de ce projet.

Depuis un siècle et demi que les Anglais ont eu pleine liberté d'aller s'établir en Amérique, on n'a jamais fait de loi pour restreindre cette liberté, et confiner les Anglais dans leur île comme des prisonniers. On ne voit pas davantage que cette émigration ait produit de mauvais effets. Nos propriétés, loin de diminuer de valeur, faute de bras, ont plus que doublé, les terres sont en général mieux cultivées, leurs produits, qui ont augmenté, se vendent aisément à des prix supérieurs, et si l'on s'est plaint depuis quelque temps, ce n'est pas qu'il manque de bouches pour consommer notre viande, c'est au contraire qu'il manque de viande pour nourrir toutes nos bouches.

Pourquoi donc cette loi restrictive est-elle *aujourd'hui* nécessaire? Un paragraphe que votre journal emprunte à l'*Edimburgh Courant*, jettera peut-être quelque lumière sur cette question. Il y est dit: que depuis deux ans quinze cents personnes ont quitté le comté de Sutherland pour émigrer en Amérique, qu'elles ont emporté avec elles sept mille cinq cents livres sterling, ce qui dépasse le revenu annuel de tout le comté, que, sans parler de la perte d'hommes et d'argent que souffr e la métropole, la seule pensée de la *misère* que la plu - part de ces émigrants *auront à souffrir* en Amérique, devrait engager l'attention non-seulement des *grands propriétaires, mais aussi de l'administration.*

L'écrivain, plein d'humanité, qui a rédigé ce paragraphe, peut, j'imagine, se consoler par la réflexion que les souffrances qu'il redoute pour les émigrants, n'auront jamais lieu; car il est probable que ce qui a décidé ces pauvres gens à se rendre en Amérique, ce sont les récits authentiques qu'ils ont reçus de leurs parents et amis là-bas; ils ont pu comparer le bonheur dont on jouit en Amérique avec la misère qu'ils ne connaissent que trop au logis. Et, comme politique, l'écrivain peut encore se consoler en se disant que, si les émigrants trouvent une plus grande misère en Amérique, les lettres où ils nous la peindront, auront plus de crédit que l'*Edimburgh Courant*, et arrêteront l'émigration effectivement et sans qu'il soit besoin d'une loi.

Quelques-uns des chefs écossais n'aiment plus, dit-on, à vivre sur leurs domaines, au milieu de leurs tenanciers dévoués, et dans l'honorable indépendance où ils sont nés; ils préfèrent une vie de luxe, et la dépendance d'un courtisan, ils ont dernièrement élevé leurs fermages de façon fort lourde, pour faire face à leurs dépenses. Le prix de ces fermages se mange à Londres, au grand préjudice du pauvre comté de Su-

10

therland ; cependant nul journal d'Édimbourg ne s'en plaint ; mais aujourd'hui que le tenancier opprimé s'enfuit, et emporte avec lui ce qu'il aurait pu fournir à la magnificence de son seigneur à Londres, voilà le journaliste qui commence à s'*attendrir* pour la MÈRE PATRIE, sur l'énorme *perte* de sept mille cinq cents livres sterling portées aux colonies ! On invoque l'administration afin qu'elle porte remède au mal par quelque nouvel affaiblissement de la LIBERTÉ ANGLAISE. Et certes, l'administration doit faire quelque chose pour ces gentilshommes qui font tout pour l'administration.

N'y a-t-il pas un remède plus facile ? Qu'ils retournent à leur manoir de famille, qu'ils vivent parmi leur peuple, et, au lieu de le tondre et de l'écorcher, qu'ils le protégent et l'aiment, qu'ils favorisent l'intérêt de leurs tenanciers, qu'ils en encouragent le travail, qu'ils en améliorent la situation. Si ces pauvres gens sont plus heureux au pays qu'ils ne pourraient l'être au dehors, on ne les décidera pas aisément à traverser l'Océan. Mais le seigneur peut-il les blâmer de quitter leurs foyers pour chercher une vie plus aisée, quand lui-même et le premier, il en donne l'exemple.

J'examinerai le projet de loi.

1° Au point de vue de la NÉCESSITÉ ;

2° De la POSSIBILITÉ ;

3° De la POLITIQUE ; et

4° De la JUSTICE.

Permettez-moi quelques mots sur chacun de ces chapitres.

1° *Nécessité.*

Si un pays a plus d'habitants qu'il n'en peut nourrir

dans l'aisance, ceux qui sont gênés se décideront peut-
être à émigrer. Aussi longtemps que la nouvelle situation sera de *beaucoup* préférable à l'ancienne, il est
possible que l'émigration continue. Mais quand peu à
peu sont partis ceux qui, au pays, disputaient aux autres les fermes, les boutiques, les affaires, les fonctions
et autres moyens de subsistance, les inconvénients de la
concurrence cessent; les gens qui restent, ne s'affament
plus mutuellement. Ils trouvent qu'ils peuvent vivre à
l'aise, moins bien peut-être que ceux qui ont émigré,
mais l'attachement au sol natal est suffisant pour contre-
balancer cette légère différence; et alors l'émigration
cesse naturellement. Les eaux de l'Océan forment des
courants d'un point du globe à l'autre, en grossissant
d'un côté, en diminuant de l'autre; mais aucune loi,
hormis la loi de gravité, n'est nécessaire pour empêcher ces eaux d'abandonner entièrement leurs rivages.
De même façon, les différents degrés du bonheur en
différents pays et différentes situations trouvent, ou
plutôt font eux-mêmes leur niveau, par le flux et le re-
flux des peuples; une fois le niveau trouvé, l'émigration
s'arrête.

Ajoutez à cela qu'une véritable diminution de population, causée par la guerre ou l'épidémie, est bientôt
réparée par des mariages contractés plus tôt et plus
féconds, mariages qu'encourage une plus grande facilité
d'obtenir des moyens d'existence. Un pays à demi dépeu-
plé sera bientôt repeuplé, jusqu'à ce que la population
soit au niveau des moyens d'existence. Tout ce qui
dépasse ce point, doit mourir, ou chercher une situation plus favorable. Ces débordements de population,
l'humanité en a vu dans tous les siècles; autremen

nous n'aurions pas tant de nations. Mais craindre que
l'émigration amène une complète dépopulation, et implorer une loi pour l'arrêter, c'est implorer une loi
pour qu'on arrête la Tamise, de peur que les eaux
qu'elle laisse chaque jour à Gravesend ne l'aient bientôt épuisée. Une pareille loi n'est donc pas NÉCES-
SAIRE.

2° *Possibilité.*

Quand je considère les essais qu'on a faits pour empêcher l'émigration, d'abord au temps de l'archevêque
Laud, par des ordres du conseil, afin d'arrêter les Puritains qui fuyaient devant la persécution jusque dans la
Nouvelle-Angleterre, et plus tard quand Louis XIV
voulut garder dans son royaume les Huguenots persé-
cutés ; quand je vois combien fut inefficace tout le
pouvoir de la couronne dont s'armait l'archevêque, et
toute la puissance absolue du grand monarque de
France ; quand enfin je considère l'étendue des côtes
à garder, la multitude de croiseurs nécessaire pour
faire de cette île une prison, et y retenir de libres
Anglais, qui naturellement aiment la liberté, et que
probablement la contrainte ne ferait qu'exciter, je ne
puis m'empêcher de croire que la loi est IMPRATICABLE.
Les bureaux ne délivreraient pas de permis d'embarquer, les ports seraient fermés à l'émigration, et
cependant les gens résolus à partir émigreraient par
pleins vaisseaux, comme firent les Puritains.

3° *Politique.*

J'ai montré que la Grande-Bretagne ne court aucun danger d'être dépeuplée, et que la place de ceux

qui partent, sera bientôt remplie jusqu'au niveau des moyens de subsistance ; voyons maintenant s'il n'y a pas quelques *avantages* généraux à attendre de l'émigration actuelle. Les nouveaux colons qui s'établissent en Amérique, ne tardent guère à se marier. La vie étant facile, et la terre, qui leur permet d'établir leurs enfants, étant à bon marché, ils n'ont pas peur de la pauvreté. Leur accroissement naturel est donc beaucoup plus considérable que s'ils étaient restés au pays. Chaque jour de nouvelles fermes s'établissent dans ces immenses forêts ; de nouvelles villes et de nouveaux villages s'élèvent ; de là accroissement de demandes pour nos marchandises, plus de travail pour nos fabricants, plus de richesse pour nos marchands. Par cet accroissement naturel de la population, la force de l'empire augmente ; il y a une foule d'hommes pour former, à l'occasion, de nouvelles armées, ou recruter les anciennes. Les longues côtes de ce vaste pays, le grand commerce de ses ports entre eux, ses nombreuses rivières et ses lacs navigables, ses abondantes pêcheries, nourrissent une multitude de marins, sans parler de ceux qu'ont fait naître et qu'emploient les communications avec l'Europe. Il y a là une pépinière toujours croissante pour fournir des hommes à nos flottes en temps de guerre, et pour maintenir notre rang parmi les nations, grâce à cette marine, qui est aussi notre meilleure garantie contre les invasions de l'ennemi. Une extension d'empire qu'on obtient par la conquête de pays habités, n'est pas si facile à acquérir ; elle n'est pas aussi sûre, elle inquiète les voisins ; la révolte y est plus à craindre, et c'est bien plus une occasion de nouvelles guerres.

Au contraire, quand un empire grandit par des colonies sorties de son sein, par la croissance naturelle de son peuple, les voisins ne peuvent s'en plaindre comme d'un dommage ; personne n'a le droit d'en être blessé. Vos nouvelles possessions sont donc plus sûres, elle sont acquises à meilleur marché, elles sont attachées à votre nation par une alliance et une affection naturelles ; c'est ainsi qu'elles vous apportent un accroissement de force, sur quoi vous pouvez compter plus certainement que sur des conquêtes faites au prix d'immenses sacrifices de sang et d'argent. Voilà, ce me semble, des avantages nationaux qui font plus que balancer les désagréments que souffrent quelques grands propriétaires d'Écosse ou d'Irlande ; tout leur malheur sera de diminuer un peu leur luxe, ou de baisser un peu le taux du fermage qu'ils demandent avec tant de dureté.

De ces considérations, je crois que je puis conclure qu'une loi, qui défend l'émigration, est une loi IMPOLITIQUE.

4° Justice.

Je maintiens que tout Breton qui est malheureux dans son pays, a le droit d'émigrer des domaines de Sa Majesté sur le territoire de tout autre prince, et d'aller là où il peut être plus heureux. Si l'on me nie ce droit, au moins m'accordera-t-on que tout Breton a le droit de s'établir dans une partie quelconque de l'empire. C'est en vertu de ce droit que tant d'Écossais émigrent en Angleterre, soulageant ainsi leur pays natal, et par leur travail servant le nôtre. Il en est de même pour ceux qui vont en Amérique. Pour conten-

ter ces Lairds écossais, faudra-t-il une loi pour atta-
cher leurs tenanciers à la glèbe où ils sont nés, pour
les vendre et les acheter avec elle? Dieu a donné aux
bêtes des forêts, aux oiseaux de l'air le droit d'émigrer
dans des contrées plus favorables, quand la nourriture
leur manque en un canton. Pour gratifier l'avarice de
quelques grands propriétaires, refusera-t-on à l'homme
un privilége dont jouissent les brutes? Faut-il que la
misère soit rendue *permanente*, et qu'elle soit soufferte
par *beaucoup d'hommes*, pour l'avantage d'un *seul*;
faut-il que l'accroissement des êtres humains soit empêché, et que des milliers d'enfants soient pour ainsi
dire écrasés dans l'œuf, afin qu'un petit Pharaon puisse
jouir d'un excès d'opulence? Dieu a commandé à
l'homme de croître et de remplir la terre; la loi proposée prohiberait l'accroissement, et réduirait les Bretons à leur chiffre actuel en en condamnant la moitié
à la misère. Par les taxes qu'ils ont payées, et le sang
qu'ils ont versé, le peuple de Bretagne et celui d'Irlande ont contribué au succès de cette guerre qui a mis
dans nos mains les vastes déserts de l'Amérique du nord,
pays à qui le ciel dans sa faveur a donné tous les avantages du climat et du sol. Les Allemands y débordent
pour en prendre possession et l'emplir de leur race;
Bretons, Irlandais, vous qui avez un titre bien plus
fort, vous ôtera-t-on votre part? Au lieu de jouir de
l'abondance et du bonheur qui, là-bas, récompense-
raient votre travail, vous forcera-t-on à rester ici dans
la misère et la pauvreté?

Ces considérations me prouvent que la loi proposée
serait INJUSTE et INHUMAINE.

Si cette loi n'est *ni nécessaire*, *ni praticable*, *ni po-*

litique, ni juste, j'espère que le parlement n'accueillera
jamais ce bill; il laissera les grands propriétaires chercher eux-mêmes un remède dans l'abaissement du
fermage ou dans l'économie ; et il laissera les libertés
des Bretons et des Irlandais aussi étendues au moins
qu'il les a trouvées.

Je suis, monsieur, etc.

UN AMI DU PAUVRE.

L'AIGLE ET LE CHAT (*fable*).

1775.

A la veille de la séparation de l'Angleterre et de
l'Amérique, Franklin qui, au milieu de tant d'agitation, gardait sa présence d'esprit et sa vivacité,
improvisa un jour une fable qui nous a été conservée par John Adams, le second président des États-
Unis. C'était de la bouche même de Franklin qu'Adams
tenait cet apologue.

Un soir, chez un lord anglais, la conversation
ayant porté sur les fables, une personne avança
qu'Ésope, la Fontaine et Gay avaient épuisé le sujet. La
compagnie approuva ce jugement, Franklin garda le
silence. Pressé de donner son avis, il finit par dire
qu'il croyait la fable une mine inépuisable. « En feriez-
vous une, lui demanda-t-on? » Franklin répondit que
si on voulait lui donner une plume et de l'encre, il en
ferait une sur-le-champ. Et en quelques minutes il
écrivit l'apologue suivant qui exprime de façon ingénieuse l'embarras où se trouvait l'Angleterre après
avoir provoqué l'Amérique.

« Il y avait une fois un aigle qui, tournant autour d'une
ferme, et épiant un lièvre, tombe comme la foudre sur sa
proie, la saisit dans ses serres, et l'emporta dans les airs.
L'aigle s'aperçut bientôt qu'il avait affaire à un animal de
plus de courage et de plus de force qu'un lièvre ; car,
malgré la finesse de sa vue, il s'était trompé ; c'était un
chat qu'il avait pris. Non-seulement le chat se débattait à
outrance, mais il s'était dégagé des serres de l'aigle, l'avait
saisi au corps avec ses quatre griffes, et lui enfonçait ses
dents dans la gorge. « Lâche-moi, dit l'aigle, et je te lâche-
« rai. — Fort bien, dit le chat, je n'ai nulle envie de tom-
« ber de cette hauteur pour être écrasé et mourir en mille
« morceaux. Tu m'as enlevé, descends, et remets-moi où
« tu m'a pris. » Et l'aigle vit qu'il était nécessaire de descendre comme le chat lui avait dit. »

LES ÉPHÉMÈRES [1].
Emblème de la vie humaine.
LETTRE A MADAME BRILLON [2].

Passy, 15 août 1778.

Vous pouvez, ma chère amie, vous rappeler que,
lorsque nous passâmes dernièrement cette heureuse

---

1. Cette pièce et la suivante (*le Sifflet*) ont été traduites en
français par Franklin lui-même ; c'est cette traduction que nous
donnons avec tous ses anglicismes.

2. La lettre suivante de Franklin donnera le mot de cette gra-
cieuse bluette.

*A William Carmichael, secrétaire de l'ambassade américaine
à Madrid.*

Passy, 17 juin 1780.

..... Je vous envoie ci-inclus la petite pièce que vous désirez.
Pour la bien entendre, quelques détails sont nécessaires. La personne à qui elle est adressée, est Mme Brillon, dame du plus

journée dans les jardins délicieux et la douce société du Moulin-Joli, je m'arrêtai dans une des promenades que nous fîmes, et je me dérobai pendant quelque temps à la compagnie.

On nous avait montré un nombre infini de cadavres d'une petite espèce de mouche que l'on nomme Éphémère, dont on nous dit que toutes les générations successives étaient nées et mortes dans le même jour. Il m'arriva d'en remarquer sur une feuille une compagnie vivante qui faisait la conversation.

respectable caractère et de la plus agréable conversation. Elle est le chef d'une aimable famille du voisinage, et j'y passe la soirée deux fois par semaine. Entre autres talents, elle a celui d'être excellente musicienne. Avec ses filles, qui chantent agréablement, et quelques amis qui jouent de divers instruments, elle a la bonté de me donner, ainsi qu'à mon petit-fils, de petits concerts, une tasse de thé et une partie d'échecs. J'appelle cela mon *opéra*, car je vais rarement à l'Opéra de Paris.

Le *Moulin-Joli* est une petite île de la Seine, à environ deux lieues d'ici ; il fait partie de la campagne d'un autre ami* que nous visitons chaque été ; nous y passons la journée dans l'aimable société des personnes spirituelles, instruites et polies qui l'habitent. A l'époque où la lettre a été écrite, toutes les conversations de Paris n'étaient autre chose que des disputes sur la musique de Gluck et de Piccini, l'un musicien allemand, l'autre musicien italien. C'est là ce qui divisait Paris en partis violents. Un ami de Mme Brillon me demanda une copie de cette bagatelle, avec promesse de ne la communiquer à personne, il n'en fit rien ; on en a fait des copies, et la pièce est aussi publique que peut l'être une chose non imprimée ; mais je n'aurais pas imaginé qu'on en parlât à Madrid. J'ai pris l'idée de cette bagatelle dans quelques lignes d'un auteur inconnu, que j'ai lues, il y a cinquante ans, dans un journal**, et que la vue d'un éphémère a rappelées à mon souvenir. Adieu, etc.

* M. Watelet.
** M. Jared Sparks a retrouvé ce morceau dans la *Gazette de Pensylvanie* du 4 décembre 1735, sous le titre de la *Vanité humaine.* Franklin était alors éditeur et imprimeur de ce journal.

Vous savez que j'entends tous les langages des espèces inférieures à la nôtre : ma trop grande application à leur étude est la meilleure excuse que je puisse donner du peu de progrès que j'ai fait dans votre langue charmante. La curiosité me fit écouter les propos de ces petites créatures; mais la vivacité propre à leur nation les faisant parler trois ou quatre à la fois, je ne pus tirer presque rien de leurs discours. Je compris cependant, par quelques expressions interrompues que je saisissais de temps en temps, qu'ils disputaient avec chaleur sur le mérite de deux musiciens étrangers, l'un un cousin, et l'autre un bourdon. Ils passaient leur temps dans ces débats, avec l'air de songer aussi peu à la brièveté de la vie que s'ils avaient été assurés de vivre encore tout un mois. Heureux peuple, me dis-je, vous vivez certainement sous un gouvernement sage, équitable et modéré, puisqu'aucun grief public n'excite vos plaintes, et que vous n'avez de sujet de contestations que la perfection ou l'imperfection d'une musique étrangère!

Je les quittai pour me tourner vers un vieillard à cheveux blancs, qui, seul sur une autre feuille, se parlait à lui-même. Son soliloque m'amusa; je l'ai écrit dans l'espérance qu'il amusera de même celle à qui je dois le plus sensible des plaisirs, celui des charmes de sa société et de l'harmonie céleste des sons qui naissent sous sa main.

« C'était, disait-il, l'opinion des savants philosophes de notre race qui ont vécu et fleuri longtemps avant le présent âge, que ce vaste monde [1] ne pourait pas lui-

---

1. Le Moulin-Joli.

même subsister plus de dix-huit heures; et je pense
que cette opinion n'était pas sans fondement, puisque
par le mouvement apparent du grand luminaire qui
donne la vie à toute la nature, et qui de mon temps a
d'une manière si sensible considérablement décliné vers
l'Océan [1], qui borne cette terre, il faut qu'il termine son
cours à cette époque, s'éteigne dans les eaux qui nous
environnent, et livre le monde à des glaces et des
ténèbres qui amèneront nécessairement une mort et
une destruction universelle. J'ai vécu sept heures dans
ces dix-huit; c'est un grand âge; ce n'est pas moins
de quatre cent vingt minutes; combien peu entre nous
parviennent aussi loin? J'ai vu des générations naître,
fleurir et disparaître. Mes amis présents sont les
enfants et les petits enfants des amis de ma jeunesse,
qui, hélas! ne sont plus; et je dois bientôt les suivre :
car, par le cours ordinaire de la nature, je ne puis
m'attendre, quoique en bonne santé, à vivre encore plus
de sept à huit minutes. Que me servent à présent tous
mes travaux, toutes mes fatigues pour faire sur cette
feuille une provision de miellée [2] que pendant tout le
reste de ma vie je ne pourrai consommer? Que me
servent les débats politiques dans lesquels je me suis
engagé pour l'avantage de mes compatriotes, habitants
de ce buisson? Que me servent mes recherches philosophiques consacrées au bien de notre espèce en général?
En politique, que peuvent les lois sans les mœurs [3]?
Le cours des minutes rendra la génération présente

1. La rivière de la Seine.
2. *Honey-dew*, manne, suc des plantes.
3. Quid leges sine moribus? Hor. ode XXIV, l. III, vers. 35.

des éphémères aussi corrompue que celle des autres buissons plus anciens, et par conséquent aussi malheureuse ; et en philosophie, que nos progrès sont lents! Hélas! l'art est long, et la vie est courte [1]. Mes amis voudraient me consoler par l'idée d'un nom qu'ils disent que je laisserai après moi. Ils disent que j'ai assez vécu pour ma gloire et pour la nature ; mais que sert la renommée pour un éphémère qui n'existe plus? Et l'histoire que deviendra-t-elle, lorsqu'à la dix-huitième heure, le monde lui-même, le Moulin-Joli tout entier, sera arrivé à sa fin pour n'être plus qu'un amas de ruines?

« Pour moi, après tant de recherches actives, il ne me reste de bien réel que la satisfaction d'avoir passé ma vie dans l'intention d'être utile, la conversation aimable d'un petit nombre de bonnes dames éphémères, et de temps en temps le doux souvenir et quelques accords de la toujours aimable *Brillante* [2]. »

LE SIFFLET.

A *madame Brillon.*

Passy, le 10 novembre 1779.

J'ai reçu les deux lettres de ma chère amie, l'une pour le mercredi, l'autre pour le samedi. C'est aujourd'hui encore mercredi. Je ne mérite pas d'en avoir encore, parce que je n'ai pas fait réponse aux précé-

---

1. Ars longa, vita brevis, tempus præceps. Hippocrate, aphor. I, I.
2. C'est ainsi que Franklin appelait Madame Brillon.

dentes. Mais, tout indolent que je suis, et quelque
aversion que j'aie d'écrire, la crainte de n'avoir plus de
vos charmantes épîtres, si je ne contribue aussi de ma
part pour soutenir la correspondance, me force de prendre la plume. Et comme M. B. m'a mandé si obligeamment qu'il part demain matin pour vous voir, moi,
au lieu de passer ce mercredi au soir, comme je l'ai
fait si longtemps de ses prédécesseurs du même nom,
en votre douce société, je me suis mis à mon écritoire
pour le passer à penser à vous, à vous écrire, et à lire
et relire ce que vous m'avez si délicieusement écrit.

Je suis charmé de votre description du paradis, et de
vos plans pour y vivre. J'approuve aussi très-fortement
la conclusion que vous faites, qu'en attendant il faut
tirer de ce bas monde tout le bien qu'on en peut tirer.
A mon avis il serait très-possible pour nous d'en tirer
beaucoup plus de bien et d'en souffrir moins de mal,
si nous voulions seulement prendre garde de *ne donner
pas trop pour nos sifflets*. Car il me semble que la plupart des malheureux qu'on trouve dans le monde sont
devenus tels par leur négligence de cette précaution.

Vous demandez ce que je veux dire. Vous aimez les
histoires, et vous m'excuserez si je vous en donne une
qui me regarde moi-même.

Quand j'étais un enfant de cinq ou six ans, mes
amis, un jour de fête, remplirent ma petite poche de
sous. J'allai tout de suite à une boutique où on vendait
des babioles; mais étant charmé du son d'un sifflet
que je rencontrai en chemin dans les mains d'un autre
petit garçon, je lui offris et donnai volontiers pour cela
tout mon argent. Revenu chez moi, sifflant par toute
la maison, fort content de mon achat, mais fatiguant

les oreilles de toute la famille, mes frères, mes sœurs,
mes cousines, apprenant que j'avais tant donné pour
ce mauvais bruit, me dirent que c'était dix fois plus
que la valeur : alors ils me firent penser au nombre
de bonnes choses que j'aurais pu acheter avec le reste
de ma monnaie, si j'avais été plus prudent : ils me ri-
diculisèrent tant de ma folie, que j'en pleurai de dépit ;
et la réflexion me donna plus de chagrin, que le sifflet
de plaisir.

Cet accident fut cependant dans la suite de quelque
utilité pour moi, l'impression restant sur mon âme ;
de sorte que, lorsque j'étais tenté d'acheter quelque
chose qui ne m'était pas nécessaire, je disais en moi-
même : *ne donnons pas trop pour le sifflet* ; et j'épar-
gnais mon argent.

Devenant grand garçon, entrant dans le monde et
observant les actions des hommes, je vis que je ren-
contrais nombre de gens *qui donnaient trop pour le sifflet.*

Quand j'ai vu quelqu'un qui, ambitieux de la faveur
de la cour, consumait son temps en assiduités aux le-
vers, [sacrifiait] son repos, sa liberté, sa vertu, et peut-
être même ses vrais amis, pour obtenir quelque petite
distinction ; j'ai dit en moi-même : *Cet homme donne
trop pour son sifflet.*

Quand j'en ai vu un autre, avide de se rendre populaire, et pour cela s'occupant toujours de contestations
publiques, négligeant ses affaires particulières, et les
ruinant par cette négligence : *il paye trop*, ai-je dit,
pour son sifflet.

Si j'ai connu un avare, qui renonçait à toute manière
de vivre commodément, à tout le plaisir de faire du

bien aux autres, à toute l'estime de ses compatriotes, et à tous les charmes de l'amitié, pour avoir un morceau de métal jaune : *Pauvre homme*, disais-je, *vous donnez trop pour votre sifflet.*

Quand j'ai rencontré un homme de plaisir, sacrifiant tout louable perfectionnement de son âme et toute amélioration de son état aux voluptés du sens purement corporel, et détruisant sa santé dans leur poursuite : *Homme trompé*, ai-je dit, *vous vous procurez des peines au lieu des plaisirs ; vous payez trop pour votre sifflet.*

Si j'en ai vu un autre, entêté de beaux habillements, belles maisons, beaux meubles, beaux équipages, tout au-dessus de sa fortune, qu'il ne se procurait qu'en faisant des dettes, et en allant finir sa carrière dans une prison : *Hélas !* ai-je dit, *il a payé trop pour son sifflet.*

Quand j'ai vu une très-belle fille, d'un naturel bon et doux, mariée à un homme féroce et brutal, qui la maltraite continuellement : *C'est grand pitié*, ai-je dit, *qu'elle ait tant payé pour un sifflet.*

Enfin j'ai conçu que la plus grande partie des malheurs de l'espèce humaine viennent des estimations fausses qu'on fait de la valeur des choses, et de ce qu'on *donne trop pour les sifflets.*

Néanmoins je sens que je dois avoir de la charité pour ces gens malheureux, quand je considère qu'avec toute la sagesse dont je me vante, il y a certaines choses dans ce bas monde si tentantes, par exemple, les pommes du roi Jean, lesquelles heureusement ne sont pas à acheter, car si elles étaient mises à l'enchère, je pourrais être très-facilement porté à me ruiner par

leur achat et trouver que j'aurais encore une fois *trop
donné pour le sifflet*.

Adieu, ma très-chère amie; croyez-moi toujours
votre ami bien sincèrement, et avec une affection inaltérable. B. F.

———

PÉTITION DE LA MAIN GAUCHE
ADRESSÉE AUX PERSONNES CHARGÉES DE DIRIGER
L'ÉDUCATION.

1779.

Je m'adresse à tous les amis de la jeunesse; je les
conjure de jeter un regard de compassion sur mon
malheureux sort, afin de faire cesser les préjugés dont
je suis victime. Nous sommes deux sœurs jumelles,
les deux yeux de l'homme ne se ressemblent pas davantage, ils ne peuvent être mieux d'accord que nous
ne le serions ma sœur et moi, sans la partialité de
nos parents qui mettent entre nous la plus injuste
distinction. Dès mon enfance, j'ai été élevée à considérer ma sœur comme un être d'un rang supérieur
au mien; on m'a laissée grandir sans la moindre instruction, tandis qu'on n'a rien épargné pour son éducation;
elle a eu des maîtres pour lui enseigner l'écriture, le
dessin, la musique et autres talents d'agrément; mais
si par hasard je touchais un crayon, une plume, une
aiguille, j'étais sévèrement grondée, et plus d'une fois
j'ai été battue pour ma maladresse et mon manque de
grâce.

Ma sœur, il est vrai, m'associe à elle en quelques
occasions, mais elle s'est toujours fait un point d'hon-

11

neur de tout conduire, et ne se sert de moi que par nécessité ou pour figurer à côté d'elle.

Ne croyez pas, monsieur, que mes plaintes soient
inspirées seulement par la vanité. Non, mon chagrin a une cause plus sérieuse. C'est l'habitude de
notre famille que toute la besogne de pourvoir à la
subsistance retombe sur ma sœur et sur moi. Si quelque indisposition attaquait ma sœur (et je vous le dis
en confidence, elle est sujette à la goutte, au rhuma-
tisme, aux crampes, sans parler d'autres accidents, —
quel serait le sort de notre pauvre famille? Nos parents alors ne regretteraient-ils pas amèrement d'a-
voir mis une si grande différence entre deux sœurs qui
sont si parfaitement semblables? Hélas! il nous faudra
périr de détresse, car il ne me sera même pas possible
de griffonner une supplique pour qu'on vienne à notre
secours, ayant été obligée de me servir d'une main
étrangère pour transcrire la requête que j'ai l'honneur
de vous adresser en ce moment.

Daignez, monsieur, faire sentir à mes parents l'injustice d'une tendresse exclusive et la nécessité de
partager également leurs soins et leur affection entre
tous leurs enfants.

Je suis, avec un profond respect, monsieur, votre
servante obéissante.   LA MAIN GAUCHE.

LA BELLE JAMBE ET LA JAMBE TORSE.

1779.

Il y a deux sortes de gens dans le monde qui, à degré
égal de santé, de richesse et d'autres avantages de la

vie, deviennent les uns heureux, les autres misérables. Cela tient beaucoup à la façon différente dont ils
considèrent les choses, les personnes, les événements,
et à l'effet que ces différentes manières de voir produisent sur leur esprit.

Dans quelque situation qu'on soit placé, on peut y
trouver des avantages et des inconvénients; en toute
compagnie, on peut trouver des personnes et une conversation plus ou moins agréable; à quelque table
qu'on soit assis, on peut trouver des mets et des bois-
sons plus ou moins à son goût, des plats bien ou mal
dressés; en tout climat, on trouvera du bon et du mauvais temps; en toute espèce de gouvernement, on
trouvera de bonnes et de mauvaises lois, une bonne
et une mauvaise administration; en tout poëme, en
toute œuvre de génie, on trouvera des défauts et des
beautés; en tout visage et en toute personne, on peut
découvrir de beaux traits et des défauts, de bonnes et
de mauvaises qualités.

Ceci étant donné, les deux sortes de gens dont nous
avons parlé fixeront diversement leur attention. Les uns,
ceux qui ont des dispositions à être heureux, remarquent le bon côté des choses : l'agrément de la conversation, l'élégance des plats, la bonté des vins, la beauté
du temps, etc., etc., et ils jouissent de tout cela avec
entrain. Ceux qui ont l'humeur chagrine ne voient que
le revers des choses. Aussi sont-ils toujours mécontents. Par leurs remarques, ils troublent le plaisir
de la société, ils offensent beaucoup de gens et se
rendent désagréables partout. Si ce tour d'esprit était
naturel, on devrait plaindre des personnes si mal-
heureuses. Mais cette disposition à la critique et au

dégoût n'est peut-être à l'origine que de l'imitation ;
elle est devenue, sans qu'on s'en aperçoive, une habitude qui, malgré sa force, peut être guérie, si ceux qui
en souffrent sentent combien elle nuit à leur bonheur.
J'espère donc que ce petit avertissement pourra leur
rendre service et les aidera à corriger une habitude
qui, tout en n'étant au fond que l'œuvre de l'imagination, a cependant de sérieuses conséquences dans la
vie, et amène des chagrins et des malheurs réels. Comme
beaucoup de gens sont froissés, que personne n'aime
cette espèce de gens, c'est à peine si on leur témoigne
la plus simple politesse et les égards les plus ordinaires ; ceci les met souvent de mauvaise humeur et les
jette dans des disputes et des querelles. Visent-ils à
obtenir quelque avantage de rang ou de fortune,
personne ne fait de vœux pour leur succès ; personne
ne fera un pas, ne dira un mot pour favoriser leurs
prétentions. Encourent-ils une censure ou une disgrâce
publique, personne ne les défend, ni ne les excuse ;
beaucoup de gens feront nombre pour exagérer leurs
torts et les rendre complétement odieux. Si ces mécontents ne veulent pas changer cette mauvaise habitude, s'ils ne se résignent pas à prendre plaisir à ce
qui est fait pour plaire, au lieu de s'agiter eux-mêmes
et de troubler les autres en voyant tout en noir, on fera
bien d'éviter leur société, qui est toujours désagréable,
et quelquefois très-incommode, surtout quand on se
trouve engagé dans leurs querelles.

Un vieux philosophe de mes amis était devenu par
expérience très-circonspect sur ce chapitre ; il évitait
soigneusement toute intimité avec de semblables gens.
Il avait, comme d'autres philosophes, un hermomètre

qui lui indiquait la température et un baromètre qui
lui marquait si le temps tournait au beau ou au laid;
mais comme il n'y a pas encore d'instrument pour
découvrir à première vue chez les hommes cette disposition chagrine, il se servait de ses jambes : l'une
d'elles était remarquablement belle, l'autre, par accident, était tortue et difforme. Si à la première entre-
vue, un étranger regardait la vilaine jambe plus que la
belle, il se méfiait de lui. Si l'étranger parlait de la
mauvaise jambe sans faire attention à la belle, cela
suffisait pour décider mon philosophe à ne pas faire
plus ample connaissance avec lui. Tout le monde
n'a pas cet instrument à deux jambes; mais chacun
avec un peu d'attention peut observer à certains signes
cette disposition frondeuse et maligne, et prendre la résolution d'éviter le commerce de ceux qui en sont
affligés. C'est pourquoi je dis à ces censeurs moroses,
à ces gens toujours mécontents et toujours malheureux, que s'ils veulent être respectés, aimés des autres
et trouver le bonheur en eux-mêmes, il leur faut renoncer *à regarder la vilaine jambe.*

MORALE DES ÉCHECS.

1779.

Le jeu des échecs est le plus ancien et le plus connu de
tous les jeux. Son origine remonte au delà de toutes
les notions historiques, et durant des siècles sans nombre il a été l'amusement de tous les peuples civilisés
de l'Asie : Perses, Indiens et Chinois. Il y a plus de

mille ans que l'Europe le possède. Les Espagnols l'ont porté dans leurs possessions d'Amérique, et depuis quelque temps on commence à le jouer aux États-Unis.

Ce jeu est si intéressant par lui-même qu'il n'a pas besoin d'offrir l'appât du gain pour qu'on se plaise à s'y engager ; aussi y joue-t-on rarement de l'argent. Ceux qui ont le temps de se livrer à de pareilles distractions, n'en peuvent choisir de plus innocente. Le morceau suivant, écrit dans l'intention de corriger chez un petit nombre de jeunes amis quelques défauts qui se sont glissés dans la pratique de ce jeu, prouve en même temps que, dans les effets qu'il produit sur l'esprit, il peut être non-seulement innocent, mais avantageux au vaincu aussi bien qu'au vainqueur.

Le jeu des échecs n'est pas un simple passe-temps. En y jouant on peut acquérir ou fortifier plusieurs qualités utiles dans le cours de la vie, et s'en faire des habitudes, bonnes en toute occasion. Car la vie est une partie d'échecs, dans laquelle nous avons souvent des points à gagner, des compétiteurs, ou des adversaires à combattre, avec une grande variété de bonnes et de mauvaises chances, qui sont, en partie, l'effet de la prudence ou de l'étourderie. En jouant aux échecs, nous pouvons donc acquérir :

1° La *prévoyance*, qui regarde dans l'avenir et considère les conséquences que peut avoir une action ; car le joueur se dit continuellement : — « Si je remue « cette pièce, quel sera l'avantage de ma nouvelle po- « sition ? Quel parti mon adversaire en tirera-t-il contre « moi ? De quelle autre pièce pourrai-je me servir pour

« soutenir la première, et me garantir des attaques
« qu'on me fera ? »

2° Le *coup d'œil*, qui embrasse tout l'échiquier, ou
théâtre de l'action, qui voit le rapport des différentes
pièces entre elles, leur position, le danger auquel elles
sont exposées, la possibilité qu'elles ont de s'aider mutuellement, la probabilité de tel ou tel mouvement de
l'adversaire, pour attaquer telle ou telle autre pièce,
les différents moyens qu'on a d'éviter ses coups, ou de
les tourner contre lui.

3° La *prudence*, qui nous garde de tout mouvement
précipité. La meilleure manière d'acquérir cette qualité, est d'observer strictement les règles du jeu. Par
exemple, si vous touchez une pièce, il faut la jouer, si
vous la posez sur une case, il faut qu'elle y reste. Il est
d'autant plus utile que ces règles soient observées,
qu'alors le jeu en devient encore plus l'image de la vie
humaine, et particulièrement de la guerre. Si, lorsque
vous faites la guerre, vous vous êtes imprudemment
mis dans une mauvaise et dangereuse position, vous ne
pouvez espérer que votre ennemi vous laisse retirer vos
troupes pour les placer en un endroit plus sûr ; il vous
faut supporter toutes les conséquences de votre témérité.

Enfin, par le jeu des échecs, nous apprenons à
ne pas nous décourager, par le mauvais état où nos affaires semblent être quelquefois; nous prenons l'habitude d'espérer un changement favorable, et celle de persévérer à chercher des ressources. Une partie d'échecs
est si pleine d'accidents, il y a tant de retours, tant de
vicissitudes; et il arrive si souvent qu'après avoir longtemps réfléchi, nous découvrons le moyen d'échapper

à un danger qui paraissait inévitable, que nous sommes enhardis à pousser le combat jusqu'au bout, dans l'espoir de vaincre par notre adresse, ou, au moins, de profiter de la négligence de notre adversaire pour annuler la partie. Quiconque réfléchit aux exemples que lui fournissent les échecs, à la présomption que produit ordinairement un succès, à l'inattention qui en est la suite, et qui fait changer la partie, apprend, sans doute, à ne pas trop se décourager par le succès momentané de son adversaire, et à ne pas désespérer de la victoire finale à chaque petit échec qu'on reçoit en la poursuivant.

Pour nous engager à rechercher cet amusement utile, de préférence à d'autres jeux qui n'ont pas les mêmes avantages, ne négligeons aucun des détails qui peuvent en augmenter le plaisir. Toute action, toute parole indiscrète, inconvenante, ou qui peut causer quelque ennui doivent être évitées, comme contraires à la principale intention des joueurs, qui est de passer le temps agréablement.

En conséquence: 1° Si l'on convient de jouer suivant toute la rigueur du jeu, il faut que les règles soient strictement suivies par les deux joueurs; il ne faut pas qu'elles soient la loi d'une des parties, tandis que l'autre s'en affranchit; car cela n'est pas juste.

2° Si l'on convient de ne pas observer st.. ement les règles, et qu'un joueur demande de l'indulgence, il doit même indulgence à son adversaire.

3° Il ne faut pas que vous trichiez jamais, pour vous tirer d'un embarras, ou obtenir un avantage. On ne peut plus avoir aucun plaisir à jouer avec un adversaire qu'on a surpris dans quelque manœuvre déloyale.

4° Si votre adversaire est lent à jouer, vous ne devez ni le presser, ni paraître fâché de sa lenteur. Il ne faut pas chanter, siffler, regarder à votre montre, prendre un livre pour lire, frapper des pieds sur le parquet, ou des doigts sur la table, ni rien faire qui puisse le distraire; car tout cela déplaît et prouve non pas qu'on joue bien, mais qu'on a de la ruse et de l'impolitesse.

5° Vous ne devez pas chercher à amuser ou à tromper votre adversaire en prétendant avoir fait une fausse marche, et en disant que vous avez perdu la partie, afin de lui inspirer de la sécurité ou de la négligence et d'empêcher qu'il aperçoive vos desseins; car ceci n'est point du talent, mais de la fraude et de la tromperie.

6° Quand vous avez gagné une partie, il ne faut pas triompher ou railler, ni montrer trop de joie. Au contraire, cherchez à consoler votre adversaire, rendez-le moins mécontent de lui-même par toutes les expressions polies, dont on peut se servir, sans blesser la vérité. Dites-lui, par exemple : — « Vous savez le jeu mieux que moi; mais vous manquez un peu d'attention. » — Ou : — « Vous jouez trop vite. » — Ou bien : — « Vous aviez l'avantage, mais quelque chose vous a distrait; c'est ce qui m'a fait gagner. »

7° Lorsqu'on regarde jouer quelqu'un, il faut observer un silence absolu. Donner un avis, c'est offenser les deux joueurs à la fois. D'abord, celui contre qui l'avis est donné, parce que cela peut lui faire perdre la partie ; ensuite celui à qui on le donne, parce qu'encore qu'il croie le coup bon et qu'il le joue, il perd le plaisir qu'il aurait eu à le trouver lui-même. Alors même que le coup est joué, il ne faut pas remettre la pièce en place, et montrer qu'on aurait mieux fait de jouer différemment ; car cela déplaît et peut occasionner de l'incertitude et des disputes sur la véritable position des pièces que vous avez dérangées. Toute espèce de propos adressé aux joueurs, diminue leur attention, et par conséquent est désagréable. On doit même s'abstenir de faire le moindre signe ou le moindre mouvement qui ait rapport à leur jeu. Qui se permet de pareilles choses, est indigne d'être spectateur d'une partie d'échecs. Si vous voulez montrer votre talent et votre science, jouez vous-même, quand vous en trouvez l'occasion ; ne critiquez, n'embrouillez, ni ne conseillez les autres.

Enfin, si la partie n'est pas jouée dans la rigueur des règles, modérez votre désir de vaincre l'adversaire, et contentez-vous de vous vaincre vous-même. Ne saisissez pas avidement tous les avantages que vous offre son inexpérience ou son inattention : montrez-lui obligeamment le danger qu'il court en jouant une pièce, ou en la laissant dégarnir ; dites-lui qu'en en remuant une autre, il expose son Roi. Par cette généreuse politesse (si différente des surprises défendues plus haut) vous perdrez peut-être votre partie, mais vous gagnerez, ce qui vaut mieux, l'estime de votre adversaire, son respect, son affection, ainsi que l'approbation tacite et la bienveillance de tous les spectateurs impartiaux.

PASSE-PORT POUR LES VAISSEAUX MORAVES ET POUR LE CAPITAINE COOK.

Lorsque la guerre éclata entre l'Angleterre et la France qui prenait le parti des insurgents américains, Turgot fit remettre par une main tierce à M. de Sartines, ministre de la marine, un petit mémoire, anonyme, pour proposer d'excepter des hostilités le capitaine Cook. (Dupont de Nemours, *Vie* de Turgot, p. 414.) Louis XVI, dont l'âme était ouverte à toutes les idées généreuses, s'empressa d'adopter ce nouveau droit des gens; il introduisit l'humanité dans la guerre. Franklin suivit ce noble exemple. En 1779, lorsqu'il était ministre des États-Unis en France, et au plus fort de la guerre, il délivra des passe-ports de garantie aux Frères Moraves anglais et au capitaine Cook, passe-ports qui furent acceptés par le Congrès des États-Unis. Voici ces deux pièces, rédigées sans doute par Franklin.

I. PASSE-PORT POUR UN VASSEAU MORAVE.

A tout capitaine et commandant de vaisseau de guerre, à tous corsaires et porteurs de lettres de marque, au service des États-Unis.

Monsieur,

La société religieuse, connue sous le nom de *Frères Moraves*, a établi, sur les côtes du Labrador, une mission pour convertir les sauvages à la religion chrétienne. Cette mission a déjà eu d'excellents effets; elle a fait renoncer les sauvages à leur ancienne pratique de surprendre, de piller et de tuer les blancs, Américains ou

Européens, qui abordaient sur leurs côtes pour y trafiquer ou y pêcher; elle les a décidés à mener une vie de travail honnête et à traiter les étrangers avec humanité et bonté.

Pour soutenir cette utile mission, il est nécessaire qu'un petit vaisseau se rende chaque année au Labrador pour fournir aux missionnaires et à leurs convertis ce dont ils ont besoin. Cette année, ce vaisseau, de soixante-dix tonnes environ, et appelé le ***, est commandé par le capitaine ***.

Ceci est pour vous requérir, si le susdit vaisseau tombait en vos mains, d'empêcher qu'on le pille ou qu'on l'arrête dans son voyage; au contraire, donnez-lui toute l'assistance dont il aura besoin; je suis sûr que votre conduite sera approuvée par le Congrès et par vos armateurs.

Donné à Passy, près Paris, le...   B. FRANKLIN.

P. S. La même requête est respectueusement adressée aux capitaines des vaisseaux de guerre appartenant à la France, à l'Espagne, les deux amies des États-Unis.

II. PASSE-PORT POUR LE CAPITAINE COOK.

A tous capitaines et commandants de vaisseaux armés, agissant par commission du Congrès des États-Unis d'Amérique, présentement en guerre avec la Grande-Bretagne.

Monsieur,

Avant le commencement de cette guerre, on a armé

en Angleterre un vaisseau pour découvrir de nouveaux pays dans des mers inconnues; ce vaisseau est sous la conduite du célèbre navigateur, le capitaine Cook. C'est une entreprise vraiment louable, car l'accroissement des connaissances géographiques facilite les communications entre les nations éloignées, l'échange des produits, l'extension des arts; ce qui multiplie et augmente les jouissances communes de la vie, ce qui accroît la science au bénéfice du genre humain.

C'est pourquoi je recommande vivement à chacun de vous que si le susdit vaisseau, dont on attend le prochain retour dans les mers d'Europe, venait à tomber entre vos mains, vous ne le regardiez pas comme un ennemi. Ne laissez pas piller les effets qu'il contient, n'empêchez pas son retour immédiat en Angleterre, en le retenant ou en l'envoyant dans quelque port d'Europe ou d'Amérique. Traitez au contraire le capitaine Cook et son équipage avec toute espèce de politesse et de bonté; rendez-leur tous les services dont ils pourraient avoir besoin, en les considérant comme les amis du genre humain tout entier.

En agissant ainsi, non-seulement vous céderez à la générosité de votre cœur, mais il n'est pas douteux que vous obtiendrez l'approbation du Congrès, et de vos armateurs d'Amérique.

J'ai l'honneur d'être, messieurs, votre très-humble et très-obéissant serviteur.

Donné à Passy, près Paris, le 10 mars 1779.

B. FRANKLIN,

Ministre plénipotentiaire des États-Unis à la cour de France.

L'Angleterre reconnut les bons offices de Franklin. Quand le *Voyage* de Cook fut imprimé en trois volumes in-quarto, avec gravures, le bureau de l'amirauté en envoya un exemplaire à Franklin, avec une lettre très-polie du lord Howe lui disant que ce présent lui était fait avec l'expresse approbation du Roi [1]. De son côté, la Société Royale de Londres envoya à Franklin une des médailles d'or qu'elle avait fait frapper en l'honneur de Cook.

La conduite de Franklin a fait loi; et, pour ne citer qu'un exemple récent : lors de la guerre d'Italie, ordre a été donné à tous les croiseurs français de respecter le vaisseau autrichien *le Novara* qui faisait un voyage de circumnavigation.

MONNAIE DE CUIVRE POUR LES ÉTATS-UNIS.

A Edward Bridgen.

Passy, 2 octobre 1779.

Cher monsieur,

J'ai reçu votre lettre, en date du 17 septembre dernier, et, depuis lors, vos deux échantillons de cuivre me sont parvenus. Le métal paraît être fort bon, et le prix raisonnable ; mais je n'ai pas encore reçu les ordres nécessaires pour m'autoriser à en faire l'achat. Il est vrai que nous avons eu l'intention de frapper une monnaie de cuivre, qui pût être non-seulement utile comme billon, mais qui pût servir encore à d'autres fins.

Au lieu de répéter sans cesse, sur chaque demi-penny la sotte histoire que chacun sait (et si per-

---

1. V. la *Correspondance.* T. II, p. 352.

sonne ne l'avait sue, la perte n'eût pas été grande pour l'humanité), *George III, roi de la Grande-Bretagne, de France, d'Irlande,* etc., nous voulions inscrire sur une des faces quelque intéressant proverbe de Salomon, quelque sentence pieuse ou morale, quelque précepte de prudence et d'économie dont le souvenir fréquent, — puisqu'on les verrait chaque fois qu'on reçoit une pièce de monnaie, — pût faire impression sur l'esprit, sur celui des jeunes gens surtout, et devenir une règle de conduite. Ainsi nous aurions gravé sur les unes : *La crainte du Seigneur est le commencement de la sagesse;* sur d'autres : *L'honnêteté est la meilleure politique;* sur celles-ci : *Qui par la charrue veut s'enrichir, doit la conduire ou la tenir;* sur celles-là : *Aie soin de ta boutique, ta boutique aura soin de toi;* ou encore : *Un penny épargné est un penny gagné;* sur d'autres enfin : *Qui achète ce dont il n'a pas besoin, sera bientôt forcé de vendre le nécessaire;* ou bien : *Se coucher tôt, se lever tôt, donne santé, richesse et sagesse;* et ainsi de suite, à l'infini.

Sur l'autre face, nous nous étions proposé de faire dessiner et graver, par les meilleurs artistes de France, les différents traits de barbarie que les Anglais ont commis dans la dernière guerre d'Amérique. Nous aurions retracé, avec autant de fidélité que la gravure permet de le faire, toutes les circonstances abominables de leur cruauté et de leur inhumanité, afin de faire sur l'esprit de la postérité une impression aussi forte, aussi durable que sur le cuivre. Cette résolution a été longtemps ajournée; mais comme, en dernier lieu, les Anglais ont brûlé plusieurs villes sans défense dans le Connecticut, sous le vain prétexte qu'on avait tiré sur eux de derrière les maisons, tandis que nous savons que ces abominables mesures ont été préméditées et ordonnées en Angleterre, il est probable que cette dernière provocation sera décisive, et pourra vous procurer un grand débit de votre métal.

Je vous remercie des souhaits obligeants que vous faites pour ma santé ; je vous les retourne de bien bon cœur, et au quadruple. Adieu.   B. F.

PROGRÈS DE LA SCIENCE.

A Joseph Priestley.

Passy, 8 février 1780.

Cher monsieur,

Je reçois fort tard votre lettre du 27 septembre, le porteur s'étant arrêté longtemps en Hollande. Je suis toujours heureux d'apprendre que vous poursuivez sans relâche, et avec un égal succès, vos études et vos expériences. Les rapides progrès que fait aujourd'hui la vraie science me font quelquefois regretter d'être né si tôt. Il est impossible de s'imaginer à quel degré peut être porté dans un millier d'années le pouvoir de l'homme sur la matière. On aura peut-être appris à dégager de leur poids des masses énormes, à leur donner une légèreté absolue, pour les transporter aisément. L'agriculture diminuera son travail en doublant ses produits ; on sera parvenu à prévenir ou à guérir toutes sortes de maladies, sans même excepter la vieillesse, et les hommes prolongeront à volonté leur existence jusque par delà même l'âge des patriarches.

Oh! pourquoi la philosophie morale ne marche-t-elle
point d'un pas aussi rapide, afin que les hommes cessent d'être des loups les uns pour les autres, et que
les êtres à figure humaine apprennent enfin à connaître ce qu'ils appellent aujourd'hui si improprement
l'humanité!

Je suis fort aise que mes réflexions sur l'*aurore
boréale* aient été goûtées. Si elles peuvent donner
lieu à de nouvelles recherches, et conduire ainsi à une
meilleure hypothèse, je n'aurai pas tout à fait perdu
mon temps.

Je suis, avec la plus parfaite estime, cher monsieur,
votre, etc.   B. F.

*Post-Scriptum inséré dans la précédente, mais servant
de réponse à une autre lettre du docteur Priestley.*

J'ai sérieusement réfléchi à la situation de cette
personne[1]. Je crois qu'à l'aide de mon *algèbre morale*[2],
elle pourrait, mieux que toute autre, juger dans sa propre cause. Mais, puisqu'on désire avoir mon opinion,
je suis d'avis qu'on reste jusqu'au terme fixé, malgré
tous les désagréments qu'on éprouve. L'engagement
finirait ainsi de mort naturelle. Il n'y aura point
de raisons à donner pour la séparation, et par conséquent personne ne pourra s'offenser des raisons allé-

1. Il s'agit du docteur Priestley lui-même, qui avait accepté
d'être bibliothécaire du lord Shelburne pour un certain nombre
d'années, moyennant 300 livres sterling par an. Priestley était
mécontent de sa position, et voulait avoir l'avis de Franklin.
2. V. dans la *Correspondance* la lettre du 19 septembre
1772.

guées; l'amitié pourra subsister, et peut-être servir d'une autre façon. Le temps, d'ailleurs, diminue chaque jour, et il est utilement employé. Toutes les positions de la vie ont leurs inconvénients ; nous sentons ceux du moment, mais nous ne *sentons* ni ne *voyons* ceux de l'avenir. De là des changements fréquents et pénibles ; nous n'y gagnons rien, et plus souvent nous y perdons.

Dans ma jeunesse, je me trouvai un jour à bord d'un petit sloop qui descendait le Delaware. Le vent était si faible que, lorsque la marée ne nous porta plus, nous fûmes obligés de jeter l'ancre en attendant le flot. La chaleur était excessive à bord ; les passagers m'étaient étrangers, leur société ne me plaisait guère. Je crus apercevoir, près du rivage, une prairie verdoyante, au milieu de laquelle s'élevait un bel arbre touffu. L'idée me vint que je pourrais m'asseoir sous son ombrage, y lire (j'avais un livre dans ma poche) et y passer le temps agréablement, jusqu'au retour de la marée. Je priai donc le capitaine de me faire conduire à terre. A peine débarqué, je reconnus que ma prairie n'était qu'un marais ; en la traversant, pour atteindre mon arbre, j'enfonçai dans la boue jusqu'aux genoux. Je n'étais pas à l'ombre depuis cinq minutes, que des nuées de moustiques fondirent sur moi, attaquant à la fois mes jambes, mes bras, mon visage, au point qu'il me fut impossible de lire et de me reposer. Je regagnai le rivage, en appelant pour qu'on vînt me chercher, et qu'on me ramenât à bord, où il me fallut endurer la chaleur à laquelle j'avais cru échapper, et de plus les rires de toute la compagnie. Dans les affaires de la vie il en va souvent de cette façon.

En songeant à la personne en question, j'avais jeté les yeux sur un collége en Amérique. Je ne connais personne qui soit plus capable de se rendre utile au public en faisant l'éducation de la jeunesse. Mais cette situation a peut-être aussi ses désagréments. Pour l'obtenir il faudrait d'abord entreprendre un voyage, trop hasardeux pour une famille en ce moment, et le temps qu'on consacre aux expériences se trouverait pris par d'autres travaux.

DIALOGUE ENTRE LA GOUTTE ET FRANKLIN.

A minuit, le 22 octobre 1780 [1].

FRANKLIN. Eh! oh! eh! mon Dieu! qu'ai-je fait pour mériter ces souffrances cruelles?

LA GOUTTE. Beaucoup de choses. Vous avez trop mangé, trop bu, et trop *indulgé* [2] vos jambes en leur indolence.

FRANKLIN. Qui est-ce qui me parle?

LA GOUTTE. C'est moi-même, la Goutte.

FRANKLIN. Mon ennemie en personne!

LA GOUTTE. Pas votre ennemie.

FRANKLIN. Oui, mon ennemie; car non-seulement vous voulez me tuer le corps par vos tourments, mais vous tâchez aussi de détruire ma bonne réputation. Vous me représentez comme un gourmand et un ivrogne. Et tout le monde qui me connaît, sait qu'on ne

---

1. Écrit en français par Franklin.
2. *Indulge*, en anglais : *avoir trop de complaisance.*

m'a jamais accusé auparavant d'être un homme qui mangeait trop, ou qui buvait trop.

LA GOUTTE. Le monde peut juger comme il lui plaît. Il a toujours beaucoup de complaisance pour lui-même, et quelquefois pour ses amis. Mais je sais bien, moi, que ce qui n'est pas trop boire, ni trop manger pour un homme qui fait raisonnablement d'exercice, est trop pour un homme qui n'en fait point.

FRANKLIN. Je prends, — eh! eh! — autant d'exercice, — eh! — que je puis, madame la Goutte. Vous connaissez mon état sédentaire, et il me semble qu'en conséquence vous pourriez, madame la Goutte, m'épargner un peu, considérant que ce n'est pas tout à fait ma faute.

LA GOU..E. Point du tout. Votre rhétorique et votre politesse sont également perdues. Votre excuse ne vaut rien. Si votre état est sédentaire, vos récréations, vos amusements doivent être actifs. Vous devez vous promener à pied ou à cheval; ou, si le temps vous en empêche, jouer au billard. Mais examinons votre cours de vie. Quand les matinées sont longues et que vous avez assez de temps pour vous promener, qu'est-ce que vous faites? Au lieu de gagner de l'appétit pour votre déjeuner par un exercice salutaire, vous vous amusez à lire des livres, des brochures, ou des gazettes dont la plupart n'en valent pas la peine. Vous déjeunez néanmoins largement. Il ne vous faut pas moins de quatre tasses de thé à la crème, avec une ou deux tartines de pain et de beurre, couvertes de tranches de bœuf fumé, qui, je crois, ne sont pas les choses du monde les plus faciles à digérer. Tout de suite vous vous placez à votre bureau, vous y écrivez, ou vous parlez

aux gens qui viennent vous chercher pour affaire. Cela
dure jusqu'à une heure après midi sans le moindre
exercice de corps. Tout cela, je vous le pardonne,
parce que cela tient, comme vous dites, à votre état
sédentaire. Mais après dîner, que faites-vous? Au
lieu de vous promener dans les beaux jardins de vos
amis chez lesquels vous avez dîné, comme font les
gens sensés, vous voilà établi à l'échiquier, jouant aux
échecs, où on peut vous trouver deux ou trois heures.
C'est là votre récréation éternelle, la récréation qui
de toutes est la moins propre à un homme sédentaire; parce qu'au lieu d'accélérer le mouvement des
fluides, ce jeu demande une attention si forte et si fixe,
que la circulation est retardée, et les secrétions inter-
nes empêchées. Enveloppé dans les spéculations de ce
misérable jeu, vous détruisez votre constitution. Que
peut-on attendre d'une telle façon de vivre, sinon un
corps plein d'humeurs stagnantes prêtes à se corrompre, un corps prêt à tomber en toutes sortes de maladies dangereuses, si moi, la Goutte, je ne viens pas
de temps en temps à votre secours pour agiter ces humeurs, et les purifier, ou les dissiper? Si c'était dans
quelque petite rue, ou dans quelque coin de Paris, dépourvu de promenades, que vous employassiez quelque temps aux échecs après votre dîner, vous pourriez
dire cela pour excuse : mais c'est la même chose à
Passy, à Auteuil, à Montmartre, à Épinay, à Sanoy,
où il y a les plus beaux jardins et promenades, et
belles dames, l'air le plus pur, les conversations les
plus agréables, les plus instructives, que vous pouvez
avoir tout en vous promenant; mais tout cela est négligé pour cet abominable jeu d'échecs. Fi donc,

monsieur Franklin ! Mais en continuant mes instructions, j'oubliais de vous donner vos corrections. Tenez ; cet élancement, et celui-ci.

FRANKLIN. Oh ! eh ! oh ! ohhh ! — Autant que vous
voudrez de vos instructions, madame la Goutte, même
de vos reproches ; mais, de grâce, plus de vos corrections.

LA GOUTTE. Tout au contraire, je ne vous rabat-
trais pas le quart d'une. Elles sont pour votre bien.
Tenez.

FRANKLIN. Oh ! ehhh ! — Ce n'est pas juste de dire
que je ne prends aucun exercice. J'en fais souvent
dans ma voiture, en sortant pour aller dîner, et en re-
venant.

LA GOUTTE. C'est, de tous les exercices imaginables,
le plus léger et le plus insignifiant, que celui qui est
donné par le mouvement d'une voiture suspendue sur
d e ressorts. En observant la quantité de chaleur obtenue de différentes espèces de mouvement, on peut former quelque jugement de la quantité d'exercice qui
est donnée par chacun. Si, par exemple, vous sortez à
pied, en hiver, avec les pieds froids, en marchant une
heure, vous aurez les pieds et tout le corps bien échauffés. Si vous montez à cheval, il faut trotter quatre heures avant de trouver le même effet. Mais si vous vous
placez dans une voiture bien suspendue, vous pouvez
voyager toute une journée, et arriver à votre dernière
auberge avec vos pieds encore froids. Ne vous flattez
donc pas qu'en passant une demi-heure dans votre voiture vous preniez de l'exercice. Dieu n'a pas donné des
voitures à roues à tout le monde, mais il a donné à
chacun deux jambes, qui sont des machines infiniment

plus commodes et plus serviables : soyez-en reconnaissant, et faites usage des vôtres. Voulez-vous savoir comment elles font circuler vos fluides en même temps qu'elles vous transportent d'un lieu à un autre ? Pensez que, quand vous marchez, tout le poids de votre corps est jeté alternativement sur l'une et l'autre jambe ; cela presse avec grande force les vaisseaux du pied, et refoule ce qu'ils contiennent. Pendant que le poids est ôté de ce pied, et jeté sur l'autre, les vaisseaux ont le temps de se remplir, et par le retour du poids ce refoulement est répété ; ainsi la circulation du sang est accélérée en marchant. La chaleur produite en un certain espace de temps, est en raison de l'accélération : les fluides sont battus, les humeurs atténuées, les sécrétions facilitées, et tout va bien. Les joues prennent du vermeil, et la santé est établie. Regardez votre amie d'Auteuil[1], une femme qui a reçu de la nature plus de science vraiment utile, qu'une demi-douzaine ensemble de vous, philosophes prétendus, n'en avez tiré de tous vos livres. Quand elle veut vous faire l'honneur de sa visite, elle vient à pied. Elle se promène du matin jusqu'au soir, et laisse toutes les maladies d'indolence en partage à ses chevaux. Voilà comme elle conserve sa santé, même sa beauté. Mais vous, quand vous allez à Auteuil, c'est dans la voiture. Il n'y a cependant pas plus loin de Passy à Auteuil, que d'Auteuil à Passy.

FRANKLIN. Vous m'ennuyez, avec tant de raisonnements.

LA GOUTTE. Je le crois bien. Je me tais, et je

---

1. Madame Helvétius. V. la *Correspondance*, t. II, p. 121.

continue mon office. Tenez, cet élancement, et celui-ci.

FRANKLIN. Oh ! oh ! continuez de parler, je vous prie.

LA GOUTTE. Non. J'ai un nombre d'élancements à vous donner cette nuit, et vous aurez le reste demain.

FRANKLIN. Mon dieu ! la fièvre ! je me perds ! Eh ! eh ! n'y a-t-il personne qui puisse prendre cette peine pour moi ?

LA GOUTTE. Demandez cela à vos chevaux ; ils ont pris la peine de marcher pour vous.

FRANKLIN. Comment pouvez-vous être si cruelle, de me tourmenter tant pour rien.

LA GOUTTE. Pas pour rien. J'ai ici une liste de tous vos péchés contre votre santé, distinctement écrite, et je peux vous rendre raison de tous les coups que je vous donne.

FRANKLIN. Lisez-la donc.

LA GOUTTE. C'est trop long à lire. Je vous en donnerai le montant.

FRANKLIN. Faites-le. Je suis tout attention.

LA GOUTTE. Souvenez-vous combien de fois vous vous êtes proposé de vous promener le matin suivant dans le bois de Boulogne, dans le jardin de la Muette ou dans le vôtre, et que vous avez manqué de parole, alléguant quelquefois que le temps était trop froid ; d'autres fois, qu'il était trop chaud, trop venteux, trop humide, ou trop quelqu'autre chose, quand, en vérité, il n'y avait rien de trop qui empêchât, excepté votre trop de paresse.

FRANKLIN. Je confesse que cela peut arriver quelquefois, peut-être pendant un an, dix fois.

LA GOUTTE. Votre confession est bien imparfaite; le vrai montant est cent quatre-vingt-dix-neuf.

FRANKLIN. Est-il possible!

LA GOUTTE. Oui, c'est possible, parce que c'est un fait. Vous pouvez rester assuré de la justesse de mon compte. Vous connaissez les jardins de M. Brillon, comme ils sont bons à promener. Vous connaissez le bel escalier de cent cinquante degrés qui mène de la terrasse en haut, jusqu'à la plaine en bas. Vous avez visité deux fois par semaine, dans les après-midi, cette aimable famille; c'est une maxime de votre invention qu'on peut avoir autant d'exercice en montant et en descendant un mille en escalier, qu'en marchant dix sur une plaine. Quelle belle occasion vous avez eue de prendre tous les deux exercices ensemble! En avez-vous profité? et combien de fois?

FRANKLIN. Je ne peux pas bien répondre à cette question.

LA GOUTTE. Je répondrai donc pour vous. Pas une fois.

FRANKLIN. Pas une fois!

LA GOUTTE. Pas une fois. Pendant tout le bel été passé, vous y êtes arrivé à six heures. Vous y avez trouvé cette charmante femme et ses beaux enfants, et ses amis, prêts à vous accompagner dans ces promenades, et à vous amuser avec leurs agréables conversations. Et qu'avez-vous fait? Vous vous êtes assis sur la terrasse, vous avez loué la belle vue, regardé la beauté des jardins en bas; mais vous n'avez pas bougé un pas pour descendre vous y promener. Au contraire, vous avez demandé du thé et l'échiquier. Et vous voilà collé à votre siége jusqu'à neuf heures, et cela après avoir joué peut-être deux heures où vous avez dîné. Alors, au lieu de retourner chez vous à pied, ce qui pourrait vous remuer un peu, vous prenez votre voiture. Quelle sottise de croire qu'avec tout ce déréglement on peut se conserver en santé, sans moi.

FRANKLIN. A cette heure je suis convaincu de la justesse de cette remarque du bonhomme Richard, que *nos dettes et nos péchés sont toujours plus qu'on ne pense.*

LA GOUTTE. C'est comme cela que vous autres philosophes avez toujours les maximes des sages dans votre bouche, pendant que votre conduite est comme celle des ignorants.

FRANKLIN. Mais faites-vous un de mes crimes de ce que je retourne en voiture chez Mme Brillon?

LA GOUTTE. Oui, assurément; car vous, qui avez été assis toute la journée, vous ne pouvez pas dire que vous êtes fatigué du travail du jour. Vous n'avez donc pas besoin d'être soulagé par une voiture?

FRANKLIN. Que voulez-vous donc que je fasse de ma voiture?

LA GOUTTE. Brûlez-la, si vous voulez. Alors vous en tirerez au moins pour une fois de la chaleur. Ou, si cette proposition ne vous plaît pas, je vous en donnerai une autre. Regardez les pauvres paysans qui travaillent la terre dans les vignes et les champs autour des villages de Passy, Auteuil, Chaillot, etc. Vous pouvez tous les jours, parmi ces bonnes créatures, trouver quatre ou cinq vieilles femmes et vieux hommes, courbés et peut-être estropiés sous le poids des années et par un travail trop fort et continuel, qui après une longue journée de fatigue, ont à marcher peut-être un ou deux milles pour trouver leurs chaumières. Ordonnez à votre cocher de les prendre et de les mener chez eux. Voilà une bonne œuvre qui fera du bien à votre âme! Et si en même temps vous retournez de votre visite chez les Brillon à pied, cela sera bon pour votre corps.

FRANKLIN. Ah! comme vous êtes ennuyeuse!

LA GOUTTE. Allons donc, à notre métier; il faut vous souvenir que je suis votre médecin. Tenez.

FRANKLIN. Oh! quel diable de médecin!

LA GOUTTE. Vous êtes un ingrat de me dire cela. N'est-ce pas moi qui, en qualité de votre médecin, vous ai sauvé de la paralysie, de l'hydropisie et de l'apoplexie, dont l'une ou l'autre vous aurait tué il y a longtemps, si je ne les en avais empêchées.

FRANKLIN. Je le confesse, et je vous remercie pour ce qui est passé. Mais, de grâce! quittez-moi pour jamais; car il me semble qu'on aimerait mieux mourir, que d'être guéri si douloureusement. Souvenez-vous que j'ai aussi été votre ami. Je n'ai jamais loué de combattre [1] contre vous ni les médecins, ni les charlatans d'aucune espèce: si donc vous ne me quittez pas, vous serez aussi accusable d'ingratitude.

LA GOUTTE. Je ne pense pas que je vous doive grande obligation de cela. Je me moque des charlatans; ils peuvent vous tuer, mais ils ne peuvent pas me nuire: et quant aux vrais médecins, ils sont enfin convaincus de cette vérité, que la Goutte n'est pas une maladie, mais un véritable remède, et qu'il ne faut pas guérir un remède. Revenons à notre affaire. Tenez.

---

1. C'est-à-dire *payé pour vous combattre.*

FRANKLIN. Oh! de grâce, quittez-moi; et je vous promets fidèlement que désormais je ne jouerai plus aux échecs, que je ferai de l'exercice journellement, et que je vivrai sobrement.

LA GOUTTE. Je vous connais bien: vous êtes un beau prometteur; mais après quelques mois de bonne santé, vous recommencerez à aller votre ancien train. Vos belles promesses seront oubliées comme on oublie les formes des nuages de la dernière année. Allons donc, finissons notre compte; après cela, je vous quitterai. Mais soyez assuré que je vous revisiterai en temps et lieu: car c'est pour votre bien: et je suis, vous savez, votre *bonne amie*.

UN PROJET ÉCONOMIQUE.

Aux auteurs du *Journal de Paris.*

1780.

Messieurs, vous nous entretenez souvent du récit de nouvelles découvertes. Permettez-moi de communiquer au public dans votre journal une découverte que j'ai faite dernièrement, et qui, je crois, peut être d'une grande utilité.

J'étais l'autre soir en nombreuse compagnie dans une maison où l'on essayait la nouvelle lampe de MM. Quinquet et Lange; elle était fort admirée à cause de son éclat. Mais chacun demanda si la quantité d'huile qu'elle consommait était en proportion de la lumière qu'elle donnait, autrement il n'y aurait pas d'économie à s'en servir. Personne ne put nous donner de réponse satisfaisante sur ce point, mais tous convinrent qu'il faudrait le connaître, car il est fort désirable de diminuer, s'il est possible, la dépense de l'éclairage dans nos appartements, lorsque tous les articles de ménage sont déjà si augmentés.

Je vis avec joie ce désir général d'économie ; car j'aime excessivement l'économie.

Je revins à la maison et me mis au lit à trois ou quatre heures après minuit, la tête pleine de ce sujet. Un bruit accidentel et soudain m'éveilla vers six heures du matin ; je fus surpris de trouver ma chambre pleine de lumière ; je m'imaginai d'abord qu'on y avait apporté un nombre considérable de ces lampes de Quinquet ; mais frottant mes yeux je m'aperçus que la lumière venait par les fenêtres. Je me levai et je regardai au dehors pour voir ce qui pouvait causer cette lumière, quand je vis que le soleil se levait juste sur l'horizon, d'où il versait largement ses rayons dans ma chambre, mon domestique ayant eu la négligence le soir précédent de ne pas fermer les volets.

Je regardai à ma montre, qui va très-bien, et je vis qu'il n'était que six heures ; pensant encore qu'il y avait quelque chose d'extraordinaire à ce que le soleil se levât d'aussi bonne heure, je consultai l'almanach et je trouvai que c'était bien l'heure marquée pour le lever du soleil, ce jour-là. Je regardai quelques pages plus loin, je trouvai qu'il se lèverait encore plutôt chaque jour jusque vers la fin de juin, et je vis qu'à aucune époque de l'année il ne se levait plus tard que huit heures. Vos lecteurs qui comme moi n'ont jamais aperçu aucun signe du lever du soleil avant midi, et qui regardent rarement la partie astrono-

mique de l'almanach, seront aussi étonnés que je l'ai
été moi-même quand ils apprendront que le soleil se
lève de si bonne heure et surtout quand je les assure-
rai *qu'il donne de la lumière aussitôt qu'il se lève.*
J'en suis convaincu. Je suis certain de mon fait. On
ne peut pas être plus assuré d'un fait. Je l'ai vu de
mes propres yeux. Et, ayant répété ces observations
trois jours de suite, j'ai toujours trouvé précisément
le même résultat.

Néanmoins, quand je parle de cette découverte
à quelques-uns de mes amis, je puis facilement m'a-
percevoir à leur mine qu'ils ont de la peine à me croire,
quoiqu'ils évitent de me le dire. L'un d'entre eux, un
très-savant physicien, m'a assuré que je devais certainement m'être trompé quant à la circonstance de la
lumière arrivant dans ma chambre : car il est bien
connu, dit-il, qu'il ne peut pas y avoir de lumière
dehors à cette heure, d'où il suit qu'il n'en pouvait entrer dans la chambre, et que par conséquent
mes fenêtres étant accidentellement restées ouvertes,
elles n'ont pu laisser entrer la lumière, elles ont
seulement servi à faire sortir l'obscurité. Il a employé beaucoup d'arguments très-ingénieux pour me
montrer combien à cet égard je pouvais m'être fait
illusion. Je conviens qu'il m'a un peu embarrassé,
mais il ne m'a point satisfait, et les observations que
j'ai faites ensuite, et dont je viens de parler, m'ont con-
firmé dans ma première opinion.

Cet événement m'a fait faire plusieurs sérieuses et
importantes réflexions. Je considérai que si je n'avais
pas été éveillé de si bonne heure le matin, j'aurais
dormi six heures de plus à la lumière du soleil, et par

conséquent j'aurais vécu six heures de plus la nuit suivante à la lumière des chandelles, et comme cette dernière lumière est beaucoup plus chère que la première,
mon amour de l'économie me conduisit à faire appel
au peu d'arithmétique que je possède, et à faire
quelques calculs que je vous livre, en vous faisant observer que, suivant moi, c'est l'utilité qui fait la valeur
des inventions. Une découverte qui ne peut être d'aucun
usage, ou qui n'est pas bonne à quelque chose, n'est
bonne à rien.

Je pris pour base de mon calcul la supposition
qu'il y a cent mille familles à Paris, et que ces familles
consument chaque soir une demi-livre de bougies ou
de chandelles par heure. Je pense que c'est une esti-
mation modérée, en prenant les familles l'une dans
l'autre ; car, bien que je croie que quelques-unes en
consument moins, j'en connais beaucoup qui en consument bien davantage. Ainsi donc, en prenant sept
heures par jour comme terme moyen entre le lever
du soleil et le nôtre, puisque durant six mois il se lève
de six à huit heures avant midi ; étant données sept
heures de nuit pendant lesquelles nous brûlons des
chandelles, le calcul donnera ce qui suit :

Dans les six mois entre le 20 mars et le 20 septembre, il y a :

Nuits.....................	183
Heures de chaque nuit pendant lesquelles nous brûlons de la chandelle	7
La multiplication donne pour le nombre total d'heures......	1281

Ces 1281 heures multipliées par le nombre de 100 000 habitants, donnent............	128 100 000
Ces cent vingt-huit millions et cent mille heures, passées à Paris, à la clarté de la bougie ou de la chandelle, à une demi-livre de cire ou de suif, par heure, donnent un poids de..................	64 050 000 liv. pes.
Soixante-quatre millions cinquante mille livres pesant, estimées l'une dans l'autre à trente sols la livre, font la somme de quatre-vingt-seize millions soixante-quinze mille livres tournois............	96 075 000 liv. tour.

Somme immense! que la ville de Paris pourrait épargner tous les ans, en se servant de la lumière du soleil au lieu de chandelles.

Si l'on prétend que les gens sont si entichés de leurs vieilles habitudes qu'il serait difficile de les amener à se lever avant midi ; que, par conséquent, ma découverte ne servira pas à grand'chose, je réponds : *nil desperandum*. Je crois que tous ceux qui ont le sens commun, aussitôt qu'ils auront appris par votre journal qu'il fait jour quand le soleil se lève, s'arrangeront pour se lever avec lui. Pour y forcer les autres, je propose les ordonnances suivantes :

Premièrement. Qu'on mette une taxe d'un louis par

fenêtre sur chaque fenêtre qui a des volets pour exclure la lumière du soleil.

Secondement. Que pour nous empêcher de brûler nos chandelles, la police emploie le moyen salutaire qui, l'hiver dernier, nous a empêché de brûler tant de bois; qu'elle mette des sentinelles à toutes les boutiques d'épiciers, afin qu'il ne soit alloué à chaque famille qu'une livre de chandelles par semaine.

En troisième lieu, mettez aussi des sentinelles pour arrêter toutes les voitures qui traverseraient la rue après le coucher du soleil, excepté celles des médecins, chirurgiens et sages-femmes.

Quatrièmement. Chaque matin au lever du soleil qu'on sonne toutes les cloches à chaque église; si ce n'est pas suffisant, qu'on tire le canon dans chaque rue pour éveiller efficacement les paresseux et leur faire ouvrir les yeux afin qu'ils voient leur véritable intérêt.

Toute la difficulté sera dans les deux ou trois premiers jours, après quoi la réforme sera aussi naturelle, aussi facile que l'irrégularité actuelle; car *ce n'est que le premier pas qui coûte*. Forcez un homme à se lever à quatre heures du matin, il est plus que probable qu'il se couchera volontiers à huit heures du soir; et quand il aura dormi huit heures, il se lèvera plus volontiers à quatre heures du matin le jour suivant.

Cette somme de quatre-vingt-seize millions et soixante-quinze mille livres tournois n'est pas tout ce qu'on peut économiser, par mon projet. Remarquez que j'ai seulement calculé sur une moitié de l'année; on peut beaucoup économiser sur l'autre moitié, bien que les jours soient plus courts. En outre, l'immense quantité de cire et de suif que l'on aura épargnée durant l'été, rendra probablement l'éclairage meilleur marché l'hiver suivant, et le prix restera bon marché tant que l'on maintiendra la réforme proposée.

Je ne demande ni place, ni pension, ni privilége, ni récompense, pour la grande découverte que je livre si généreusement au public. Je n'en veux que l'honneur. Et cependant je sais qu'il y a de petits esprits envieux qui, suivant l'usage, me le disputeront et diront que mon invention était connue des anciens; peut-être même citeront-ils des passages de quelques vieux livres pour le prouver. Je ne soutiendrai pas contre ces critiques que les anciens ne savaient pas l'heure à laquelle se levait le soleil, probablement ils avaient comme nous des almanachs qui l'annonçaient; mais il ne s'ensuivra pas qu'ils sussent que *le soleil donnait de la lumière aussitôt son lever*. C'est là ce que je réclame comme ma découverte. Si les anciens l'ont faite, elle est oubliée depuis longtemps, car elle est certainement inconnue aux modernes, au moins aux Parisiens. Pour le prouver, je n'ai besoin que d'un argument bien simple.

Il n'y a pas au monde un peuple plus instruit, plus judicieux, plus prudent que les Parisiens. Tous professent comme moi l'amour de l'économie, et d'après les nombreux et lourds impôts qu'on exige d'eux pour les nécessités de l'État, ils ont certainement de grandes raisons d'être économes. Je dis donc qu'il est impossible que, dans cette situation, un peuple si intelligent ait vécu si longtemps à la lumière enfumée, malsaine et ruineuse des chandelles, s'il avait réelle-

ment su qu'il pouvait avoir pour rien la pure lumière
du soleil.

Je suis, etc.,

UN ABONNÉ.

LE LEVER ROYAL.

1781.

Dans le premier chapitre de Job, nous avons le récit
d'un événement qu'on prétend s'être passé à la cour
ou au *lever* du meilleur de tous les princes ou de tous
les monarques possibles, de Dieu lui-même.

A ce *lever*, où les enfants de Dieu étaient assemblés,
Satan parut aussi.

Il est probable que l'auteur de cet ancien livre a pris
l'idée de ce *lever* aux monarques d'Orient qui vivaient
de son temps.

Jusqu'à ce jour, au *lever* des princes, il est d'usage
de rassembler des personnes, ennemies les unes des
autres, qui cherchent à se mettre en faveur en calom-
niant, en dénigrant, et par là même, en faisant tomber
ceux qui se distinguent par leurs vertus et leur mérite.
Et souvent les rois font une ou deux questions fami-
lières à chacun de ceux qui forment le cercle, uniquement pour montrer leur bonté ! Dans Job, ces détails
sont très-bien marqués.

Si, par exemple, un roi moderne trouve dans son
cercle une personne qui n'y est pas venue depuis
quelque temps, il est naturel qu'il lui demande comment elle a passé le temps depuis qu'on n'a eu le plaisir
de la voir. Peut-être le courtisan répond-il qu'il a été

aux champs, visiter ses domaines et ses amis. C'est ainsi qu'on demande à Satan d'où il vient, et qu'il répond : « J'ai été de côté et d'autre sur la terre, et je l'ai parcourue du haut en bas. » Interrogé de nouveau s'il a remarqué la droiture et la fidélité de Job, le serviteur du prince, Satan déploie aussitôt toute la perfidie d'un courtisan en répondant par une question : « Est-ce que Job sert Dieu pour rien? Ne lui as-tu pas donné une richesse immense? Ne l'as-tu pas protégé dans sa possession? Ote-lui tout cela, et il te maudira en face. » En langage moderne : « Que Votre Majesté lui retire ses places et ses pensions, elle le verra bientôt dans l'opposition. »

Cette insinuation contre Job a son effet. On le livre au pouvoir de son adversaire, qui lui prend sa fortune, lui détruit sa famille et le ruine de fond en comble.

Les théologiens appellent le livre de Job un poëme sacré, et comme le reste des Écritures saintes, on le dit écrit pour notre instruction.

Quelle est donc l'instruction à recueillir de cet événement supposé?

Ne confiez jamais à une seule personne le gouvernement de votre État. Car si la Divinité même, agissant comme monarque, peut un moment donner accès à la calomnie et souffrir qu'elle ruine le meilleur des sujets, quel mal n'avons-nous pas à craindre d'un tel pouvoir remis entre les mains d'un simple mortel, fût-il le meilleur des mortels, à qui des courtisans astucieux, intéressés et méchants, cachent habilement la vérité, pour lui présenter à sa place le mensonge et la calomnie?

Et réfléchissez, avant même que d'accorder à un seul homme des pouvoirs limités, de peur que tôt ou tard il ne sape et détruise ces limites et ne se rende absolu.

Car, en disposant des places, il s'attache tous ceux qui les occupent, avec leurs nombreuses relations; il s'attache également tous ceux qui attendent ou qui espèrent des places, ce qui lui donne un parti puissant et prêt à seconder ses vues. Au moyen d'engagements politiques avec les États ou les princes voisins, il s'assure leur appui pour l'établissement de son pouvoir. Et c'est ainsi qu'en donnant à une partie de ses sujets des espérances d'avenir, et à l'autre partie la crainte d'être frappés, il voit tomber devant lui toute opposition.

LANGUE INDIENNE. — BOUSSOLE.

A M. Court de Gebelin[1]

Passy, 7 mai 1781.

Cher monsieur,

Je suis fort aise, que mon petit livre vous ait fait plaisir[2]. Il ne me paraît pas destiné à servir de grammaire; c'est plutôt ce que nous appelons en anglais un *spelling book* (syllabaire), où toute la méthode consiste à disposer les mots conformément à leur nombre de

---

1. Antoine Court de Gebelin, né à Nîmes, en 1725, mort à Paris, le 13 mai 1784. D'abord ministre protestant aux Cévennes, et plus tard à Lausanne, il quitta ses fonctions pastorales, et se rendit à Paris pour y cultiver la littérature. Il fut un moment célèbre comme antiquaire et philologue. Il est aujourd'hui complétement oublié. L'ouvrage le plus important que nous ayons de lui, est son *Monde primitif*.

2. Vocabulaire du langage de l'une des tribus indiennes de l'Amérique du Nord.

syllabes, réunissant ensemble ceux d'une syllabe, puis ceux de deux et ainsi de suite. Par exemple, *Sa-ki-ma* ne sont pas trois mots différents, mais un seul mot de trois syllabes. Si l'on n'a point mis de traits d'union entre les syllabes, c'est que l'imprimeur n'en avait point assez.

Comme les Indiens n'avaient point d'alphabet, ils n'avaient pas non plus d'orthographe. Si la langue des Indiens Delaware n'est pas écrite comme celle des Indiens de la Virginie, cela ne tient pas toujours à une diversité de langage; car des étrangers qui apprennent la langue d'une tribu indienne et qui ne trouvent pas d'orthographe, ont la liberté d'exprimer les mots par tel assemblage de lettres qui leur semble le mieux d'accord avec la prononciation. J'ai observé que nos Européens de différentes nations, qui apprennent une même langue indienne, se font chacun une orthographe à eux, suivant le son naturel qu'on donne aux lettres dans leur propre langue. Ainsi les mêmes mots de la langue Mohawk, écrits à la fois par trois interprètes, l'un Anglais, l'autre Français et le troisième Allemand, diffèrent beaucoup par la manière dont ils sont orthographiés; et si l'on ignore la valeur naturelle des lettres dans la langue de chacun de ces interprètes, on ne pourra parvenir à la vraie prononciation des mots indiens. Le syllabaire en question a été, je crois, écrit par un Allemand.

Vous parlez d'une Bible virginienne; ne serait-ce point la Bible en langue massachusette, traduite par Elliot, et imprimée dans la Nouvelle-Angleterre vers le milieu du dernier siècle? Je connais cette Bible, mais je n'ai jamais entendu dire qu'il en existât une en langue virginienne. Vos remarques sur la ressemblance de beaucoup de mots indiens avec ceux de l'ancien monde sont vraiment très-curieuses.

L'inscription que vous supposez phénicienne se trouve, je crois, près de *Taunton* (et non de *Jannston*, ainsi que vous l'écrivez). Il en est question dans les anciennes *Transactions philosophiques*. Je ne connais pas cet endroit ; mais je serais charmé d'avoir vos réflexions.

La boussole paraît avoir été connue en Chine longtemps avant d'être connue en Europe, à moins que nous ne supposions qu'Homère ne l'ait en vue, quand il fait dire fièrement au prince qui confie des vaisseaux à Ulysse, que ses sujets possèdent un *esprit* dont la puissance les peut diriger au milieu des jours ténébreux ou de la nuit la plus obscure. Si quelques Phéniciens parvinrent jamais jusqu'en Amérique, je me plais à croire que ce ne fut point par l'accident d'une tempête, mais dans le cours de leurs longs et hardis voyages. Ils ont dû côtoyer le Danemark et la Norwége, passer au Groënland, descendre vers le sud par le banc de Terre-Neuve, la Nouvelle-Écosse, etc., jusqu'à la Nouvelle-Angleterre ; c'est la route qu'ont certainement suivie les Danois quelques siècles avant Colomb.

Notre nouvelle *Société américaine* s'estimera fort heureuse d'entretenir une correspondance avec vous. De mon côté, dès que cela me sera possible, je serai charmé d'assister aux séances de votre société[1], qui sont, j'en suis sûr, fort instructives.

1. L'académie des inscriptions et belles-lettres.

J'ai l'honneur d'être, avec la plus parfaite estime, votre, etc.,

J. B.

APOLOGUE [1].

1782.

Lion, roi d'une certaine forêt, avait parmi ses sujets un corps de chiens fidèles, attachés à sa personne et à son gouvernement, par principe et par affection. Avec leur secours, il avait étendu ses domaines et était devenu la terreur de ses ennemis.

Lion, cependant, influencé par de méchants conseillers, prit les chiens en aversion; il les condamna sans les entendre et ordonna à ses tigres, à ses léopards et à ses panthères de les attaquer et de les détruire.

Les chiens firent d'humbles pétitions, mais leurs pétitions furent rejetées avec arrogance. Ils furent forcés de se défendre, ce qu'ils firent bravement.

Parmi eux seulement un petit nombre de métis, moitié loups, moitié renards, se laissèrent corrompre par les promesses royales, et comptant sur une grande récompense, ils abandonnèrent les honnêtes chiens et se joignirent à leurs ennemis.

A la fin les chiens furent victorieux, on fit un traité de paix, dans lequel le Lion reconnut leur liberté, et renonça à toute autorité sur eux.

---

1. C'est une allusion aux réclamations des *Loyalistes*, ou Américains qui, dans la révolution, avaient souffert, à cause de leur attachement aux Anglais. Les *chiens* sont les Américains, la race métisse sont les tories ou loyalistes.

Les métis, qu'on ne laissa pas rentrer, demandèrent aux royalistes la récompense qu'on leur avait promise.

Un conseil solennel fut tenu pour examiner cette demande.

Les loups et les renards furent unanimes à déclarer que la demande était juste, que toute promesse royale était sacrée, et que tout sujet loyal contribuerait volontiers pour aider Sa Majesté à la remplir.

Seul, le cheval, avec une hardiesse et une liberté qui font la noblesse de sa nature, se prononça pour l'avis contraire.

« Le roi, dit-il, a été trompé par de mauvais ministres; il lui ont fait faire une guerre injuste à ses fidèles sujets. Il faut acquitter honorablement les promesses royales quand elles sont faites pour nous encourager à agir pour le bien public, mais si elles sont faites pour nous pousser à nous tromper et à nous détruire les uns les autres, elles sont mauvaises et nulles dès le commencement. Ceux qui les ont conseillées, ceux qui, pour les gagner ont tué, loin d'être récompensés devraient être sévèrement punis. Voyez combien notre force commune est déjà diminuée par la perte que nous avons faite. Si vous aidez le roi à récompenser ces fratricides, vous établirez un précédent, dont s'autorisera quelque tyran futur pour faire les mêmes promesses; et tout exemple de récompenses données à ces brutes cruelles ajoutera au poids de ces promesses. On pourra semer la division parmi les chevaux et les taureaux comme on l'a fait parmi les chiens, et on produira, à son gré, des guerres civiles, jusqu'à ce que nous soyons tellement affaiblis qu'on ne puisse plus trouver dans la forêt ni liberté, ni sécurité, et qu'il ne nous reste plus d'autre ressource qu'une abjecte soumission à la volonté d'un despote qui nous dévorera à son plaisir.

Le Conseil eut assez de sens pour décider que la demande serait rejetée.

———

OBSERVATIONS SUR LA GUERRE.

1782.

Suivant la première loi des nations, la guerre et la destruction étaient destinées à punir l'injure. En s'humanisant par degrés, la guerre admit l'esclavage au lieu de la mort; un pas de plus et l'échange des prisonniers succéda à l'esclavage; enfin, pour respecter davantage la propriété des particuliers, les conquérants se contentèrent de régner sur eux.

Pourquoi cette loi des nations ne s'améliorerait-elle pas encore? Des siècles se sont écoulés entre les divers adoucissements qu'elle a éprouvés : mais comme de nos jours l'esprit humain a fait des progrès plus rapides, pourquoi ces adoucissements ne marcheraient-ils point du même pas? Pourquoi n'établirait-on pas un nouveau droit des gens; pourquoi ne conviendrait-on pas que dans les guerres à venir, on ménagerait certaines classes d'hommes, que les deux partis protégeraient également, et à qui on permettrait de se livrer à leurs travaux avec sécurité? Ces hommes seraient :

1° Les agriculteurs, parce qu'ils travaillent pour la subsistance du genre humain.

2° Les pêcheurs, et par la même raison ;

3° Les marchands et commerçants, dont les navires ne sont point armés, et qui sont utiles aux différentes nations, en leur portant des denrées nécessaires ou les commodités de la vie ;

4° Les artisans et les ouvriers qui travaillent dans des villes sans défense.

Il n'est pas, sans doute, nécessaire d'ajouter qu'on n'inquiéterait pas les hôpitaux de l'ennemi, bien plus, on les secourerait au besoin. L'intérêt général de l'humanité exige qu'on diminue les causes de la guerre, et tout ce qui peut exciter à la faire. Si l'on abolissait le pillage, il y aurait moins d'ardeur à combattre, et vraisemblablement la paix serait plus assurée et plus durable.

La course est un reste de l'ancienne piraterie ; et quoiqu'elle soit accidentellement avantageuse à quelques particuliers, elle est loin de l'être à tous ceux qui l'entreprennent, ou à la nation qui l'autorise. Au commencement d'une guerre, quelques navires richement chargés sont surpris et enlevés ; cela encourage les premiers armateurs de corsaires à en armer de nouveaux. Beaucoup d'autres les imitent. Mais, en même temps, l'ennemi devient plus prudent. Il équipe mieux ses vaisseaux marchands, et les rend plus difficiles à prendre. Il les fait marcher plus souvent sous la protection d'un convoi. Ainsi tandis que les corsaires se multiplient ; les navires qui peuvent être pris et les chances du profit diminuent ; il y a beaucoup de croisières où les dépenses surpassent le gain. C'est alors une loterie comme les autres. Un petit nombre de particuliers y gagne, la masse de ceux qui y mettent, perd.

La totalité de ce que coûte l'armement de tous les corsaires, durant le cours d'une guerre, excède de beaucoup le montant de toutes les prises.

Ainsi, une nation perd tout le travail de beaucoup d'hommes, pendant le temps qu'ils sont employés à voler. En outre, ce que ces hommes acquièrent, ils le dépensent en querelles, en ivrognerie, en débauche. Ils perdent l'habitude du travail. A la paix, ils sont rarement propres à reprendre des occupations honnêtes, et ne servent qu'à augmenter le nombre des voleurs de grand chemin et des brigands.

Les armateurs mêmes qui ont été heureux sont aveuglés par la rapidité de leur fortune; ils se livrent à une manière de vivre dispendieuse, et ne pouvant plus y renoncer lorsque les moyens d'y suffire disparaissent, ils finissent par se ruiner : juste punition de l'extravagante cruauté qu'ils ont eue de ruiner les familles de beaucoup d'honnêtes commerçants, employés à servir l'intérêt commun du genre humain.

LA GUERRE.

A Joseph Priestley.

Passy, 7 juin 1782.

Cher monsieur,

J'ai reçu votre bonne lettre du 7 avril, ainsi qu'une autre du 3 mai. J'ai toujours grand plaisir à recevoir de vos nouvelles, à savoir que vous vous portez bien et que vous continuez vos expériences. Que je serais heureux si, une fois encore, je pouvais retrouver le loisir de pénétrer avec vous dans les œuvres de la nature;

je parle du monde *inanimé*, et non pas du monde *animé* ou moral. Plus j'ai étudié le premier, plus je l'ai admiré; plus je connais le second, plus j'en suis dégoûté. Je trouve que les hommes sont une espèce d'être fort mal bâtis; ils sont plus facilement blessés que réconciliés, plus disposés à se faire mutuellement du mal qu'à se faire réparation, beaucoup plus aisément trompés que détrompés, plus fiers et même plus heureux de se tuer que de se reproduire. En plein midi et sans rougir ils assemblent de grandes armées pour s'entr'égorger; et, lorsque enfin ils ont fait le plus de meurtres possible, on les entend exagérer le nombre de leurs victimes pour ajouter à leur vaine gloire. Mais cherchent-ils à se reproduire, ils se glissent dans quelque coin, ou s'enveloppent des ombres de la nuit, comme s'ils rougissaient d'une action vertueuse. Et certes se serait un acte vertueux de donner l'existence à son semblable, et un crime de la lui arracher, si l'espèce valait la peine d'être engendrée et conservée; mais sur ce point je commence à douter.

Je sais que vous n'avez pas de semblables idées, parce que, plein de zèle pour le bien de l'humanité, vous travaillez au salut des âmes. Peut-être en vieillissant trouverez-vous que c'est là une entreprise désespérée, ou un vain amusement. Vous vous repentirez alors d'avoir tué dans l'air méphitique tant d'honnêtes et d'innocentes souris, et vous regretterez de n'avoir pas empêché des maux à venir en tuant des garçons et des filles au lieu de souris.

De quel air nous regardent les êtres supérieurs, vous pourrez en juger par un extrait des dernières nouvelles des Antilles, qui ne vous sont peut-être pas encore parvenues. Un jeune ange de distinction descendait, pour la première fois, sur terre; il avait pour guide un vieil esprit qui faisait métier de *courrier*. Nos voyageurs arrivent au-dessus des mers de la Martinique : c'était le jour même du combat terrible entre les flottes de Rodney et de de Grasse. Lorsqu'au travers des tourbillons de fumée l'ange aperçut le feu des canons, les ponts couverts de membres déchirés, de corps morts ou mourants, les vaisseaux coulant bas, brûlés ou sautant en l'air, toute la souffrance, la misère, la destruction que, dans leur furie, les survivants faisaient pleuvoir les uns sur les autres, il se tourna furieux vers son guide, et lui dit : « Maudit imbécile! tu ne sais donc pas ton métier; tu t'es chargé de me conduire sur terre, et tu m'amènes en enfer! » — « Non, monsieur, répliqua le guide, je ne me suis pas trompé; c'est vraiment ici la terre, et ce sont là des hommes. Les diables ne se traitent jamais entre eux de cette façon cruelle; ils ont plus de bon sens et surtout plus de ce que les hommes appellent si vainement humanité. »

Parlons sérieusement, mon cher et bon ami. Je vous aime autant que jamais, ainsi que ces bonnes âmes qui se rassemblent au Café de Londres. Une seule chose m'étonne : c'est que tous mes amis d'Angleterre aient été d'aussi braves gens au milieu d'une génération si perverse. J'ai le plus grand désir de les revoir, et de vous revoir ; je travaille à la paix avec une double ardeur pour goûter une fois encore le bonheur de votre douce compagnie.

J'ai montré votre lettre à M. le duc de la Rochefoucault. Il pense, ainsi que moi, que les dernières expériences que vous avez faites sont extrêmement curieuses; il m'a transmis, à ce sujet, une note que je vous envoie, en vous priant de faire la réponse qu'il désire.

Adieu, croyez-moi toujours votre très-affectionné.

B. F.

DE LA MILICE.

Questions de l'abbé Morellet avec les réponses de B. Franklin.

Je prie monsieur Franklin de vouloir bien répondre aux questions suivantes par un oui ou un non.

Croit-il que les États-Unis puissent dans la suite et après leur indépendance reconnue, se passer de troupes régulières toujours sur pied?

R. Oui.

Feront-ils mieux de n'avoir que des troupes nationales?

R. Certainement.

Des milices coûteront-elles moins cher à l'État ou plutôt à la nation; car ne peut-on pas dire que, dans un état de choses où tous les citoyens doivent s'exercer à porter les armes, il y a en fin de compte, en perte de temps, en dépense pour l'armement, pour l'habillement, pour le rassemblement des troupes à certains temps de l'année, etc., une dépense réelle plus grande que celle qu'il faudrait pour tenir sur pied un petit nombre de troupes régulières?

R. En supposant qu'une milice nationale soit aussi coûteuse qu'un corps de troupes régulières, la milice serait encore préférable, parce que toute la nation étant habituée aux armes elle n'a rien à craindre d'un parti.

M. Franklin croit-il qu'on puisse entretenir en Amérique un corps de troupes sur pied dans chaque province confédérée sans mettre la liberté en danger?

R. Jusque dans ces derniers temps, l'Europe n'avait point de troupes régulières. Un prince puissant qui tient une armée sur pied oblige ses voisins à en faire autant pour éviter une surprise. En Amérique nous n'avons point de ces dangereux voisins. Nous aurons probablement des magasins toujours remplis d'armes et de munitions, et nulle puissance Européenne ne nous prendra au dépourvu, comme a fait l'Angleterre au commencement de cette guerre; personne ne pourra nous envahir si promptement que nous n'ayons assez de temps pour discipliner des forces suffisantes afin de repousser l'invasion.

M. Franklin pense donc que pour éviter non-seulement la dépense, mais le danger des armées permanentes en temps de paix, aucun des États particuliers ni le Congrès qui représente la nation, n'aura de troupes régulières.

R. Non[1].

---

1. Franklin avait vu juste; la dernière guerre des États-Unis a prouvé que des milices pouvaient se battre avec autant de courage et de ténacité que des armées permanentes.

ABUS DE LA PRESSE.

A Francis Hopkinson.

Passy, 24 décembre 1782.

Cher monsieur,

Je vous fais mon compliment de votre ingénieux écrit
en faveur des arbres. J'avoue que, maintenant, je désire que nous en ayons deux rangées dans chacune de
nos rues. L'abri commode qu'ils nous offriraient dans
nos promenades, contre le soleil brûlant de nos étés,
la fraîcheur qu'ils répandraient dans les rues serait
chose précieuse pour la santé des habitants, et compen-
serait largement la perte que nous ferions d'une maison
qui pourrait brûler de temps à autre, à supposer que
pareil accident arrive par le fait d'une plantation. Mais
un arbre est bientôt abattu : on ne manque point de
haches, dans le voisinage et on peut le jeter à bas,
avant même que les pompes arrivent.

Vous faites bien de ne pas vous compromettre dans
ces querelles personnelles, scandale dont nos journaux
sont si souvent infectés, que j'ai toujours peur d'en
prêter un seul, dans ce pays-ci, avant de l'avoir examiné. Je mets de côté ceux qui pourraient nous faire
tort aux yeux des étrangers, et leur suggérer une réflexion semblable à celle que fit certaine personne dans
un café, à propos de deux hommes qui se querellaient.
Après s'être mutuellement salués des épithètes de *drôle,*
fripon, coquin, scélérat, ces individus voulaient prendre
l'étranger pour arbitre de leur différend. « Je ne
sais qui vous êtes, reprit-il; je n'entends rien à vos

14

affaires; je vois seulement que *vous vous connaissez l'un l'autre.* »

Le rédacteur d'un journal devrait, ce me semble, se regarder jusqu'à un certain point comme le dépositaire de l'honneur de son pays; il devrait donc refuser d'insérer tout article qui blesse cet honneur. Si certaines gens tiennent si fort à publier les injures qu'ils s'adressent réciproquement, que ne les impriment-ils sur des feuilles volantes pour les distribuer ensuite où bon leur semblera! Il est absurde de troubler le monde de leurs misérables querelles; il est injuste pour les abonnés éloignés, de remplir d'articles aussi inutiles et aussi désagréables les journaux auxquels ils ont souscrit.

Je suis avec estime, etc.,   B. F.

RÉFLEXIONS SUR L'AUGMENTATION DES SALAIRES QU'OCCASIONNERA EN EUROPE LA RÉVOLUTION D'AMÉRIQUE [1].

L'indépendance et la prospérité des États-Unis de l'Amérique, produiront l'augmentation des salaires en Europe; avantage dont il me semble que personne n'a encore parlé.

Le bas prix des salaires est un des plus grands vices

---

1. Ces reflexions ont été trouvées dans les papiers de Franklin. Un de ses amis les a fait insérer dans le *Journal d'Économie publique*, du 10 ventôse an v. Mais comme je n'ai pas pu me procurer ce journal assez à temps pour les y prendre, je les ai traduites sur la version allemande de *la Minerva*, d'Archenholz. (*Note de Castéra.*)

L'original anglais est perdu; M. Jared Sparks a retraduit en anglais la traduction de Castéra.

des sociétés politiques de l'Europe, ou plutôt de l'ancien monde.

Si l'on donne au mot *salaire* toute l'extension dont il est susceptible, on trouvera que presque tous les citoyens d'un grand État reçoivent et donnent des salaires : mais il n'est ici question que d'une espèce de salariés, les seuls dont le gouvernement doive se mettre en peine et qui aient besoin de ses soins : ce sont les salariés du dernier ordre, les hommes sans propriété, sans capital et n'ayant que leurs bras pour vivre. Cette classe est toujours la plus nombreuse d'une nation ; et par conséquent, on ne peut pas dire heureuse la société, où par la modicité et l'insuffisance des salaires, les salariés ont une subsistance si bornée, que pouvant à peine satisfaire leurs premiers besoins, ils n'ont le moyen ni de se marier, ni d'élever une famille, et sont réduits à la mendicité, aussitôt que le travail vient à leur manquer, ou que l'âge et la maladie les forcent de manquer eux-mêmes au travail.

Au reste, les salaires dont il est ici question, ne doivent pas être considérés d'après la somme à laquelle ils s'élèvent, mais d'après la quantité de denrées, de vêtements et d'autres marchandises que le salarié peut obtenir avec l'argent qu'il reçoit.

Malheureusement, dans tous les États policés de l'ancien monde, une nombreuse classe de citoyens n'a pour vivre que des salaires, et ces salaires lui sont insuffisants. C'est là véritablement ce qui produit la misère de tant de journaliers qui travaillent dans les campagnes ou dans les manufactures des villes, la mendicité, dont le mal s'étend chaque jour de plus en plus, parce que les gouvernements ne lui opposent que des remèdes impuissants, la dépravation des mœurs, et presque tous les crimes.

La politique de la tyrannie et celle du commerce, ont méconnu et déguisé ces vérités. L'horrible maxime qui dit qu'il faut que le peuple soit pauvre pour qu'il reste soumis, est encore celle de beaucoup de gens au cœur dur et à l'esprit faux, qu'il est inutile de combattre ici. — Il en est d'autres qui pensent aussi que le peuple doit être pauvre, par rapport aux prétendus intérêts du commerce. Ils croient que l'augmentation des salaires fait enchérir les productions du sol et surtout celles de l'industrie, qui se vendent à l'étranger; ce qui doit diminuer leur exportation et les profits qu'elles peuvent donner. Mais ce motif est à la fois barbare et mal fondé.

Il est barbare; car quelque puissent être les avantages du commerce avec l'étranger, s'il faut pour les avoir, que la moitié de la nation languisse dans la misère, on ne peut, sans crime, chercher à les obtenir, et il est du devoir d'un gouvernement d'y renoncer. Vouloir empêcher les salaires de s'élever pour favoriser l'exportation des marchandises, c'est travailler à rendre misérables les citoyens d'un État, afin que les étrangers achètent ses productions à meilleur marché; c'est tout au plus essayer d'enrichir quelques marchands, en appauvrissant le gros de la nation; c'est se ranger du côté du plus fort, dans la lutte déjà si inégale de celui qui peut donner des salaires avec celui qui a besoin d'en recevoir; enfin, c'est oublier que l'objet de toute association politique doit être le bonheur du plus grand nombre.

En outre, le motif est mal fondé; car la modicité des salaires portée à l'excès où on la voit aujourd'hui dans

presque toute l'Europe, n'est pas nécessaire pour procurer à une nation l'exportation avantageuse des productions de son sol et de ses manufactures. Ce n'est
pas le salaire de l'ouvrier, mais le prix des marchandises
qui doit être modéré, pour qu'on puisse vendre ces
marchandises à l'étranger : mais on a toujours négligé
de faire cette distinction. Le salaire de l'ouvrier est le
prix de sa journée. Le prix des marchandises est ce
qu'il en coûte pour recueillir ou préparer une production
du sol ou de l'industrie. — Cette production peut donc
être à un prix très-modéré, en même temps que l'ouvrier aura de bons salaires, c'est-à-dire, les moyens de
se procurer une subsistance abondante. — Le travail
nécessaire pour recueillir ou préparer la chose qu'on
veut vendre, peut être à bon marché, et le salaire de
l'ouvrier très-bon. — Quoique les ouvriers de Manchester et de Norwich, et ceux d'Amiens et d'Abbeville,
soient occupés du même genre de travail, le salaire des
premiers est bien plus considérable que celui des autres; et cependant, à qualité égale, les étoffes de laine
de Manchester et de Norwich sont moins chères que
celles d'Amiens et d'Abbeville.

Il serait trop long de développer ici ce principe. Je
me bornerai à observer qu'il tient surtout à ce que le
prix du travail des arts et même de l'agriculture, est
singulièrement diminué par le perfectionnement des
machines qu'on y emploie, par l'intelligence et l'activité des ouvriers, et par la distribution bien entendue
du travail. Or, ces moyens de diminuer le prix des
objets qui sortent des manufactures, n'ont rien de
commun avec la modicité du salaire de l'ouvrier. Dans
une grande manufacture, où l'on emploie des animaux

au lieu d'hommes, et des machines au lieu d'animaux,
et où le travail est distribué avec cette intelligence qui
double, qui décuple la force et le temps, l'ouvrage peut
être fabriqué et vendu à un prix beaucoup moindre que
dans celles qui n'ont pas le même avantage ; et cependant, les ouvriers de l'une sont payés deux fois plus
que ceux des autres.

C'est, sans doute, un avantage pour toute manufacture, d'avoir des ouvriers à bon marché ; et lorsque la
cherté des salaires est excessive, elle devient un obsta-
cle à l'établissement des grandes fabriques. C'est même
cette cherté qui, comme je l'expliquerai plus bas, est
une des raisons qui font croire que les États-Unis de
l'Amérique ne pourront, de très-longtemps, avoir des
manufactures rivales de celles d'Europe. — Mais il
ne faut pas en conclure que les manufactures ne puissent prospérer, sans que les salaires des ouvriers soient
réduits au point où nous les voyons en Europe. Il y a
plus : c'est que l'insuffisance des salaires est une cause
de décadence pour une manufacture, comme leur haut
prix est une cause de prospérité.

Les hauts salaires attirent les ouvriers les plus habiles, les plus industrieux. Alors l'ouvrage est mieux
fabriqué ; il se vend mieux ; et par ce moyen, l'entrepreneur fait plus de profit qu'il n'en pourrait faire par
la diminution du prix des ouvriers. Un bon ouvrier gâte
moins d'outils, perd moins de matière et travaille plus
promptement qu'un autre ; ce qui est encore une
source de profit pour l'entrepreneur.

Le perfectionnement du mécanisme dans tous les
arts est, en grande partie, dû aux ouvriers. Il n'y a
point de grande manufacture où ils n'aient inventé

quelque pratique utile, qui épargne le temps et les matières, ou rend l'ouvrage meilleur. — Si les ouvrages
des manufactures communes, les seules dignes d'inté-
resser l'homme d'État, si les étoffes de laine, de coton,
même de soie, les ouvrages de fer, d'acier, de cuivre,
les peaux, les cuirs et divers autres objets sont en général de première qualité, à prix égal, en Angleterre
que dans les autres pays, c'est indubitablement parce
que les ouvriers y sont mieux payés.

Le bas prix des salaires n'est donc pas la véritable
cause des avantages du commerce de nation à nation :
mais il est un des grands maux des sociétés politiques.

Examinons à présent quelle est à cet égard la situation des États-Unis. La condition du journalier, dans
ces États, est infiniment meilleure, que dans les plus
riches contrées de l'ancien monde, et particulièrement
en Angleterre, où les salaires sont pourtant plus forts
que dans aucune autre partie de l'Europe.

Dans la province de New-York, les ouvriers des dernières classes et qui exercent les genres d'industrie les
plus communs, gagnent ordinairement par jour trois
shillings six pences , monnaie de la colonie, valant. . . . . 2 shillings sterling.

Un charpentier de vaisseau,
gagne 10 sh. 6 pences, monnaie
de la colonie, avec une pinte de
rhum, valant en tout . . . . . . 5 sh. 6 pences sterl.

Un charpentier de haute futaie
ou un briquetier, 8 sh. de la co-
lonie. . . . . 4 sh. 6 pences sterl.

Un garçon tailleur, 5 sh., mo-
naie du pays, ou environ. . . . 2 sh. 10 pences sterl.

Ces prix, bien plus forts que ceux de Londres, sont tout aussi hauts dans les autres parties des États-Unis qu'à New-York. Je les ai tirés de l'ouvrage d'Adam Smith sur *la Richesse des Nations*.

Un observateur éclairé qui, en 1780, voyagea dans une partie des États-Unis, nous donne une idée encore plus favorable du prix auquel la main-d'œuvre y est portée.

« Je vis, dit-il, fabriquer à Sarmington une espèce de « camelot, et une autre étoffe de laine à raies bleues et « blanches, pour l'habillement des femmes. Ces étoffes « se vendent trois shillings et demi l'aune [1], monnaie « du pays, ce qui fait à peu près quarante-cinq sous « tournois. — Les fils et petits-fils du maître de la mai- « son travaillaient au métier. Un ouvrier peut faire à « son aise cinq aunes d'étoffe par jour ; et comme la « matière ne coûte qu'un shilling, il peut gagner dix « à douze shillings dans sa journée. » — Enfin, ce fait est si connu, qu'il est inutile de chercher à le prouver par d'autres témoignages.

Les causes de la cherté du travail dans nos États américains, ne peuvent donc que se fortifier sans cesse ; puisque l'agriculture et la population y font des progrès si rapides, que tous les genres de travaux y augmentent proportionnément.

Ce n'est pas tout. Le taux élevé des salaires qu'on y donne en argent, prouve qu'ils sont encore meilleurs qu'on ne peut le juger au premier coup d'œil ; et pour s'en former une juste idée, il faut être instruit d'une circonstance importante. — Dans toutes les parties de

1. D'environ 33 pouces.

l'Amérique septentrionale, les denrées de première
nécessité sont à meilleur marché qu'en Angleterre. On
n'y éprouve jamais de disette. Dans les années les plus
stériles, la récolte suffit toujours à la consommation
des habitants, et ils ne sont obligés que de diminuer
l'exportation de leurs denrées. Or, le prix du travail en
argent y étant plus haut qu'en Angleterre, et les denrées moins chères, le salaire réel, c'est-à-dire la quantité d'objets de première nécessité, que le journalier
peut acheter, en est d'autant plus considérable.

Il me reste à expliquer comment le haut taux des salaires en Amérique les fera monter en Europe.

Deux causes différentes concourront à produire cet
effet. La première est la plus grande quantité de travail que l'Europe aura à faire, par rapport à l'existence
d'une grande nation [1] de plus dans le monde commerçant, et de son accroissement continuel ; et la seconde,
l'émigration des journaliers européens, ou seulement
la possibilité qu'ils auront d'émigrer pour se rendre
en Amérique, où le travail est mieux payé.

Il est certain que plusieurs millions d'hommes de plus
existants dans le monde commerçant nécessitent l'augmentation du travail en Europe, dans l'agriculture, les
manufactures, le commerce, la navigation. Or, la somme
du travail annuel devenant plus considérable, le travail
sera payé un peu plus chèrement ; et le taux du salaire
journalier de l'ouvrier augmentera par cette concurrence. — Par exemple, s'il y a cent mille pièces d'étoffe,
vingt mille pièces de vin, dix mille barriques d'eau-de-
vie à fournir de plus aux Américains, non-seulement

---

1. Les habitants des États-Unis.

le travail des hommes nécessaires à la production et à la fabrication de ces marchandises, mais toutes les autres sortes de travaux augmenteront de prix.

Le taux des salaires en Europe haussera encore par une autre cause, qu'il importe de bien connaître. J'ai déjà dit que les salaires ne doivent pas être estimés seulement d'après la quantité d'or ou d'argent, ni même d'après la quantité de subsistances que le salarié reçoit par jour, mais aussi d'après le nombre de jours où il a du travail ; car ce n'est que par ce calcul qu'on peut véritablement savoir ce qu'il a chaque jour de sa vie. N'est-il pas clair que celui qui serait payé à raison de quarante sous par jour et manquerait de travail la moitié de l'année, n'aurait réellement que vingt sous pour vivre, et que sa condition serait moins avantageuse que celle du salarié, qui, ne recevant que trente sous, pourrait travailler tous les jours? Ainsi, les Américains faisant augmenter en Europe la demande et le besoin du travail, y feront aussi nécessairement augmenter les salaires, quand on supposerait même que le prix de la journée du salarié restât au même taux.

Peut-être, m'objectera-t-on, que cette nation nouvelle contiendra dans son sein tous ceux qu'elle fera travailler ; qu'ainsi son existence, n'ajoutant rien à la quantité de travail à faire en Europe, ne sera d'aucun avantage pour les hommes qui font ce travail. Mais je réponds qu'il est impossible que les États-Unis de l'Amérique, tels qu'ils sont aujourd'hui, et à plus forte raison lorsque leur population et leurs richesses seront doublées, quadruplées, n'emploient pas, d'une manière ou d'autre, le travail des Européens. — Cela est impossible, parce qu'à cet égard les Américains ne seront point dans une situation différente du reste des sociétés politiques, qui toutes ont besoin les unes des autres.

La fécondité du sol de l'Amérique, l'abondance et la variété de ses productions, l'activité et l'industrie de ses habitants, et la liberté du commerce dont l'indépendance américaine occasionnera tôt ou tard l'établissement en Europe, assurent les relations de l'Amérique avec les autres pays ; parce qu'elle fournira aux autres nations celles de ses productions qui leur conviendront, et que chacune en ayant qui lui sont particulières, les besoins et les avantages seront mutuels.

La seconde cause, que j'ai dit devoir coopérer à l'augmentation des salaires en Europe est l'émigration, ou seulement la possibilité d'émigrer vers l'Amérique, où le travail est mieux payé. Il est aisé de concevoir que lorsque cette différence sera bien connue, elle attirera dans les États-Unis beaucoup d'hommes qui, n'ayant d'autre moyen de subsister que leur travail, accourront dans le lieu où ce travail sera le mieux récompensé.

Depuis la dernière paix, les Irlandais n'ont cessé d'émigrer pour se rendre en Amérique. La raison en est qu'en Irlande les salaires sont bien moindres qu'en Angleterre, et que la dernière classe du peuple en souffre beaucoup. L'Allemagne a aussi fourni de nouveaux citoyens aux États-Unis ; et tous ces hommes laborieux ont dû, en quittant l'Europe, y faire hausser le prix du travail de ceux qui y sont restés.

J'ajoute que ce salutaire effet aura lieu, même sans émigration, et résultera de la seule possibilité d'émigrer, au moins dans les États de l'Europe, dont les habitants ne seront pas forcés à s'expatrier par l'excès des

impôts, les mauvaises lois et l'intolérance du gouvernement.

Oui, pour faire hausser les salaires, il suffit qu'il y en
ait de plus forts à gagner dans un lieu où le salarié
peut se transporter.

On a sagement remarqué dans les discussions élevées
sur le commerce des grains, que la seule liberté de les
exporter, en soutenait et faisait hausser le prix, sans
même qu'on en exportât un seul boisseau. Il en est de
même pour les salaires. Les salariés européens ayant
la facilité d'aller gagner en Amérique des salaires plus
forts, obligeront ceux qui achètent leur travail de le
leur payer un peu plus cher.

De là il s'ensuivra que ces deux causes du haussement
de salaires, l'émigration réelle et la simple possibilité
d'émigrer concourront à produire le même effet. L'action de chacune étant d'abord peu considérable, il y
aura quelqu'émigration. Alors les salaires hausseront,
et l'homme laborieux voyant augmenter son gain,
n'aura plus de motif assez puissant pour émigrer.

Mais l'augmentation des salaires ne se fera pas sentir également chez les diverses nations de l'Europe.
Elle sera plus ou moins considérable en raison de la
facilité plus ou moins grande qu'on aura d'émigrer.
L'Angleterre dont les mœurs, la langue, la religion
sont les mêmes que celles des Américains, doit naturellement participer à cet avantage plus qu'aucun autre
État de l'Europe. On peut dire qu'elle doit doit déjà
beaucoup à l'Amérique; car ses rapports avec elle, le
débouché qu'elle y a trouvé pour ses marchandises, et
qui ont fait hausser les salaires des journaliers qui travaillent dans ses champs et dans ses manufactures, sont

au nombre des principales causes de ses richesses, et de la puissance politique que nous lui voyons déployer.

Mais sans parler des autres avantages que peut procurer l'augmentation des salaires, il en est un bien précieux, que cette augmentation a produit en Angleterre : c'est celui d'y améliorer la condition de la classe d'hommes qui n'a que ses bras pour vivre, c'est-à-dire, de la partie la plus nombreuse de la société. Cette classe, réduite ailleurs à la subsistance la plus étroite, est en Angleterre dans une bien meilleure situation. Elle y obtient par son travail de quoi satisfaire aux premiers besoins plus abondamment que dans beaucoup d'autres parties de l'Europe ; et il n'est nullement douteux que ce ne soit l'effet de l'influence qu'a eue le commerce d'Amérique sur le taux des salaires.

Je sais qu'on peut dire que malgré l'accroissement du travail et des denrées en Europe, et malgré l'émigration qui peut avoir lieu, les mêmes causes dont nous avons fait mention, et qui ont tant fait baisser les salaires, continueront d'agir, parce que ces causes sont inhérentes aux constitutions européennes, dont la liberté et la prospérité de l'Amérique ne corrigeront point les vices. On dira peut-être encore que le nombre des propriétaires et capitalistes, nombre si petit relativement à celui des hommes qui, n'ayant ni propriétés, ni capitaux, sont forcés de vivre de salaires, restera le même, parce que les causes qui réunissent les propriétés et les capitaux dans ses mains, ne changeront point, et que par conséquent il remettra, ou plutôt il tiendra les salaires très-bas. Enfin, on peut ajouter que la tyrannie des lois féodales, la forme des impôts, l'accroissement excessif du revenu public, la police du commerce, auront toujours les mêmes effets pour diminuer les salaires ; et que quand même l'avantage que l'Europe retirera, à cet égard, de l'indépendance, serait réel, il ne pourrait être durable.

A cela, il est aisé de faire plusieurs réponses. — J'observerai d'abord que si ce sont les gouvernements d'Europe qui s'opposent aux effets salutaires que l'indépendance de l'Amérique devrait naturellement produire chez eux, il n'en est pas moins intéressant de chercher à déterminer quels pourraient être ces effets. Peut-être viendra-t-il des temps plus heureux, où les vrais principes du bonheur des nations étant mieux connus, quelque souverain sera assez éclairé, assez juste pour les mettre en pratique.

On peut diminuer les causes qui accumulent et concentrent sans cesse les propriétés et les richesses en un petit nombre de mains. On peut abolir ou du moins adoucir beaucoup les restes de la féodalité. On peut changer la forme et modérer l'excès des impôts. On peut enfin corriger la mauvaise police du commerce ; et tout cela contribuera à faire profiter les salariés du changement favorable que la révolution d'Amérique doit naturellement occasionner.

Mais en admettant que toutes les causes qu'on vient d'indiquer concourent à tenir encore en Europe le travail des journaliers à bas prix, elles ne peuvent cependant qu'affaiblir l'influence de la prospérité américaine, et non en détruire totalement l'effet. Quand tout resterait, d'ailleurs, dans le même état, il n'y en aurait pas moins une plus grande consommation, et par conséquent plus de travail à faire. Or, cette consommation et ce travail croissant sans cesse, à raison de l'accroissement de population et de richesses du nouveau monde, il en résultera nécessairement une augmentation de salaires en Europe ; car les causes qui s'y opposent n'agiront pas avec plus de force qu'à présent.

———

SUR LA NOBLESSE HÉRÉDITAIRE ET L'ORDRE DES CINCINNATI.

A Mistriss Sarah Bache[1].

Passy, 26 janvier 1784.

Ma chère enfant,

Le soin que vous prenez de m'envoyer les gazettes, m'est fort agréable. J'ai reçu, par le capitaine Barney, celles où il est question des *Cincinnati*[2]. Mon opinion sur cette institution ne peut pas avoir grande importance ; je m'étonne seulement d'une chose. Lorsque, en rédigeant les articles de confédération, la sagesse réunie de notre nation a manifesté sa répugnance à laisser établir une noblesse par l'autorité du Congrès ou d'un des États, comment se fait-il qu'un certain nombre de particuliers aient la prétention de se distinguer de leurs concitoyens, eux et leur postérité, et forment un ordre de *chevaliers héréditaires* en oppo-

1. C'est la fille de Franklin.
2. C'était un ordre, ou plutôt une médaille militaire, instituée en l'honneur de tous ceux qui avaient pris part à la guerre de l'indépendance, et qui devait passer à leurs enfants. L'opinion publique y vit un germe de noblesse, et l'institution tomba d'elle-même devant le sentiment d'égalité.

sition directe avec la déclaration formelle des sentiments de leur pays? J'imagine que ce projet choque
également le bon sens d'un grand nombre de ceux
qui sont entrés dans l'affaire sur les instances de ceux
qui en ont eu l'idée, gens qui auront sans doute été
éblouis par cette profusion de rubans et de croix qu'ils
ont vus à la boutonnière des officiers étrangers. Très-
probablement ceux qui désapprouvent l'institution, ne
l'auront pas combattue avec assez d'énergie, d'après
un principe semblable à celui de votre excellente mère
au sujet des personnes pointilleuses qui exigent toujours les moindres marques de respect. *Si ces misères
leur plaisent*, disait-elle, *ce serait une cruauté de les
leur refuser.*

A ce point de vue, peut-être si l'on m'avait demandé
mon avis, je ne me serais pas opposé à ce qu'on les
laissât porter leurs rubans et se chamarrer à leur guise,
mais j'aurais certainement repoussé l'idée de substituer
ces honneurs dans leur postérité. L'honneur, celui,
par exemple, que nos officiers ont si justement acquis,
est *personnel* de sa nature, il ne peut se transmettre à
ceux qui n'ont rien fait pour l'obtenir. Chez les Chinois, le plus ancien, et, par sa longue expérience, le
plus sage des peuples, l'honneur ne va pas en *descendant*, mais en *remontant*. Que, pour prix de sa science,
de sa sagesse ou de sa valeur, un homme soit promu
par l'empereur au rang de Mandarin, ses père et
mère ont droit aussitôt aux marques de respect qui
sont conférées au mandarin lui-même; on suppose
que c'est l'éducation, l'instruction et les bons exemples
donnés par les parents à leur fils, qui l'ont rendu capable de servir la société.

Cet honneur *ascendant* est avantageux à l'État; il
encourage les parents à donner à leurs enfants une
bonne et vertueuse éducation. Mais l'honneur *descendant*, conféré à une postérité qui n'a pu rien faire
pour le mériter, n'est pas seulement absurde et injuste,
souvent même il est nuisible à cette postérité. Il la
rend orgueilleuse, il lui fait dédaigner des arts utiles,
et la fait tomber dans la pauvreté avec toute la bassesse, la servilité et les vices qui l'accompagnent. Tel
est l'état présent de ce qu'on appelle la *noblesse* en
Europe. Ou bien, si, pour conserver la dignité de la
famille, toutes les terres sont substituées à l'aîné des
héritiers mâles, on verra éclore un nouveau fléau pour
l'industrie et l'amélioration du pays, ce mélange odieux
d'orgueil, de mendicité et de fainéantise qui a déjà dé-
peuplé et stérilisé la moitié de l'Espagne. Les familles
ne cesseront de s'éteindre par le peu d'encouragement
accordé aux mariages, et par le peu de soin apporté
à l'agriculture.

Je souhaite donc que les Cincinnati, s'ils poursuivent
leur projet, fassent porter les rubans de l'ordre par
leur père et leur mère, au lieu de les transmettre à
leurs descendants. Ce serait un précédent qui pourrait avoir de bons effets; ce serait aussi une manière d'obéir au quatrième commandement de Dieu
qui nous dit : « *Tes père et mère honoreras* », mais qui
nulle part ne nous commande d'honorer nos enfants.
Certes, il n'y a pas de meilleure manière d'honorer les
auteurs de nos jours, que de faire des actions d'éclat
dont la gloire réfléchisse sur ceux qui nous ont élevés;
et rien n'est plus convenable que de manifester par un
témoignage ou un signe public, que c'est à leurs leçons

15

et à leurs exemples, que nous attribuons tout le mérite de ces actions.

Quant à l'absurdité des *honneurs descendants*, ce n'est pas une simple thèse de philosophie ; on peut la démontrer mathématiquement. Par exemple, un fils n'appartient que pour moitié à la famille de son père ; il appartient pour l'autre moitié à la famille de sa mère. Si ce fils se marie dans une autre famille, le petit-fils n'appartient plus au grand-père que pour un quart, et l'arrière-petit-fils n'en descend que pour un huitième. Encore quelques générations, ce ne sera plus qu'un seizième, un trente-deuxième, un soixante-quatrième, un cent vingt-huitième, un deux cent cinquante-sixième. Ainsi en neuf générations, ce qui ne demande pas plus de trois cents années (et ce n'est pas là une noblesse fort ancienne), le sang de notre chevalier actuel de l'ordre des Cincinnati ne sera que pour un cinq cent douzième dans les veines du chevalier d'alors. En supposant que la fidélité des femmes américaines se soit maintenue aussi intacte pendant ces neuf générations qu'elle l'est aujourd'hui, l'objet final est trop peu de chose, pour qu'un homme raisonnable brave les fâcheuses conséquences de la jalousie, de l'envie et du mauvais vouloir de ses compatriotes.

Faisons maintenant d'une autre façon nos calculs sur ce jeune noble, qui n'aura dans les veines que la cinq cent douzième partie du sang de notre chevalier actuel, et remontons au travers de ses neuf générations jusqu'à l'année même où l'ordre a été institué. Ce jeune chevalier a eu nécessairement un père et une mère ; voilà deux personnes qui avaient eu aussi chacune un père et une mère : ce qui fait quatre. En remontant

ainsi, on trouvera huit, seize, trente-deux, soixante-
quatre, cent vingt-huit, deux cent cinquante-six, et enfin, au neuvième degré, cinq cent douze personnes qui
auront successivement existé, et concouru, pour leur
quote-part, à la création du futur *chevalier de Cincinnatus*. Cette progression s'établit ainsi en chif-
fres :

$$2$$
$$4$$
$$8$$
$$16$$
$$32$$
$$64$$
$$128$$
$$256$$
$$512$$

Total   1,022

Mille vingt-deux individus des deux sexes pour en-
gendrer un chevalier ! Supposons que dans neuf générations nous aurons mille chevaliers ; cela établit le
concours successif d'un million vingt-deux mille pères
et mères, à moins que dans le nombre il y en ait qui se
soient avisés de faire plus d'un chevalier. Retranchons
les vingt-deux mille pour ce double emploi, et considérons si, après une évaluation modérée des coquins, des
sots, des misérables et des prostituées qui seront nécessairement mêlés à ce million d'ancêtres, leur postérité
aura grand sujet de vanter le noble sang des chevaliers
de Cincinnatus. Les généalogistes futurs de ces chevaliers, en prouvant la filiation de cette gloire au travers

de tant de générations (à supposer que la gloire soit de nature à se transmettre), ne feront autre chose que de prouver le mince quotient de gloire que chacun des chevaliers pourra justement réclamer, puisque les calculs très-simples et très-clairs que je viens d'établir, démontrent qu'à mesure que l'antiquité de la famille augmente, le droit à l'illustration des ancêtres diminue ; quelques générations de plus réduiront ce quotient de gloire à zéro.

J'espère donc que le nouvel ordre renoncera à la transmission héréditaire, et que, comme les chevaliers de la Jarretière, du Bain, du Chardon, de Saint-Louis et des autres ordres européens, il se contentera du droit viager de porter sa petite décoration et son petit ruban, il laissera cette distinction mourir avec ceux qui l'ont méritée : je suppose que ceci ne blessera personne. Quant à moi, lorsque j'entrerai dans une compagnie où se trouveront des visages nouveaux pour moi, je trouverai commode de reconnaître à cet insigne les personnes dignes d'une considération particulière. Cela épargnera à la vertu modeste l'embarras de provoquer nos égards en rappelant de façon indirecte et gauche qu'on a servi dans l'armée régulière.

La personne qui a fait le voyage de France pour commander les rubans et les médailles, a bien rempli sa mission. Je trouve les décorations assez bien faites ; mais de pareilles choses échappent difficilement à la critique. Quelques gens trouvent que les devises latines manquent d'élégance et de correction classique ; et puisque nos neuf universités n'ont pu fournir un meilleur latin, ils disent qu'il est fâcheux qu'on n'ait pas fait les devises en anglais ; d'autres prétendent que le

titre de Cincinnatus ne peut guère convenir qu'au général Washington, et à un petit nombre d'officiers qui
ont servi sans paie ; il en est qui ajoutent que *l'aigle*
ressemble trop à un *dindon*. Pour moi, j'aurais voulu
qu'on ne choisît pas l'aigle pour emblème de notre
pays : c'est un oiseau d'un méchant caractère ; il ne
gagne pas sa vie honnêtement. Vous le voyez perché
sur quelque arbre mort, et là, trop paresseux pour
pêcher lui-même, il épie quelque oiseau pêcheur ; et
dès que cet animal actif a pris un poisson, et qu'il le
porte à son nid, pour nourrir sa femelle et ses petits,
l'aigle fond sur lui, et lui enlève sa proie. Avec toutes
ses rapines il n'est jamais en bonne position, et comme
les hommes qui ne vivent que de fraude et de vol, il
est ordinairement pauvre et souvent pouilleux. C'est
d'ailleurs un poltron fieffé : l'émerillon, qui n'est
guère plus gros qu'un moineau, l'attaque hardiment,
et l'expulse de la contrée. Ce n'est donc pas un symbole convenable pour les braves et honnêtes Cincinnati
d'Amérique, qui ont chassé de leur pays tous les
émerillons[1] ; il conviendrait beaucoup mieux à cet
ordre de chevaliers que les Français appellent des *chevaliers d'industrie*.

Sous ce rapport, je ne suis pas fâché que la figure
ressemble moins à un aigle qu'à un dindon. A dire
vrai, le dindon est en comparaison de l'aigle un oiseau
fort respectable, et d'ailleurs il est d'origine et de naissance un véritable Américain. On trouve des aigles

1. Il y a un jeu de mots sur le nom de l'émerillon, en anglais,
Kingsbird ; les *oiseaux du roi* sont aussi les soldats de l'armée
anglaise.

partout, tandis que le dindon n'est indigène que chez
nous; les premiers qu'on ait vus en Europe, ont été
apportés en France, du Canada, par des Jésuites, et on
en a servi, pour la première fois, aux noces de Charles IX[1]. J'ajoute que le dindon (un peu vain et sot de
sa nature, il est vrai, ce qui n'en fait pas un plus mauvais emblème), est un oiseau courageux; il n'hésiterait
pas à attaquer un grenadier de la garde royale d'Angleterre, qui envahirait sa basse-cour, avec un habit rouge
sur le dos.

Je laisse les critiques dont le latin de la devise a été
l'objet. Nos braves officiers n'ont peut-être pas le mérite d'être de grands érudits, mais par leur courage ils
ont bien mérité d'une patrie qui ne devrait pas ne leur
payer qu'en gloire, ce *virtutis præmium*[2], qui est une
de leurs devises. La légende : *esto perpetua*[3] exprime
un vœu excellent, s'il s'agit de la patrie; mais mauvais,
s'il s'agit de l'institution. Si nos soldats ont tout aban-
donné et tout perdu pour servir la patrie, il ne faut pas
que les États se contentent de leur rendre l'*omnia*[4] de
leur première devise; il faut les payer justement et les récompenser généreusement. On ne doit pas souffrir qu'avec
leur chevalerie de nouvelle création, ils restent *entièrement* dans la position d'un personnage dont ces mots :
omnia reliquit, me rappellent l'histoire. Vous savez que
je me rappelle des histoires à tout propos. Ce personnage

---

1. Ce n'est pas tout à fait exact. Cortès trouva des dindons au
Mexique, et on en vit en Espagne longtemps avant les noces de
Charles IX.

2. *Prix du courage.*

3. *Qu'elle dure toujours !*

4. *Omnia reliquit servare rempublicam :* **Il a tout laissé pour
sauver la république.**

avait bâti une très-belle maison, et avait par là dérangé
sa fortune. Néanmoins il mettait de l'orgueil à montrer
cette maison à ses amis. Un d'entre eux fut frappé de
la devise $\overline{\text{OIA}}$ VANITAS, qu'il lut au-dessus de la
porte. Que signifie, lui dit-il, cet $\overline{\text{OIA}}$? C'est un mot
que je ne comprends pas. — Je vais vous l'expliquer,
répondit le propriétaire. Je voulais faire graver cette
inscription sur une plaque de marbre poli; mais les
ornements ne laissaient pas assez de place pour donner
aux caractères la dimension convenable : qu'ai-je fait?
J'ai eu recours à une contraction fort ordinaire dans
les manuscrits latins où les lettres *M* et *N* sont souvent omises, et suppléées par un petit trait au-dessus
de la ligne; comme vous le voyez ici, le mot est
omnia, OMNIA VANITAS[1]. — Je comprends maintenant le sens de votre devise, répliqua le malicieux
ami, elle a trait à votre maison; vous avez abrégé votre
omnia[2], mais votre VANITAS s'y lit en gros caractères.

Je suis, comme toujours, votre affectionné père.

B. F.

————

A JOHN WALTER.

Logographie[3].

Passy, 17 avril 1784.

Monsieur,

J'ai reçu un livre intitulé *Introduction à la logographie*; c'est à vous, si je ne me trompe, que je suis re-

————

1. Tout est vanité.
2. C'est-à-dire tout votre bien.
3. La Logographie est un procédé typographique qui, au lieu

devable de cet envoi. J'ai lu le livre avec attention, et
autant que je puis m'y connaître, j'en suis charmé. Je
ne comprends pas très-bien l'arrangement des cases,
mais l'idée de diminuer le nombre des lettres par
les racines des mots ou leurs différentes terminaisons
est fort ingénieuse. J'aime beaucoup l'idée de souder
les lettres ensemble, au lieu de fondre tout d'une
pièce des mots ou des syllabes. J'ai essayé autrefois
de le faire, et j'avais inventé un moule et un procédé au moyen duquel je pouvais en quelques minutes
faire une matrice, la justifier, et jeter en moule, quel
que fût le mot, ou quelle que fût la fonte.

Je vous envoie sous ce pli un spécimen de quelques-
unes de mes terminaisons ; j'expliquerais volontiers ma
méthode à M. Johnson, s'il le désirait ; mais il en a
une meilleure. Il passe en revue plusieurs procédés
qu'on a proposés, mais il ne dit rien d'un ouvrage qui
a été publié à Paris, en 1776 : ce qui me fait présumer
qu'il ne le connaît point. C'est une brochure in-4°, in-
titulée *Nouveau Système Typographique, ou Moyen
de diminuer de Moitié, dans toutes les Imprimeries de
l'Europe, le Travail et les Frais de Composition, de*

de composer une page, *lettre à lettre,* introduit dans la case
d'imprimerie des syllabes et des mots d'une seule pièce. De
cette façon on s'imagine simplifier la composition ; tout au
contraire, on l'allonge en multipliant le nombre des signes sur
lesquels doit s'arrêter la main de l'ouvrier. La correction est fort
difficile, et la distribution n'est pas moins compliquée que la
composition ; aussi tous les essais qu'on a tentés ont-ils en général
ruiné les inventeurs. Ce M. Walter, à qui Franklin adresse cette
lettre, fut, je crois, le fondateur du *Times,* qui fut imprimé à
l'origine en caractères logographiques. Mais M. Walter fut
obligé de revenir au système ordinaire, après avoir mangé beaucoup d'argent dans ses essais de réforme.

Correction et de Distribution, découvert, en 1774, par Mme de *** : Frustrà fit per plura quod potest fieri per pauciora. A Paris, de l'Imprim. Royale, MDCCLXXVI. L'ouvrage est dédié au Roi, qui a fourni aux frais des expériences. On a nommé deux commissaires pour les suivre et en rendre compte : M. Desmarets, de l'Académie des Sciences, et M. Barbou, imprimeur distingué. Le rapport de ces messieurs conclut ainsi : « Nous nous contenterons de dire ici que M. de Saint-
» Paul a rempli les engagements qu'il avait contractés
» envers le Gouvernement ; que les expériences proje-
» tées ont été conduites avec beaucoup de méthode et
» d'intelligence de sa part, et que, par des calculs
» longs et pénibles, qui sont le fruit d'un grand nom-
» bre de combinaisons raisonnées, il en a déduit plu-
» sieurs résultats qui méritent d'être proposés aux ar-
» tistes et qui nous paraissent propres à éclairer la
» pratique de l'imprimerie actuelle, et à en abréger
» certainement les procédés. Son projet ne peut que
» gagner aux contradictions qu'il essuiera sans doute
» de la part des gens de l'art. A Paris, le 8 janvier
» 1776. » La brochure se compose de soixante-six pa-
ges qui contiennent une quantité de tables de mots et de syllabes, des explications de ces tables, des calculs, des réponses aux objections, etc. Je tâcherai de m'en procurer un exemplaire pour vous l'envoyer, si vous le souhaitez ; car le mien est relié avec d'autres brochures en un même volume.

C'est après avoir lu cet ouvrage, que j'ai fondu les syllabes dont je vous envoie un modèle. Je n'ai pas entendu dire qu'aucun imprimeur de Paris ait jusqu'à présent fait le moindre usage de l'invention de Mme

de ***. Vous observerez qu'elle ne prétend diminuer le travail que de moitié, tandis que la méthode de Johnson le diminue des trois quarts. Je serais bien curieux de savoir avec quoi il soude ses lettres ensemble. Je pense qu'il vaut mieux les souder que les fondre ensemble, car si l'une des lettres s'écrase, on peut l'enlever, et en souder une autre à sa place. Je n'ai reçu aucune lettre avec la brochure.

Je suis, monsieur,

B. F.

_____

SUR LE LUXE, LA PARESSE ET LE TRAVAIL.

A Benjamin Vaughan [1].

Passy, 26 juin 1784.

Il est étonnant combien les affaires de ce monde sont conduites à contre-sens. Naturellement on croirait que l'intérêt d'un petit nombre d'individus devrait céder à l'intérêt général. Mais les individus ménagent leurs affaires avec infiniment plus d'application, d'activité et d'adresse que le public n'en met aux siennes; de sorte que l'intérêt général est le plus souvent sacrifié à l'intérêt particulier.

Nous assemblons des parlements et des conseils, pour profiter de leur sagesse collective: mais en même temps, nous avons nécessairement l'inconvénient de leurs passions, de leurs préjugés et de leur égoïsme réunis. Par ce moyen, des hommes artificieux triomphent de la sagesse, et trompent ceux qui la possè-

1. Membre du parlement d'Angleterre, pour le bourg de Calne, en Wiltshire. Il était lié d'une intime amitié avec Franklin.

dent. Si nous en jugeons par les actes, les *arrêts*, les
édits, qui dans le monde entier règlent le commerce,
une assemblée de grands hommes importants est le
corps le plus fou qui existe sur la terre.

Certes, je n'ai encore rien trouvé pour remédier au
luxe. Je ne suis même pas sûr qu'on puisse y réussir
dans un grand État, ni que ce soit toujours un mal
aussi dangereux qu'on le dit.

Supposons qu'on entende par le mot : luxe, toute dépense qui n'est pas nécessaire. Examinons ensuite,
si, dans un grand pays, il est possible d'exécuter les
lois qui s'opposent à ces dépenses; et si, en les exécu-
tant, le peuple en serait plus heureux, ou même plus
riche. L'espoir de devenir un jour en état de se procurer les jouissances du luxe, n'est-il pas un puissant
aiguillon pour le travail et pour l'industrie? Le luxe
ne peut-il pas, par conséquent, produire plus qu'il ne
consomme, s'il est vrai que, sans cet aiguillon, les
hommes seraient naturellement portés à vivre dans
l'indolence et la paresse? Ceci me rappelle un trait
que je vais vous citer.

Le patron d'une chaloupe, qui naviguait entre le
cap May et Philadelphie, nous avait rendu quelque petit
service, pour lequel il refusa toute espèce de paiement.
Ma femme apprenant que cet homme avait une
fille, lui envoya en présent un bonnet à la mode.
Trois ans après, le patron se trouvant chez moi avec
un vieux fermier des environs du cap May, qui avait
passé dans sa chaloupe, il parla du bonnet envoyé par
ma femme, et raconta combien sa fille en avait été
flattée. — « Mais, ajouta-t-il, ce bonnet a coûté bien
cher à notre congrégation. » — « Comment cela? lui

dis-je. » — « Oh ! me répondit-il, quand ma fille parut à l'assemblée[1], le bonnet fut tellement admiré, que toutes les jeunes filles résolurent d'en faire venir de pareils de Philadelphie ; et nous avons calculé, ma femme et moi, que le tout n'a pas dû coûter moins de cent livres sterlings. » — « Cela est vrai, dit le fermier. Mais vous ne racontez pas toute l'histoire. Je pense que, malgré tout, le bonnet nous a été de quelque avantage. C'est la première chose qui a donné à nos filles l'idée de tricoter des mitaines afin de les vendre à Philadelphie, et de s'en acheter des bonnets et des rubans ; et vous savez que cette industrie s'est maintenue, qu'elle est destinée à devenir considérable, et à servir à quelque chose de mieux. »

Cette histoire me réconcilia avec ce petit échantillon de luxe, puisque non-seulement les filles du cap May devenaient plus heureuses en achetant de jolis bonnets, mais parce que cela procurait aux Philadelphiens une provision de chaudes mitaines.

Dans nos villes commerçantes de la côte, on fait fortune assez aisément. Quelques-uns de ceux qui s'enrichissent seront prudents, vivront avec économie, et conserveront ce qu'ils ont gagné pour le laisser à leurs enfants. Mais d'autres, flattés de faire parade de leur richesse, feront des extravagances et se ruineront. Les lois n'y peuvent rien ; peut-être même n'est-ce pas toujours un mal pour le public. Un shilling, gaspillé par un fou, est ramassé par un sage, qui sait mieux ce qu'il faut en faire ; il n'est donc point perdu.

Un homme vain et sot bâtit une belle maison, la

---

1. C'est-à-dire : au temple.

meuble avec élégance, y vit de façon coûteuse, et se
ruine en peu d'années ; mais les maçons, les charpentiers, les serruriers et d'autres honnêtes ouvriers qu'il
a fait travailler, ont pu, par ce moyen, entretenir et
élever leur famille. Le fermier a été payé de sa peine et
encouragé, la maison a passé en de meilleures mains.

Il est, à la vérité, certains genres de luxe qui peuvent devenir un mal public, ils sont déjà un mal particulier. Par exemple, si un pays exporte son bœuf et
sa toile pour importer du vin de Bordeaux et du Porter, tandis qu'une partie de ses habitants ne vit que
de pommes de terre et n'a point de chemises, en
quoi cela diffère-t-il de ce que fait un fou qui laisse sa
famille souffrir de la faim et qui vend ses vêtements pour
acheter de quoi s'enivrer ? Notre commerce américain
est, je l'avoue, un peu sur ce chemin. Nous vendons nos
vivres aux Antilles, pour nous procurer du rhum et du
sucre ; c'est-à-dire, nous donnons le nécessaire pour le
superflu. Comme nous avons abondance de produits
naturels, ce commerce ne nous empêche pas de bien
vivre ; mais si nous étions plus sobres, nous pourrions
être plus riches.

L'immense quantité de forêts que nous avons encore à défricher rendra longtemps notre nation laborieuse et frugale. Si l'on jugeait du caractère et des
mœurs des Américains, par ce qu'on voit dans les
ports, on se tromperait beaucoup. Les habitants des
villes commerçantes peuvent être riches et adonnés au
luxe, tandis que la campagne possède toutes les vertus
qui contribuent au bonheur et à la prospérité publique. Les villes ne sont pas très-considérées par les
campagnards. Ils les regardent à peine comme une

partie essentielle de l'État; et l'expérience de la dernière guerre a prouvé, que quand elles étaient au pouvoir de l'ennemi, elles n'entraînaient pas nécessairement la sujétion des campagnes, qui continuaient vaillamment a défendre leur liberté et leur indépendance.

Quelques arithméticiens politiques ont compté que si chaque homme et chaque femme voulait travailler quatre heures par jour à quelque chose d'utile, ce travail suffirait pour procurer à chacun toutes les nécessités et les agréments de la vie; le besoin et la misère seraient bannis du monde, et le reste des vingt-quatre heures pourrait être donné au repos et au plaisir.

Qu'est-ce qui occasionne donc tant de besoins et tant de misère? C'est qu'on emploie beaucoup d'hommes et de femmes à des travaux qui ne produisent ni ce qui est nécessaire, ni ce qui est commode pour vivre; ces personnes-là, ainsi que celles qui ne font rien, consomment les objets de première nécessité, produits par les gens laborieux. Je m'explique.

Le travail arrache du sein de la terre et des eaux les premiers éléments de la richesse. J'ai de la terre, et je produis du bled. Si, avec ce bled, je nourris une famille, qui ne fasse rien, mon grain sera consommé, et à la fin de l'année, je ne serai pas plus riche que je ne l'étais au commencement. Mais si, en nourrissant ma famille, j'en occupe une partie à filer, l'autre à faire des briques et d'autres matériaux pour bâtir, le prix de mon bled me restera, et au bout de l'an, nous serons tous mieux vêtus et mieux logés. Que si au lieu de nourrir un homme à faire des briques, je le fais jouer du violon pour m'amuser, le bled qu'il consomme s'en va; rien de son travail ne reste pour augmenter la richesse et l'aisance de la famille. Je serai donc appauvri par mon joueur de violon, à moins que le reste de ma famille n'ait travaillé davantage ou mangé moins, pour combler ce déficit.

Considérez le monde, voyez ces millions d'hommes, employés à ne rien faire, ou, du moins, à faire des choses qui ne produisent rien, tandis qu'on est embarrassé pour se procurer les commodités de la vie, et même le nécessaire. Qu'est-ce, en général, que ce commerce pour lequel nous nous battons et nous nous égorgeons les uns les autres? Des millions d'hommes se fatiguent pour des superfluités, et perdent souvent la vie, en s'exposant aux dangers de la mer? Que de travail ne perd-on pas, en construisant et en équipant de grands vaisseaux, pour aller chercher du thé en Chine, du café en Arabie, du sucre aux Antilles, et du tabac dans l'Amérique. On ne peut pas dire que ce soient là des choses nécessaires à la vie; nos pères vivaient fort bien sans cela.

On peut faire une question. Tout ce peuple qui est maintenant employé à recueillir, à produire ou à charier ces superfluités, pourrait-il subsister en cultivant des denrées de première nécessité? Je crois que oui. La terre est vaste, une grande partie est encore sans culture. En Asie, en Afrique, en Amérique, il y a des centaines de millions d'acres qui sont encore en forêts; il y en a même beaucoup en Europe. Un homme deviendrait un fermier d'importance en défrichant cent acres de ces forêts; et cent mille hommes, occupés à défricher chacun cent acres, ne feraient pas une clairière assez grande pour être visible de la lune, à moins qu'on n'y

eût le télescope d'Herschel; tant sont vastes les pays
que les bois couvrent encore!

Néanmoins, on éprouve quelque consolation à songer que, parmi les hommes, il y a encore, à tout prendre, plus d'activité et de prudence que de paresse et de
folie. De là cette augmentation de beaux édifices, de
fermes bien cultivées, de villes riches et populeuses,
qui couvrent toute l'Europe, et qu'on ne trouvait autrefois que sur les bords de la Méditerranée. Et tout
cela, malgré des guerres insensées, dont la rage éternelle détruit souvent en un jour l'œuvre de plusieurs
années de paix. Nous pouvons donc espérer que le
luxe de quelques armateurs ne causera pas la ruine
de l'Amérique.

Encore une réflexion, et je termine les divagations
de cette longue lettre. Presque toutes les parties de
notre corps nous obligent à quelque dépense. Nos
pieds ont besoin de souliers, nos jambes de bas, le
reste du corps exige des habillements, et le ventre une
bonne quantité de nourriture. Quoique excessivement
utiles, nos yeux, quand nous sommes raisonnables,
ne demandent que le secours peu coûteux de lunettes,
cela ne peut pas déranger beaucoup nos finances. Ce
sont les yeux d'autrui qui nous ruinent. Si tout le
monde était aveugle, excepté moi, je n'aurais besoin
ni de beaux habits, ni de belles maisons, ni de beaux
meubles.

SUR LE DUEL.

*Au docteur Percival, fondateur de la Société philoso-
phique de Manchester.*

Passy, 17 juillet 1784.

Cher monsieur,

J'ai reçu hier, par M. White, votre bonne lettre du
11 mai, avec l'agréable présent de votre nouveau livre[1]. Je l'ai lu tout entier avant de m'endormir. C'est
une preuve de l'attrait qu'a pour le lecteur votre heureuse manière de mêler à vos leçons de petites anecdotes et des faits historiques. Veuillez agréer les
expressions de ma reconnaissance, pour tout le plaisir
que cette lecture m'a fait éprouver.

Il est étonnant que cette coutume meurtrière des
duels, que vous condamnez avec tant de raison, continue si longtemps d'être en vogue. Jadis, les duels ser-
vaient à vider les procès. Ils étaient excusables, car on
était persuadé que la Providence faisait triompher la
vérité et le bon droit en chaque affaire; mais, à présent, les duels, ne décident plus rien. — Un homme
tient un propos, un autre lui dit qu'il en a menti;
ils se battent; mais quel que soit celui des deux qui
se fasse tuer, la question reste indécise. A Paris, on
raconte à ce sujet une histoire plaisante. Un gentilhomme, se trouvant dans un café, pria un voisin de
s'éloigner un peu. —Pourquoi? dit ce dernier. —Parce
que vous puez, monsieur, répondit-il. — Vous m'in-

1. *Dissertations morales et littéraires*, 2ᵉ édit.

sultez, répliqua notre homme, nous nous battrons.
—Soit, nous nous battrons, si vous insistez, reprit le
gentilhomme ; mais, je ne vois pas comment un duel
arrangerait l'affaire. Si vous me tuez, je puerai à
mon tour; si je vous tue, vous puerez encore plus
qu'à présent.—Misérables pécheurs que nous sommes, comment avons-nous l'orgueil de supposer que,
chaque offense qu'on fait à notre honneur imaginaire
mérite *la mort?* Ces gens qui se croient de si grands
personnages appelleraient tyran le souverain qui pu-
nirait de mort l'un d'entre eux pour s'être permis d'insulter à sa personne sacrée; et cependant il n'en est
pas un qui ne se constitue juge dans sa propre cause,
qui ne condamne le coupable sans jury, et ne se fasse
lui-même le bourreau.

J'ai l'honneur d'être, avec une sincère estime, etc.

B. F.

LA PREMIÈRE QUALITÉ DE L'ORATEUR.

27 juillet 1784 [1].

Lord Fitzmaurice, fils du Lord Shelburne, est venu
me voir. Son père m'ayant prié de lui donner en passant quelques conseils utiles, je pris occasion de lui
citer la vieille histoire de Demosthène, répondant à
celui qui lui demandait quelle était la première qualité
de l'orateur? — *L'action.* La seconde : *L'action.* La
troisième : *L'action.*

D'ordinaire, dis-je au jeune lord, on entend par

1. Extrait du journal privé tenu par Franklin en 1784.

action les gestes que fait l'orateur en parlant ; mais je crois qu'il y a une autre espèce d'action bien plus importante pour l'orateur qui veut persuader à un peuple de suivre ses avis. C'est cette suite d'actions, cette conduite de la vie qui donne au peuple une aussi bonne idée de l'intégrité que de l'intelligence de l'orateur. Cette opinion une fois établie, prévient les difficultés, les délais, les oppositions que fait naître le doute et le soupçon. Fût-il un parleur médiocre, l'homme qui jouit de ce renom, l'emportera sur le plus brillant orateur, si ce dernier n'a pas une réputation de sincérité. Pour exprimer plus fortement l'importance politique d'une bonne réputation privée, je dis que l'avantage d'en jouir, ou le désavantage de n'en pas jouir, était si grand qu'à mon avis, si George III avait eu une mauvaise réputation comme homme privé, et si John Wilkes en avait eu une bonne, le dernier aurait chassé l'autre de son royaume. Lord Shelburne, le père du lord Fitzmaurice, a malheureusement la réputation de n'être pas sincère ; cela a nui beaucoup aux services qu'il aurait pu rendre ; quoique dans tous mes rapports avec lui, je ne me sois jamais aperçu de ce défaut.

———

OBSERVATIONS SUR LES SAUVAGES DE L'AMÉRIQUE DU NORD.

1784.

Nous les appelons sauvages parce que leurs mœurs diffèrent des nôtres que nous croyons le chef-d'œuvre de la politesse ; ils ont même opinion des leurs.

Si on examinait avec impartialité les mœurs de toutes les nations, peut-être trouverait-on qu'il n'y a pas
de peuple si barbare qui n'ait quelque principe de
politesse, et qu'il n'en est aucun de si poli qu'il ne
garde quelques restes de barbarie.

Durant leur jeunesse les Indiens sont chasseurs et
guerriers; vieux, ils sont conseillers. Tout le gouvernement de ces peuples gît dans le conseil des sages. Il
n'y a chez eux ni force publique, ni prisons, ni officiers
pour imposer l'obéissance, ou infliger le châtiment. De
là vient qu'en général ils s'étudient à bien parler. C'est
le plus éloquent qui a le plus d'influence.

Les femmes indiennes cultivent la terre, préparent
les aliments, nourrissent et élèvent les enfants, conservent et transmettent à la postérité le souvenir des choses publiques.

Ces différents emplois des deux sexes sont regardés
comme naturels et honorables. Ayant peu de besoins
factices, ils ont abondance de loisir pour s'instruire en
causant. Notre vie laborieuse leur paraît basse et ser-
vile; ils regardent les sciences, dont nous nous enor-
gueillissons, comme frivoles et inutiles. On en eut une
preuve, lors du traité conclu à Lancastre, en Pensylvanie, en 1744, entre le gouvernement de la Virginie
et les six Nations.

Quand on eut réglé l'affaire principale, les commissaires de Virginie informèrent les Sauvages qu'il y
avait, au collége de Williamsbourg, des fonds destinés
à l'éducation de jeunes Indiens, et que si les chefs des
six Nations voulaient y envoyer une demi-douzaine
de leurs enfants, le gouvernement en prendrait soin
et les ferait instruire dans toutes les sciences des

blancs. Une des règles de la politesse indienne est de ne jamais répondre à une proposition publique le même jour qu'elle a été faite. Ils pensent que ce serait la traiter avec trop de légèreté, et qu'ils montrent plus de respect en prenant du temps pour la considérer comme une chose importante. Ils remirent donc leur réponse au lendemain. Ce jour-là, leur orateur commença par dire combien l'offre bienveillante du gouvernement de Virginie les avait touchés, car, dit-il, « nous savons que vous estimez beaucoup l'espèce de science qu'on enseigne dans ces colléges, et tandis que nos jeunes gens seraient chez vous, leur entretien vous coûterait beaucoup. Nous sommes donc convaincus que votre intention est de nous faire du bien; nous vous en remercions de bon cœur. Mais vous, qui êtes sages, vous devez savoir que les différents peuples voient les choses d'une manière différente; et vous ne devez pas trouver mauvais que nos idées sur ce genre d'éducation ne soient pas les mêmes que les vôtres. Nous avons déjà quelque expérience en ce point. Plusieurs de nos jeunes gens ont été naguère élevés dans les colléges des provinces septentrionales. Ils ont été instruits dans toutes vos sciences. Mais quand ils sont revenus parmi nous, à peine savaient-ils courir. Ignorant entièrement la manière de vivre dans les bois, incapables de supporter le froid ou la faim, ils ne savaient ni bâtir une cabane, ni prendre un daim, ni tuer un ennemi : ils parlaient mal notre langue; en sorte que, n'étant propres ni à la chasse, ni à la guerre, ni au conseil, ils n'étaient vraiment bons à rien. Mais, si nous n'acceptons pas votre offre, nous n'en sommes pas moins reconnaissants; et pour vous le prouver, si ces messieurs de la Virginie veulent nous envoyer une douzaine de leurs enfants, nous aurons le plus grand soin de leur éducation, nous leur apprendrons tout ce que nous savons; et nous en ferons des *hommes.* »

Les Sauvages ayant de fréquentes occasions de tenir des conseils publics, ils se sont accoutumés à maintenir beaucoup d'ordre et de décence dans ces assemblées. Les vieillards sont assis au premier rang; les guerriers au second, les femmes et les enfants au dernier. L'emploi des femmes est de remarquer avec soin ce qui se passe dans les conseils, de le graver dans leur mémoire, — car ces peuples n'ont point d'écriture, — et de l'apprendre à leurs enfants. Elles sont les registres du conseil. Elles conservent le souvenir des traités, qui ont été conclus cent ans auparavant; et quand nous comparons ce qu'elles disent avec nos écrits, nous le trouvons toujours exact.

Celui qui veut parler se lève : les autres gardent un profond silence. Quand il a fini il se rassied, et on lui laisse cinq ou six minutes afin qu'il puisse se rappeler s'il n'a rien omis de ce qu'il voulait dire, et que s'il a quelque chose à ajouter, il puisse se lever de nouveau pour l'énoncer. Interrompre quelqu'un, même dans la conversation ordinaire, est regardé comme très-indécent. Combien cela diffère de ce qu'on voit dans la chambre polie des Communes d'Angleterre, où il se passe à peine un jour sans quelque tumulte qui oblige le Président à s'enrouer à force de crier *à l'ordre!* Combien cela diffère-t-il aussi de la conversation des salons polis de l'Europe, où, si vous n'énoncez pas votre pensée avec rapidité, vous êtes coupé au milieu d'une

phrase par l'impatient babil de ceux avec qui vous vous
entretenez, et qui ne vous permettent jamais de finir !

Il est vrai que la politesse qu'affectent les Sauvages dans la conversation est portée à l'excès; car
elle ne leur permet pas de contredire, ni de démentir
ce qu'on affirme en leur présence. Par ce moyen,
ils évitent les disputes, il est vrai, mais il devient difficile de connaître leur façon de penser et l'impression
qu'on fait sur eux. Les missionnaires qui ont essayé
de les convertir au christianisme se plaignent tous de
cette extrême déférence, comme d'un des plus grands
obstacles au succès de leur mission. Les Sauvages se
laissent patiemment expliquer les vérités de l'Évangile,
et y donnent leurs signes ordinaires d'approbation.
Vous croyez qu'ils sont convaincus? Point du tout.
C'est pure civilité.

Un missionnaire suédois ayant assemblé les chefs
Indiens des bords de la Susquehannah, leur fit un
sermon dans lequel il développa les principaux faits
historiques sur lesquels est fondée notre religion ; tels
que la chute de nos premiers parents quand ils mangèrent la pomme; la venue du Christ pour réparer le
mal; ses miracles, sa passion, etc. — Quand il eut
achevé, un orateur indien se leva pour le remercier. —
« Ce que vous venez de nous faire entendre est très-
bon. C'est fort mal que de manger des pommes; il
vaut beaucoup mieux en faire du cidre. Nous vous
sommes infiniment obligés d'avoir la bonté de venir de
si loin, pour nous apprendre ce que vos mères vous
ont appris. En revanche, je vais vous conter quelque
chose de ce que nous tenons des nôtres.

« Au commencement, nos pères n'avaient pour vi-

vre que la chair des animaux ; quand la chasse n'é-
tait pas heureuse, ils mouraient de faim. Deux de nos
jeunes chasseurs ayant tué un daim, firent un feu dans
les bois pour en griller une partie. Au moment où ils
étaient prêts à satisfaire leur faim, ils virent une jeune
et belle femme descendre des nues et s'asseoir sur ce
sommet que vous voyez là-bas, au milieu des monta-
tagnes bleues. Alors les deux chasseurs se dirent l'un
à l'autre : C'est un esprit, qui peut-être a senti l'odeur de
notre gibier grillé, et qui désire en manger. Il faut lui en
offrir. Ils lui présentèrent la langue du daim. La jeune
femme trouva ce mets de son goût, et leur dit : Votre
bonté sera récompensée. Revenez ici après treize lu-
nes, vous y trouverez quelque chose qui vous sera très-
utile pour vous nourrir, vous et vos enfants, jusqu'à la
dernière génération. Ils obéirent, et à leur grand éton-
nement, ils trouvèrent des plantes qu'ils n'avaient
jamais vues auparavant, mais qui, depuis cette époque reculée, ont été constamment cultivées parmi
nous, à notre grand avantage. Là ou la main droite de
la jeune femme avait touché la terre, ils trouvèrent
le maïs ; l'endroit où avait touché sa main gauche,
portait des haricots, et celui où elle s'était assise, du
tabac. »

Le bon missionnaire qu'ennuyait ce conte ridicule,
dit à celui qui le faisait : — « Je vous ai annoncé des
vérités sacrées ; mais vous ne m'entretenez que de fables, de fictions, de mensonges. » L'Indien choqué lui
répondit : « Mon frère, il semble que vos parents ont
eu le tort de négliger votre éducation. Ils ne vous ont
pas appris les premières règles de la politesse. Vous
avez vu que nous, qui connaissons et pratiquons ces

règles, nous avons cru toutes vos histoires. Pourquoi refusez-vous de croire les nôtres ? »

Lorsque quelques-uns de ces Sauvages viennent dans nos villes, la foule s'assemble autour d'eux; on les regarde, on les fatigue dans les moments où ils voudraient être seuls. Ils prennent cela pour une grande impolitesse, et ils l'attribuent à ce que nous ignorons les véritables règles du savoir vivre.— « Nous sommes, disent-ils, aussi curieux que vous, et quand vous venez dans nos villages, nous désirons vous regarder; mais alors nous nous cachons derrière les buissons, qui sont sur la route où vous devez passer, et nous n'allons pas nous mêler de force à votre compagnie. »

Leur manière d'entrer dans les villages les uns des autres a aussi ses règles. Ils croient qu'un étranger, qui voyage, manque de civilité lorsqu'il entre dans un village brusquement, sans annoncer son approche. Aussi, dès qu'un d'eux arrive à portée de voix, il s'arrête, crie, et attend qu'on l'invite à entrer. Ordinairement deux vieillards vont au-devant de lui, et lui servent d'introducteurs. Il y a dans chaque village une cabane vide, qu'on appelle *la Maison des Étrangers*. On y conduit le voyageur, et les vieillards vont de cabane en cabane avertir les habitants qu'il est arrivé un étranger, qui probablement est fatigué et a faim. Chacun lui envoie une partie de ce qu'il a pour manger, avec des peaux pour se reposer. Quand l'étranger s'est rafraîchi, on lui apporte du tabac et des pipes ; et alors, mais alors seulement, commence la conversation. On demande au voyageur qui il est? où il va ? quelles nouvelles il apporte? et on finit communément par des offres de service. Lui faut-il un guide ou des vivres

pour continuer son voyage ? Mais on n'exige jamais
rien pour la réception qu'on lui a faite.

Cette hospitalité, qu'ils considèrent comme une des
principales vertus, est également pratiquée par les
particuliers. En voici un exemple, que je tiens de
notre interprète, Conrad Weiser. Il avait été naturalisé
parmi les six Nations, et parlait bien la langue
Mohock. En traversant le pays des Indiens, pour porter un message de notre gouverneur à l'assemblée
d'Onoudaga, il s'arrêta à l'habitation de Canassetego,
un de ses anciens amis. Le sauvage l'embrassa, éten-
dit des fourrures pour le faire asseoir, plaça devant
lui des fèves bouillies, du gibier et de l'eau, dans laquelle il avait mêlé un peu de rhum. Quand Conrad
Weiser eut achevé de manger, et allumé sa pipe, Canassetego commença à s'entretenir avec lui. Il lui
demanda comment il s'était porté depuis plusieurs années qu'ils ne s'étaient vus l'un l'autre, d'où il venait
et quel était l'objet de son voyage. Conrad répondit à
toutes ces questions; et quand la conversation commença à languir, l'Indien la reprit ainsi : — « Conrad,
vous avez longtemps vécu parmi les blancs, et vous
connaissez un peu leurs coutumes. J'ai été quelquefois
à Albany, et j'ai observé qu'une fois tous les sept jours,
ils ferment leurs boutiques et s'assemblent tous dans
la grande maison. Dites-moi pourquoi? Que font-
ils là?

« —Ils s'y rassemblent, répondit Conrad, pour entendre et apprendre de *bonnes choses*. — Je ne doute
pas qu'ils ne vous l'aient dit, reprit le sauvage. Ils me
l'ont dit de même : mais je ne crois pas que cela
soit vrai; et je vous en donnerai la raison. — J'allai

dernièrement à Albany, pour vendre des fourrures, et
pour acheter des couvertures, des couteaux, de la poudre et du rhum. Vous savez que je fais ordinairement
affaire avec Hans Hanson, mais cette fois j'avais envie
d'essayer de quelque autre marchand. Cependant je
commençai par aller chez Hans Hanson, et je lui de-
mandai combien il me donnerait pour mon castor. Il
me répondit qu'il ne pouvait me le payer plus de quatre shillings la livre : mais, ajouta-t-il, je ne puis
parler d'affaires aujourd'hui ; c'est le jour où nous nous
rassemblons pour apprendre de *bonnes choses*, et je
vais à l'assemblée.

« Pour moi, je me dis, puisque je ne puis traiter
aucune affaire aujourd'hui, je ferai aussi bien d'aller
à l'assemblée avec Hans Hanson, et je le suivis. Il y
avait là un homme en noir qui commença à parler
aux autres d'un air fâché. Je ne comprenais pas ce
qu'il disait; mais m'apercevant qu'il regardait beaucoup et moi, et Hanson, je crus qu'il était irrité de me
voir là. Je sortis donc ; je m'assis près de la maison,
je battis mon briquet, j'allumai ma pipe, et j'attendis
que l'assemblée fût finie. Il me vint alors à l'idée
que l'homme en noir avait parlé de castor, et que cela
pouvait bien être le sujet de l'assemblée. En conséquence, dès qu'on sortit de la maison, j'accostai mon
marchand. — Eh bien! lui dis-je, Hans, j'espère que
vous êtes décidé à me payer mon castor plus de quatre
shillings la livre. — Non, répondit-il, je ne puis plus
même y mettre ce prix. Je ne peux en donner que trois
shillings six pences. — Je m'adressai alors à d'autres
trafiquants : mais c'était toujours la même chanson ;
trois shillings six pences, trois shillings six pences. Je

vis donc clairement que mes soupçons étaient fondés ;
et que, quoique les blancs prétendissent qu'ils allaient
à leur assemblée pour y apprendre de *bonnes choses*,
ils ne s'y rendaient, en effet, que pour se concerter,
afin d'attraper les Indiens sur le prix du castor. Ré-
fléchissez-y un peu, Conrad, vous serez de mon avis.
S'ils s'assemblaient aussi souvent pour apprendre de
bonnes choses, ils en sauraient un peu, depuis longtemps. Mais ils sont toujours ignorants.

« Vous connaissez notre usage. Si un blanc voyage
dans notre pays et entre dans nos cabanes, nous le trai-
tons toujours comme je viens de vous traiter. Nous le
faisons sécher s'il est mouillé, nous le faisons chauffer
s'il a froid, nous lui donnons à boire et à manger pour
qu'il puisse satisfaire sa faim et sa soif, et nous éten-
dons de bonnes fourrures devant lui, pour qu'il puisse
se reposer et dormir ; nous ne lui demandons jamais
rien en retour. Mais si j'entre dans la maison d'un
blanc à Albany, et que je demande à manger et à
boire, on me dit aussitôt : Où est ton argent ? Et si je
n'en ai point, on me dit : Sors d'ici, chien d'Indien. —
Vous voyez bien que les blancs n'ont point encore
appris ce peu de *bonnes choses* que nous apprenons,
nous, sans avoir besoin d'assemblée ; quand nous
sommes enfants, nos mères nous l'enseignent. Il est
donc impossible que ces assemblées aient un objet ou
un effet semblable. Elles n'ont qu'un but, c'est d'apprendre aux blancs à *attraper les Indiens sur le prix du
castor*. »

SUR L'ÉTAT INTÉRIEUR DE L'AMÉRIQUE OU TABLEAU DES AVANTAGES ET DU GOUVERNEMENT DE CE VASTE CONTINENT.

1784.

La tradition rapporte que les premiers Européens qui plantèrent la Nouvelle-Angleterre éprouvèrent beaucoup de peines et de difficultés ; c'est ce qui arrive d'ordinaire quand un peuple civilisé essaye de s'établir dans un pays sauvage. Ils étaient pieux, ils implorèrent le secours du ciel, par des prières et des jeûnes fréquents. Cet objet de leurs méditations constantes et de leurs entretiens tenait leur esprit dans la tristesse et le mécontentement ; et semblables aux enfants d'Israël, plusieurs d'entre eux désiraient retourner dans cette Égypte, que la persécution leur avait fait abandonner.

Un jour qu'on proposait dans l'assemblée de proclamer un nouveau jeûne, un fermier, de bon sens, se leva et dit : — « Que les inconvénients auxquels ils étaient exposés, et pour lesquels leurs plaintes avaient si souvent fatigué le ciel, n'étaient pas aussi grands qu'ils auraient pu le craindre, et qu'ils diminuaient chaque jour, à mesure que la colonie se fortifiait. La terre commençait à récompenser leur travail et à fournir libéralement à leur subsistance ; la mer et les rivières étaient remplies de poissons ; la température douce, le climat sain ; et par-dessus tout, ils avaient la pleine jouissance de la liberté civile et religieuse. Il croyait donc qu'il valait mieux s'entretenir de pareils sujets, parce qu'ils étaient plus conso-

lants, plus propres à les rendre contents de leur situation ; et qu'il convenait mieux à la gratitude, qu'ils
devaient à l'Être suprême, de proclamer, au lieu d'un
jeûne, un jour d'action de grâces. » Son avis fut goûté
et depuis ce moment les habitants ont eu, chaque
année, assez de motifs de félicité publique, pour pouvoir en remercier Dieu ; et, en conséquence, un jour
d'action de grâces a été constamment ordonné par eux
et religieusement observé.

Je vois dans les différentes gazettes des États-Unis,
de fréquentes réflexions sur la *dureté du temps, la mort
du commerce, la rareté de l'argent.* — Mon intention
n'est point d'affirmer que ces plaintes sont tout à fait
dénuées de fondement. Il n'y a aucun pays, aucun État,
où quelques individus n'éprouvent des difficultés à
gagner leur vie ; où des gens qui n'ont point de métier
lucratif, ne manquent d'argent, parce qu'ils n'ont rien à
donner en échange ; et il est toujours au pouvoir d'un
petit nombre d'hommes de faire beaucoup de bruit.
— Mais observons froidement la situation générale de
nos affaires, et peut-être nous paraîtra-t-elle moins
triste qu'on ne l'a imaginé.

La grande industrie de notre continent, c'est l'agriculture. Pour un artisan ou un marchand, nous comp-
tons au moins cent fermiers qui, pour la plupart, cultivent leurs propres champs, et en retirent non-seulement
leur subsistance, mais aussi de quoi se vêtir, de sorte
qu'ils ont besoin de fort peu de marchandises étrangères ; tandis qu'ils ont un surplus de production, et
qu'ainsi la richesse s'accroît graduellement.

La Providence a été bonne envers ce pays, le climat
y est si favorable, qu'à partir des trois ou quatre pro-

mières années de l'établissement, où nos pères
eurent à supporter beaucoup de peines, on n'y a jamais entendu parler de disette : au contraire, quoique
quelques années aient été plus ou moins abondantes,
nous avons toujours eu assez de provisions pour nous
nourrir et même pour en exporter. La récolte de l'année
dernière a été généralement abondante ; et cependant
le fermier n'a jamais vendu aussi cher ce qu'il a livré
au commerce, ainsi que l'attestent les prix courants
qu'on a publiés. La valeur des terres augmente continuellement, à mesure que la population s'accroît. En
somme, le fermier est en état de donner de si bons
gages à ceux qui travaillent pour lui, que tous ceux qui
connaissent l'ancien monde doivent convenir qu'il n'y
a pas d'endroit où l'ouvrier soit aussi bien nourri, aussi
bien vêtu, aussi bien logé, aussi bien payé, que dans
les États-Unis de l'Amérique[1].

Si nous entrons dans nos cités, nous voyons que,
depuis la révolution, les propriétaires de maisons et
de terrains, ont considérablement augmenté leur fortune. Les loyers se sont élevés à un prix étonnant ;
ce qui fait multiplier les bâtisses et fournit du travail
à un nombre immense d'ouvriers. L'accroissement du
luxe, et la vie splendide de ceux qui sont devenus riches, entretiennent aussi beaucoup de monde. Ces
ouvriers demandent et obtiennent un salaire plus haut
que dans aucune autre partie du monde, et ils sont
toujours payés comptant. Cette classe n'a donc pas
à se plaindre de la dureté du temps ; elle comprend
une très-grande partie des habitants des villes.

1. Voyez la lettre à William Hunter. *Corresp.*, t. II, p. 240.

A la distance où je vis de nos pêcheries américaines, je ne peux pas en parler avec certitude. Mais je n'ai pas entendu dire que les braves gens qu'on y emploie, soient moins bien payés, ou moins heureux qu'avant la révolution. Les pêcheurs de baleine ont perdu un marché où ils allaient vendre leur huile[1] : mais je sais qu'il s'en ouvre un autre qui pourra leur être également avantageux : et les demandes de bougies de blanc de baleine augmentent chaque jour; ce qui en fait hausser le prix.

Restent à présent les marchands et boutiquiers. Quoiqu'ils ne composent qu'une petite partie de la nation, leur nombre est considérable, et même trop pour le genre d'affaires qu'ils ont entrepris; car, en tout pays, la consommation des marchandises a ses limites, qui sont les facultés du peuple : c'est-à-dire, ses moyens d'acheter et de payer. Si les marchands calculent mal ces proportions, et qu'ils importent trop de marchandises, il leur est naturellement difficile de vendre l'excédant; et quelques-uns d'entre eux diront que le commerce languit. L'expérience les rendra plus sages, ils importeront moins. Si trop d'artisans des villes, et de fermiers de la campagne se font marchands dans l'espoir de mener une vie plus facile, la quantité d'affaires divisée entre eux tous, est trop peu de chose pour chacun en particulier; et ils doivent se plaindre de la décadence du commerce. Ils doivent aussi supposer que la cause en est due à la rareté de l'argent; tandis que, dans le fait, le mal vient moins du petit nombre des acheteurs que du trop grand nombre des

---

1. L'Angleterre.

vendeurs. Si les fermiers et les ouvriers qui se sont faits marchands, retournaient à leur charrue et à leurs outils, il y aurait assez de veuves et d'autres femmes pour tenir les boutiques, et elles trouveraient suffisamment à gagner dans ce commerce de détail.

Quiconque a voyagé dans les différentes parties de l'Europe, et a observé combien peu on y voit de gens riches ou aisés, en comparaison des pauvres; combien peu de gens y sont grands propriétaires, en comparaison de la multitude de misérables tenanciers, ruinés par le fermage et la dîme, et de journaliers mal payés, déguenillés et mourant de faim; quiconque, dis-je, se rappelle ce tableau, et contemple l'heureuse médiocrité qui règne dans les États américains, où le cultivateur travaille pour lui-même et entretient sa famille dans une honnête abondance, celui-là doit, ce me semble, juger que nous avons grande raison de bénir la divine providence, qui a mis tant de différence en notre faveur; il doit être convaincu qu'aucune nation connue ne jouit d'une plus grande portion de félicité humaine.

Il est vrai que dans quelques-uns de nos États il y a des partis et des discordes. Mais regardons en arrière, et demandons-nous si nous en avons jamais été exempts? Ce mal existe partout où fleurit la liberté, et peut-être aide-t-il à la conserver. Le choc des sentiments opposés fait souvent jaillir des étincelles de vérité, qui produisent la lumière politique. Les diverses factions qui nous divisent aujourd'hui tendent toutes au bien public; il n'y a de différence que dans la manière de l'obtenir. Les choses, les actions, les mesures politiques, tout enfin, se présente à l'esprit

17

sous des jours si différents, qu'il n'est pas possible que nous pensions, tous à la fois, de la même manière, sur chaque objet; tandis qu'à peine le même homme en a-t-il toujours les mêmes idées. Des partis, c'est le lot commun de l'humanité; ceux qui règnent chez nous ne sont ni plus dangereux, ni moins utiles que ceux des autres pays et des autres siècles qui ont joui, au même degré que nous, du grand bienfait de la liberté politique.

Quelques-uns d'entre nous sont moins affectés de l'état présent de nos affaires, qu'ils ne sont inquiets de l'avenir. L'accroissement du luxe les alarme; ils pensent que c'est là ce qui nous conduit à grands pas vers notre ruine. Ils remarquent qu'il n'y a jamais de revenu suffisant sans économie; que toutes les productions annuelles d'un pays peuvent, si abondantes qu'elles soient, être dissipées en dépenses vaines et inutiles, et que la pauvreté peut ainsi succéder à la richesse. — Cela peut être. Cependant cela arrive rarement; car il semble que chez toutes les nations le travail et l'économie, qui mènent à la richesse sont plus communs que la paresse et l'oisiveté, qui enfantent la pauvreté; de sorte que tout balancé, il se fait une accumulation continuelle.

Songez à ce qu'étaient du temps des Romains, l'Espagne, les Gaules, la Germanie, la Bretagne, habitées par des peuples presqu'aussi pauvres que nos Sauvages; et considérez les richesses qu'elles possèdent à présent, l'innombrable quantité de villes bien bâties, de fermes bien établies, de meubles élégants, de magasins remplis de marchandises; sans compter l'argenterie, les bijoux et tout le numéraire. Oui, elles possèdent tout cela, en dépit de leurs gouvernements dépensiers et pillards, et de leurs guerres folles et destructives. Et cependant on n'a jamais gêné, dans ces contrées, ni le luxe, ni les prodigalités de l'opulence. — Ensuite, examinez le grand nombre de fermiers laborieux et sobres qui habitent l'intérieur des États américains, et composent le corps de la nation, et jugez s'il est possible que le luxe de nos ports de mer puisse ruiner un tel pays.

Si l'importation du luxe étranger devait ruiner un peuple, nous serions ruinés depuis longtemps, car les Anglais prétendent avoir le droit de porter chez nous non-seulement le superflu de leurs fabriques, mais celui de toutes les nations de la terre. Nous l'achetons, nous le consommons et cependant nous avons prospéré et nous sommes devenus riches. A présent nos gouvernements indépendants peuvent faire ce qui naguères leur était impossible. Ils peuvent décourager par des droits considérables, ou empêcher par une prohibition absolue, ces sortes d'importations; nous nous enrichirons davantage, si toutefois, et ceci est discutable, le désir de nous parer de beaux habits, d'être bien meublés, d'avoir des maisons élégantes, ne doit pas, en excitant le travail et l'industrie, produire beaucoup plus que ne nous coûte la satisfaction de nos désirs.

L'agriculture et les pêcheries des États-Unis sont les grandes sources de nos richesses. Celui qui sème un grain de blé est peut-être récompensé de sa peine par quarante grains de blé que la terre lui rend; et celui qui tire un poisson du sein de la mer, en tire une pièce d'argent.

Soyons attentifs à ces choses-là, et nous le serons sans doute, les puissances rivales, avec tous leurs actes prohibitifs, ne pourront pas beaucoup nous nuire. Nous sommes enfants de la terre et des mers, et semblables à l'Antée de la fable, si en luttant avec un Hercule nous avons quelquefois le dessous, le seul attouchement de notre mère nous rendra la force de renouveler le combat.

AVIS A CEUX QUI VOUDRAIENT ÉMIGRER EN AMÉRIQUE.

1784.

Plusieurs personnes en Europe, sachant que l'auteur de cet avis connaît bien l'Amérique du Nord, lui ont parlé ou écrit pour lui communiquer l'intention où elles sont d'aller s'y établir. Mais il lui semble qu'elles ont formé ce projet par ignorance, et en se faisant de fausses idées, en concevant de fausses espérances sur ce qu'on peut trouver là-bas. Il croit donc faire une chose utile en donnant quelques notions plus claires et plus vraies que celles qu'on a eues jusqu'à présent sur cette partie du monde, afin de prévenir l'émigration et les voyages dispendieux et infructueux de ceux à qui ne conviennent pas de pareilles entreprises.

Beaucoup de gens s'imaginent que les habitants de l'Amérique du Nord sont riches, en état et dans la disposition de récompenser toute espèce d'industrie : mais qu'en même temps ils ignorent toutes les sciences, et que par conséquent des étrangers, qui possèdent des talents dans les belles-lettres et les beaux-arts, doivent être très-estimés là-bas, et si bien payés qu'ils y feront bientôt fortune. On croit aussi qu'il y a beaucoup d'emplois lucratifs que les gens du pays ne sont pas propres à remplir; et que comme peu de personnes y sont d'une noble origine, les étrangers qui portent un nom distingué doivent y être très-respectés, y obtenir naturellement les meilleures places et y faire fortune. On va jusqu'à se flatter que, pour encourager l'émigration des Européens, les divers gouvernements des États-Unis, non-seulement payent le voyage de ceux qui viennent s'établir en Amérique, mais leur font donner gratis, à leur arrivée, des terres avec des nègres pour les cultiver, des instruments de labourage et du bétail.

Ce sont là des rêves; ceux qui fondent là-dessus leurs espérances, et passent en Amérique, se trouveront certainement bien loin de compte.

Quoique là-bas il y ait très-peu de gens aussi misérables que les pauvres d'Europe, la vérité est qu'il y en a aussi très-peu qu'on pût regarder en Europe comme riches. On y trouve plutôt une heureuse et générale médiocrité. On y voit peu de grands propriétaires, et peu de tenanciers. La plupart des Américains labourent leur propre champ, exercent quelque métier ou font quelque commerce. Il en est très-peu d'assez riches pour vivre de leurs rentes, sans rien faire et pour payer aussi chèrement qu'on le fait en Europe, les tableaux, les statues, les chefs-d'œuvre d'architecture et les autres productions des arts, qui sont plus curieuses qu'utiles. Aussi ceux qui sont nés en Amérique avec un génie naturel pour les arts, ont-ils tous, sans exception, quitté leur pays; ils sont allés s'établir en Europe, où ils peuvent être mieux récompensés.

Il est vrai que la connaissance des lettres et des mathématiques est estimée aux États-Unis; mais elle y est plus commune qu'on ne pense. Il y a déjà neuf grands colléges ou universités; savoir : quatre à la Nouvelle-Angleterre, et un dans chacune des provinces de New-York, de New-Jersey, de Pensylvanie, de Maryland et de Virginie. Ces universités sont pourvues de savants professeurs. Il y a, en outre, un certain nombre d'académies, moins considérables; on y enseigne à la jeunesse les langues, la théologie, le droit et la médecine.

Il n'est nullement défendu aux étrangers d'exercer ces professions; et le rapide accroissement de la population dans toutes les parties des États-Unis, leur offre une chance d'emploi qu'ils partagent avec les gens du pays. Il y a peu d'emplois civils, et il n'y en a point d'inutiles comme en Europe. D'ailleurs, l'on a établi pour règle, dans quelques-unes de nos provinces, qu'aucune fonction ne serait assez lucrative pour la rendre désirable.

Le trente-sixième article de la constitution de Pensylvanie, dit expressément : — « Comme pour conserver son indépendance, tout homme libre, qui n'a point une propriété suffisante, doit avoir quelque profession, métier, commerce ou ferme qui le fasse subsister honnêtement, il n'est ni nécessaire, ni utile de créer des fonctions lucratives, parce que leur effet ordinaire est d'inspirer à ceux qui les possèdent ou qui les postulent, un esprit de dépendance et de servilité, indigne d'hommes libres. C'est pourquoi toutes les fois que les émoluments d'une fonction augmenteront au point de la faire désirer à plusieurs personnes, il faudra que la législature en diminue les profits[1]. »

Ces idées ayant été plus ou moins adoptées par tous les États-Unis, il ne vaut pas la peine qu'un homme, qui a quelque moyen de vivre chez lui, s'expatrie dans l'espoir d'obtenir une fonction avantageuse en Amérique. Quant aux emplois militaires il n'y en a plus depuis la fin de la guerre; l'armée a été licenciée.

Il convient encore moins d'aller aux États-Unis, lorsqu'on n'a à y porter qu'une naissance illustre. En Europe, elle a son prix : mais une pareille marchandise ne peut-être offerte sur un plus mauvais marché que l'Amérique, où, en parlant d'un étranger, les habitants demandent, non pas *qui il est*, mais *ce qu'il sait faire*. S'il a quelque talent utile, il est le bienvenu; et s'il exerce son talent et qu'il se conduise bien, il est respecté par tous ceux qui le connaissent. Mais celui qui n'est qu'*homme de qualité*, et qui, par cette seule raison, veut obtenir un emploi pour vivre aux dépens du public, celui-là est méprisé et dédaigné.

Le laboureur et l'ouvrier sont honorés en Amérique, parce que leur travail est utile. Les Américains disent en proverbe que *Dieu lui-même est un ouvrier et le premier de l'Univers;* ils le respectent et l'admirent, à cause de la variété, de la perfection, de l'utilité de ses

---

1. C'est Franklin qui, en vrai disciple de Mably, avait fait prévaloir en Pensylvanie ces idées spartiates; on ne l'a pas long-temps suivi dans cette voie. On estime aujourd'hui aux États-Unis que toute peine mérite salaire, et que celui qui sert l'État a droit d'être rétribué de son travail tout aussi bien que celui qui sert les particuliers.

ouvrages, beaucoup plus qu'à cause de l'ancienneté de sa famille. Ils aiment beaucoup à citer l'observation d'un nègre qui disait : «Boccarrora (c'est-à-dire l'homme blanc), fait travailler l'homme noir, fait travailler le cheval, fait travailler le bœuf, fait travailler tout excepté le cochon. Le cochon ne travaille pas, il mange, il boit, il se promène, il dort quand il veut : il vit comme un gentilhomme. »

D'après cette façon de penser, l'Américain croirait avoir beaucoup plus d'obligation à un généalogiste qui pourrait lui prouver que, depuis dix générations, ses ancêtres ont été laboureurs, forgerons, charpentiers, tourneurs, tisserands, tanneurs ou même cordonniers, et que conséquemment ils étaient d'utiles membres de la société, que s'il lui démontrait qu'ils étaient seulement nobles, ne faisant rien de profitable, vivant nonchalamment du travail des autres, *fruges consumere nati*, en d'autres termes, des *propres à rien*, jusqu'à ce qu'à leur mort, leurs biens soient *dépecés*, comme la carcasse du cochon gentilhomme.

Quant aux encouragements que le gouvernement donne aux étrangers, il n'y en a d'autres que de bonnes lois et la liberté. Les étrangers sont bien reçus en Amérique, parce qu'il y a place pour tous; les anciens habitants n'en sont point jaloux. Les lois les protégent assez pour qu'ils n'aient pas besoin du patronage des grands; chacun d'eux peut jouir en paix du fruit de son industrie. Mais si l'étranger n'apporte point de fortune avec lui, il faut qu'il travaille et qu'il s'ingénie pour vivre. Une ou deux années de séjour lui donnent tous les droits de citoyen. Mais, quoiqu'on ait pu faire en d'autres temps, le gouvernement aujourd'hui n'engage plus les étrangers à s'établir en Amérique, en payant leur passage, en leur donnant des terres, des nègres, du bétail, des instruments de labourage, ou en leur faisant aucune autre espèce d'avantage. En un mot, l'Amérique est la terre du travail, et non point ce que les Anglais appellent *Lubberland* [1], et les Français *pays de Cocagne*, où les rues sont pavées de petits pains, les maisons couvertes d'omelettes en guise de tuiles, et où les poulets volent tout rôtis, en criant : *Venez nous manger*.

Quels sont donc les gens à qui il peut être avantageux d'émigrer en Amérique? Et quels sont les avantages qu'ils peuvent raisonnablement s'y promettre?

La terre est à bon marché, elle est couverte de forêts, vastes déserts qui probablement ne seront pas tous défrichés dans un siècle. La propriété de cent acres d'un sol fertile et couvert de bois, peut s'acquérir près des frontières pour huit ou dix guinées. Ainsi, de jeunes ouvriers vigoureux qui s'entendent à cultiver le blé et à soigner le bétail, (ce qui se fait dans ces contrées à peu près comme en Europe,) ont de l'avantage à aller s'y établir. Un peu d'argent mis de côté sur les bons gages qu'ils y recevront pendant qu'ils travailleront pour les autres, les mettra bientôt à même d'acheter de la terre et de commencer leur plantation. Ils seront aidés par des voisins de bonne volonté, et ils trouveront un peu de crédit. Une foule de pauvres colons, sortis d'Angleterre, d'Irlande, d'Écosse et d'Allemagne, sont, de cette manière, devenus, en peu d'années, de riches fermiers. S'ils étaient restés dans leur

_____
1. Pays des fainéants.

pays, où toutes les terres sont occupées et le prix de la main-d'œuvre fort médiocre, ils ne se seraient jamais élevés au-dessus de la chétive condition où ils étaient nés.

La salubrité de l'air, la bonté du climat, l'abondance de bons aliments, la facilité qu'on a à se marier de bonne heure, par la certitude de ne pas manquer de subsistance, font que l'accroissement de la population est très-rapide en Amérique; elle le devient encore davantage par l'émigration des étrangers. Aussi, on y voit sans cesse augmenter le besoin d'ouvriers de toute espèce pour construire des maisons aux agriculteurs, et leur faire les meubles et ustensiles grossiers qu'il ne serait pas aussi commode de faire venir d'Europe.

Des ouvriers qui peuvent faire passablement les choses dont je viens de parler, sont sûrs de ne pas manquer d'occupation et d'être bien payés, car rien n'empêche l'étranger de faire le métier qu'il sait, et il n'a pas besoin de permission pour cela [1]. S'ils sont pauvres, ils commencent par être domestiques ou journaliers; et s'ils sont sobres, laborieux, économes, ils deviennent bientôt maîtres, s'établissent, se marient, élèvent leurs enfants et deviennent des citoyens respectables.

Les gens qui, ayant une médiocre fortune, et une nombreuse famille, désirent élever leurs enfants au travail, et leur assurer un héritage, peuvent aussi passer en Amérique. Ils y trouveront des occasions qui manquent en Europe. Là-bas, ils pourront ap-

---

1. Allusion aux jurandes et maîtrises de l'Europe.

prendre et exercer des arts mécaniques, sans crainte d'être méprisés. Au contraire, leur travail leur attirera du respect. Là, de petits capitaux employés à acheter des terres qui acquièrent chaque jour plus de prix par l'accroissement de la population, donnent à ceux qui en font cet usage, la certitude de laisser d'assez grandes fortunes à leurs enfants.

L'auteur de cet écrit a vu plusieurs exemples de grands terrains, achetés à raison de dix livres sterling les cent acres, dans le pays, qui était alors les frontières de la Pensylvanie; plus tard, quand la colonisation s'est étendue beaucoup plus loin, ils se sont vendus facilement, et sans être défrichés, à trois livres sterling l'acre. L'acre américain est le même que l'acre anglais et l'acre de Normandie.

Ceux qui veulent connaître le gouvernement des Américains, feront bien de lire les constitutions des différents États-Unis, et les articles de confédération qui les lient les uns aux autres, pour les affaires générales, sous la direction d'une assemblée, appelée *Congrès*. Ces constitutions ont été imprimées en Amérique, par ordre du congrès. L'on en a fait deux éditions à Londres, et une bonne traduction française en a été publiée dernièrement à Paris[1].

Dans ces derniers temps, divers princes d'Europe, croyant qu'il y aurait de l'avantage pour eux à multiplier les manufactures dans leurs États, de manière à diminuer ou à supprimer l'importation des marchandises étrangères, ont cherché à attirer les ouvriers des autres pays, en leur accordant de gros salaires et des

---

1. Par les soins de Franklin. *Corresp.*, t. II, p. 310.

priviléges. Beaucoup de personnes, qui prétendent être très-habiles dans divers genres de grande fabrication, s'imaginent que l'Amérique doit avoir besoin d'elles, et que le Congrès serait disposé à imiter les princes dont je viens de parler; elles ont offert de se rendre aux États-Unis, à condition qu'on payerait leur passage et qu'on leur donnerait des terres, des appointements, et des priviléges pour un certain nombre d'années. Mais si ces personnes lisent les articles de confédération, elles y verront que le Congrès n'a ni le pouvoir, ni l'argent nécessaire pour de semblables objets. Les gouvernements des États particuliers peuvent seuls accorder de tels encouragements. Mais cela est rare en Amérique; et quand on l'a fait, le succès n'a pas répondu aux espérances. On a vu que le pays n'était pas encore assez avancé pour engager des particuliers à y établir des manufactures. La main-d'œuvre y est trop chère; il est trop difficile d'y rassembler des bras, parce que chacun veut y travailler pour son compte; et le bas prix des terres y excite beaucoup d'ouvriers à abandonner leur métier pour s'adonner à l'agriculture.

Le peu de manufactures qui y ont réussi sont celles qui exigent peu de bras, et dans lesquelles la plus grande partie du travail se fait avec des machines. Les articles volumineux, et qui ne sont pas d'un prix assez considérable pour supporter les dépenses du fret, peuvent souvent être produits dans le pays et vendus à meilleur marché que lorsqu'on les y importe. Mais ce ne sont que ces sortes d'objets qu'il est avantageux d'y fabriquer lorsqu'on en trouve le débit. Les fermiers américains ont tous les ans beaucoup de laine et de lin, et on n'en exporte point; on emploie le tout dans le pays; mais c'est en atelier domestique et pour l'usage de la famille. On a essayé, dans plusieurs provinces, d'acheter une grande quantité de laine et de lin, pour les faire filer et tisser, et former des établissements où l'on pût vendre beaucoup de toile et d'étoffes de laine; mais ces projets n'ont presque jamais réussi, parce que les mêmes articles venant de l'étranger sont moins chers.

Lorsque le gouvernement a été invité à soutenir ces établissements, par des encouragements, tels qu'avances de fonds, ou droits mis sur l'importation des marchandises étrangères, il a presque toujours refusé; car il a pour principe que si le pays est en état d'avoir des manufactures, des particuliers trouveront assez d'avantage à les entreprendre; et que s'il ne l'est pas encore, c'est une folie de vouloir forcer la nature.

L'établissement de grandes manufactures exige qu'il y ait un grand nombre de pauvres qui travaillent pour un faible salaire. Il peut y avoir de ces pauvres en Europe; mais il ne s'en trouvera point en Amérique, jusqu'à ce que toutes les terres soient occupées et cultivées, et qu'il y ait un surcroît de population qui, ne pouvant avoir de terre, manque de travail.

Les manufactures de soieries sont, dit-on, naturelles en France, comme celles de drap en Angleterre; parce que chacun de ces pays produit abondamment les matières premières. Mais si l'Angleterre voulait fabriquer des soiries, comme elle fabrique des draps, et la France fabriquer des draps, comme elle fabrique des soieries, les entreprises contre nature auraient besoin d'être soutenues par des prohibitions mutuelles, ou par des droits considérables mis sur les marchandises importées d'un de ces États dans l'autre. Par ce moyen, les ouvriers feraient payer un plus haut prix au consommateur; mais, en général, ce surcroît de salaire ne les rend ni plus heureux, ni plus riches, car ils boivent davantage et travaillent moins.

Les divers gouvernements d'Amérique croient donc ne pas devoir encourager ces sortes de projets. Aussi, ni le marchand, ni l'ouvrier, n'y font la loi à personne. Si le marchand veut vendre trop cher une paire de souliers qui vient de l'étranger, l'acheteur s'adresse à un cordonnier; et si le cordonnier demande un trop haut prix, l'acheteur retourne au marchand : ainsi la concurrence retient dans de justes limites le marchand et l'ouvrier. Cependant le cordonnier gagne en Amérique beaucoup plus qu'il ne gagnerait en Europe, parce qu'il peut ajouter, au prix qu'il vend ses souliers, une somme presque égale aux dépenses de fret, de commission, d'assurances, que fait nécessairement payer le marchand. Il en est de même pour les ouvriers dans tous les autres arts mécaniques. Aussi, les artisans vivent-ils en général mieux et plus facilement en Amérique qu'en Europe; et ceux qui sont économes amassent de quoi vivre dans leur vieillesse, et laisser du bien à leurs enfants. — Les hommes qui ont un métier peuvent donc s'établir aux États-Unis avec avantage.

L'Europe est depuis longtemps habitée; les arts, les métiers, les professions de toute espèce y sont tellement encombrés, qu'il est difficile à un pauvre homme qui a des enfants de les placer de manière à leur faire gagner, ou apprendre à gagner une honnête subsistance. L'artisan qui craint de se créer des rivaux refuse de prendre des apprentis, à moins qu'on ne lui donne de l'argent, qu'on ne les nourrisse ou qu'on ne se soumette à d'autres conditions trop onéreuses pour les parents. Aussi les jeunes gens restent souvent dans l'ignorance de tout ce qui pourrait leur être utile, et ils sont obligés, pour vivre, de devenir soldats, domestiques ou voleurs.

En Amérique, l'augmentation rapide de la population empêche qu'on ne craigne des rivaux. On y prend volontiers des apprentis, parce qu'on espère retirer du profit de leur travail pendant tout le temps qui s'écoulera depuis l'époque où ils sauront leur métier jusqu'au terme du contrat. Il est donc facile aux familles pauvres de faire instruire leurs enfants; et les ouvriers sont si portés à avoir des apprentis, que plusieurs d'entre eux donnent de l'argent aux parents pour avoir des garçons de dix à quinze ans, et les garder jusqu'à ce qu'ils en aient vingt et un. Par ce moyen, beaucoup de pauvres parents ont, à leur arrivée en Amérique, amassé assez d'argent pour acheter des terres, s'y établir, et subsister avec le reste de leur famille en cultivant.

Les contrats d'apprentissage se font devant un magistrat, qui en règle les conditions, conformément à la raison et à la justice; et comme il a en vue de former un citoyen utile, il oblige le maître de s'engager, par écrit, non-seulement à bien nourrir l'apprenti, à l'habiller, à le blanchir, à le loger, et à lui donner un habillement complet à la fin de l'apprentissage, mais encore à lui faire apprendre à lire, à écrire, à compter, et à lui enseigner sa profession, ou quelqu'autre qui mette un jour l'apprenti en état de gagner sa vie et d'élever une famille.

Une copie de cet acte est remise à l'apprenti ou à ses parents, et le magistrat en garde la minute, à laquelle on peut avoir recours, si le maître manquait à quelqu'une de ses obligations.

Ce désir qu'ont les maîtres d'avoir beaucoup de bras employés à travailler pour eux les engage à payer le passage de jeunes gens de l'un et l'autre sexe, qui, en arrivant, s'engagent à les servir pendant deux, trois ou quatre ans. Les jeunes gens qui savent déjà travailler s'engagent pour un terme moins long, proportionné à leur talent et au profit qu'on peut retirer de leur service. Ceux qui ne savent rien faire donnent plus de temps, à condition qu'on leur enseignera un métier, que leur pauvreté ne leur aurait pas permis d'apprendre dans leur pays.

Comme la médiocrité de fortune est presque générale en Amérique, les habitants sont obligés de travailler pour vivre. Aussi on y voit rarement les vices qu'enfante l'oisiveté. Un travail constant est le grand conservateur des mœurs et de la vertu d'un peuple. Les jeunes gens ont moins de mauvais exemples en Amérique qu'ailleurs ; c'est une considération qui doit toucher les parents. On peut ajouter à cela qu'une religion sérieuse y est, sous différentes dénominations, non-seulement tolérée, mais respectée et pratiquée. — L'athéisme y est inconnu. L'incrédulité y est rare et secrète ; de sorte qu'on peut y vivre jusqu'à un âge très-avancé sans que la piété y ait à souffrir de la présence d'un athée ou d'un mécréant. Et il semble que l'Être divin manifeste son approbation de la tolérance et de la douceur avec lesquelles les différentes sectes s'y traitent mutuellement, par la prospérité remarquable qu'il a daigné accorder à tout le pays.

SUR LES LOIS CRIMINELLES
ET SUR L'USAGE D'ARMER EN COURSE.

A Benjamin Vaughan.

Passy, 14 mars 1785.

Mon cher ami,

Parmi les pamphlets que vous m'avez fait passer dernièrement, il y en a un intitulé : *Pensées sur la justice criminelle* [1]. — Je vous envoie, en retour, une brochure française sur le même sujet. Elle a pour titre : *Observations concernant l'exécution de l'article II de la Déclaration sur le vol.*

L'un et l'autre de ces ouvrages sont adressés aux magistrats, mais, comme vous le verrez, ils sont écrits dans un esprit très-différent. L'auteur anglais veut qu'on pende tous les voleurs. Le français demande qu'on proportionne les peines aux délits.

Si nous croyons réellement, ainsi que nous faisons profession de le croire, que la loi de Moïse est la loi de Dieu, *la dictée* de la sagesse divine, infiniment supérieure à la sagesse humaine, d'après quel principe pouvons-nous donner la mort pour punir une offense, qui, suivant cette loi, ne devait être punie que par la restitution du quadruple? Mettre à mort un homme, pour un crime qui ne le mérite point, n'est-ce pas un

---

1. Par le docteur Madan.

assassinat? Et, comme dit l'auteur français, *Doit-on punir un délit contre la société par un crime contre la nature?*

La propriété du superflu est une création sociale. Des lois simples et douces suffisent pour conserver la propriété du strict nécessaire. L'arc du sauvage, sa hache et son vêtement de peaux n'exigent pas qu'une loi lui en assure la conservation. Ils sont suffisamment gardés par la crainte de son ressentiment et de ses représailles. Lorsqu'en vertu des premières lois, une partie de la société accumula des richesses et devint puissante, elle fit des lois plus sévères, et voulut protéger sa propriété aux dépens de l'humanité. Ce fut un abus du pouvoir et un commencement de tyrannie[1].

Si, avant de faire entrer un sauvage en société, on lui avait dit : — « Par le moyen du pacte social, ton voisin pourra devenir propriétaire de cent daims; mais si ton frère, ton fils ou toi-même, vous n'avez pas de daims à vous, et qu'ayant faim, vous osiez en tuer un, vous serez obligés de subir une mort infâme; » — alors le sauvage aurait probablement préféré sa liberté naturelle, et le droit commun de tuer des daims, à tous les avantages de la société qu'on lui proposait.

Il vaut mieux que cent coupables échappent plutôt qu'un innocent périsse : c'est une maxime qui a été longtemps et généralement approuvée; je ne vois pas qu'on l'ait jamais combattue. Le sanguinaire auteur des *Pensées* convient lui-même qu'elle est juste; et

---

1. Ce sont là les idées de Rousseau et de Mably; mais elles sont aussi. Toute propriété, hormis le vol, est originairement le produit du travail; à qui le produit peut-il appartenir légitimement, sinon à celui qui l'a créé?

il remarque fort bien : — « Que la seule idée de l'innocence *outragée*, et plus encore celle de l'innocence *souffrante*, doit réveiller en nous tous les sentiments de la plus tendre compassion, et, en même temps, exciter la plus vive indignation contre les instruments de ses maux. » — Mais il ajoute : — « L'innocence ne sera jamais exposée ni à être outragée, ni à souffrir, si l'on suit les lois. » — Est-ce vrai? — Est-il donc impossible de faire une loi injuste? Et si la loi elle-même est injuste, ne sera-t-elle pas le véritable instrument qui *excitera la plus vive indignation chez notre auteur et chez tous les hommes?*

Dans les dernières gazettes de Londres, je vois qu'une femme a été condamnée à mort pour avoir dérobé, dans une boutique de la gaze qui valait quatorze shillings et trois pences. Y a-t-il quelque proportion entre le tort fait par un vol de quatorze shillings et trois pences, et la punition d'une créature humaine qu'on fait mourir au gibet? Cette femme ne pouvait-elle pas, par son travail, remplacer quatre fois la valeur de son vol, ainsi que Dieu l'a ordonné? Tous les châtiments infligés au delà de ce que mérite le crime, ne sont-ils pas une punition de l'innocence? Si ce principe est vrai, combien l'innocence est-elle non-seulement *outragée*, mais combien *souffre-t-elle* chaque année, dans presque tous les États civilisés de l'Europe!

Il semble qu'on a pensé que cette sorte d'innocence pouvait être punie pour *prévenir* les crimes. J'ai lu qu'un cruel Turc de Barbarie n'achetait jamais un esclave chrétien sans le condamner aussitôt à être pendu par les jambes et à recevoir cent coups de bâton sur la plante des pieds, afin que le souvenir de ce châtiment sévère et la crainte de le subir de nouveau l'empêchassent de commettre des fautes qui pourraient le lui mériter.

Notre auteur lui-même aurait de la peine à approuver la conduite de ce Turc dans le gouvernement de ses esclaves; et cependant il paraît réclamer quelque chose de semblable pour le gouvernement des Anglais, quand il applaudit la réponse du juge Burnet à un voleur de chevaux. On demandait à ce voleur ce qu'il avait à dire pour n'être pas condamné à mort. Il répondit qu'il était cruel de pendre un homme pour avoir *seulement* volé un cheval. « Accusé, répliqua le juge, tu ne seras pas pendu pour avoir *seulement* volé un cheval, mais pour qu'on ne vole pas de chevaux. »

Il me semble que la réponse du voleur, examinée loyalement, doit paraître raisonnable; elle est fondée sur le principe éternel de justice et d'équité, qui veut que le châtiment soit proportionné à l'offense; la réplique du juge est brutale et insensée. Cependant, l'auteur du pamphlet « désire que tous les juges se la rappellent quand ils vont tenir les assises; parce qu'elle contient la sage raison des lois pénales qu'ils sont chargés d'appliquer. Elle explique en deux mots, dit-il, la raison et le véritable motif de toutes les punitions capitales : c'est que la propriété d'un homme, ainsi que sa vie, doit être regardée comme sacrée et inviolable. »

N'y a-t-il donc point de différence entre le prix de la propriété et celui de la vie? Je pense qu'il est juste que le meurtre soit puni de mort, non-seulement parce que le châtiment est égal au crime, mais pour empêcher d'autres meurtres; s'ensuit-il que je doive approuver

qu'on inflige le même châtiment pour une petite at-
teinte à ma propriété, par un vol? Si je ne suis pas
moi-même assez barbare, assez sanguinaire, assez vin-
dicatif, pour tuer un de mes semblables qui m'a dérobé quatorze shillings trois pences, comment puis-je
applaudir à la loi qui le tue? Montesquieu, qui était
un magistrat, essaye de nous inculquer d'autres maximes. Il devait connaître les sentiments que des juges
humains *éprouvent* dans ces occasions, et quels sont
les effets de ces sentiments. Bien loin de penser que
des châtiments sévères et excessifs préviennent le
crime, voici ce qu'il dit :

« *L'atrocité des lois en empêche l'exécution.*

« *Lorsque la peine est sans mesure, on est souvent
obligé de lui préférer l'impunité.*

« *La cause de tous les relâchements vient de l'impunité des crimes, et non de la modération des peines.* »

Ceux qui connaissent l'Europe assurent qu'il y a plus
de vols commis et punis annuellement en Angleterre
que dans tout le reste de l'Europe. Si cela est, il doit
y avoir une cause, ou plusieurs causes de cette dépravation de votre peuple. L'une de ces causes ne peut-
elle pas être le défaut de justice et de morale dans
votre gouvernement national, défaut qui se manifeste
dans votre conduite oppressive envers vos sujets, et
dans les guerres injustes que vous faites à vos voisins?
Voyez les longues injustices, les monopoles, les traitements cruels que ce gouvernement a infligés à l'Irlande, et qui sont enfin avoués! Voyez le gouvernement
de pillage que vos marchands exercent dans l'Inde! la
guerre de confiscation que vous avez faite aux colonies
de l'Amérique! et sans parler des guerres contre la

France et l'Espagne, voyez celle que vous avez faite dernièrement à la Hollande! Toute l'Europe impartiale ne l'a considérée que comme une guerre de rapine et de pillage. L'espoir d'une proie immense et facile a été le seul motif apparent, et probablement le seul motif réel, qui l'a fait entreprendre.

Entre peuples voisins, on se doit une justice non moins stricte qu'entre voisins du même pays. Un voleur de grands chemins n'est pas moins voleur quand il vole avec une bande de ses camarades, que quand il vole seul; et un peuple qui fait une guerre injuste n'est qu'une *grande bande de voleurs*. Si vous employez votre peuple à voler le Hollandais, est-il étrange que, quand la paix lui ôte cet emploi, il continue de voler ailleurs, et qu'on se pille les uns les autres? La *piraterie*, comme l'appellent les Français, ou la course, est le penchant général des Anglais chez eux ou au dehors; ils s'y livrent partout où ils sont établis.

On dit que dans la dernière guerre, vous n'aviez pas moins de sept cents corsaires. Ces navires étaient armés par des marchands pour piller d'autres marchands qui ne leur avaient fait aucun mal. N'est-il pas probable que plusieurs de ces marchands corsaires de Londres, si ardents à voler les marchands d'Amsterdam, voleraient aussi volontiers leurs voisins de Londres, s'ils pouvaient le faire avec la même impunité? Le désir du bien d'autrui, l'*alieni appetens*, est le même : il n'y a que la crainte du gibet qui fasse la différence.

Comment une nation, qui, parmi les plus honnêtes de ses membres, compte tant de voleurs par inclination, et dont le gouvernement a autorisé et encouragé

jusqu'à sept cents bandes de voleurs, comment, dis-je,
une nation pareille peut-elle avoir le front de condamner ce crime dans les individus, et d'en faire pendre
vingt dans une matinée? Cela rappelle naturellement
une anecdote de Newgate[1]. Un des prisonniers se
plaignait que, pendant son sommeil, on lui avait ôté
les boucles de ses souliers. « Comment diable! dit un
autre, est-ce que nous avons des *voleurs* parmi nous?
Il ne faut pas le souffrir. Cherchons le coquin, nous
le rosserons jusqu'à ce qu'il en meure. »

Cependant, on peut citer l'exemple récent d'un marchand anglais, qui n'a point voulu profiter d'un gain
si mal acquis. Il était intéressé dans un navire, que ses
associés jugèrent à propos d'armer en course, et qui
prit un certain nombre de bâtiments français. Après le
partage du butin, le marchand dont je parle a envoyé
en France un agent, qui a mis un avis dans la gazette
pour découvrir ceux à qui le corsaire a fait tort et leur
restituer sa part de prise. Cet homme consciencieux
est un quaker. Les presbytériens écossais étaient jadis
aussi délicats; il existe encore une ordonnance du conseil municipal d'Édimbourg, publiée peu après la ré-
formation, et portant : « Qu'il est défendu d'acheter
les marchandises qui proviennent des prises, sous peine
de perdre pour toujours le droit de cité et de subir
d'autres punitions à la volonté des magistrats; parce
que l'usage de faire des prises est contraire à une
bonne conscience et au précepte de traiter nos frères
chrétiens comme nous désirons être traités nous-
mêmes. Et ces sortes de marchandises ne *seront point*

---

1. Prison de Londres.

vendues dans notre ville par les hommes craignant
Dieu. »

La race de ces hommes craignant Dieu est probablement éteinte en Écosse; ils ont, du moins, re-
noncé à leurs principes, puisque cette nation a poussé
autant qu'elle l'a pu à faire la guerre aux colonies de
l'Amérique, et que les prises et les confiscations en ont
été, dit-on, un des grands motifs.

C'est aujourd'hui une opinion généralement reçue
qu'un soldat ne doit pas s'informer si la guerre où
on l'emploie est juste ou non; il doit exécuter les
ordres qu'on lui donne. Tous les princes qui inclinent à la tyrannie doivent sans doute approuver
cette opinion et chercher à l'établir. Mais n'est-elle
pas dangereuse? D'après ce principe, si le tyran commande à son armée d'attaquer et de détruire non-
seulement une nation voisine qui ne l'a point offensé, mais même ses propres sujets, l'armée doit
obéir.

Dans nos colonies, un nègre esclave à qui son maître
ordonne de voler et d'assassiner un voisin, ou de commettre quelque autre action immorale, peut refuser d'obéir; le magistrat le protége dans son refus.
L'esclavage d'un soldat est donc pire que celui d'un
nègre! Un officier qui a de la conscience, s'il n'est pas
retenu par la crainte de voir attribuer sa démarche à
une tout autre cause, peut donner sa démission plutôt
que de servir dans une guerre injuste : mais les simples soldats sont esclaves toute la vie, et peut-être
aussi ne sont-ils pas en état de juger par eux-mêmes.
Nous ne pouvons que déplorer leur sort, et plus encore
celui d'un matelot, qu'on arrache de force à ses occu-

pations honnêtes et qu'on oblige à tremper ses mains dans le sang innocent.

Mais il me semble que des marchands, c'est-à-dire des hommes plus éclairés par leur éducation, et absolument libres de toute contrainte, devraient considérer si une guerre est juste, avant d'engager volontairement une bande de coquins pour attaquer des confrères, les marchands d'une nation voisine, piller leurs propriétés, les ruiner avec leurs familles s'ils se rendent sans combattre, ou les blesser, les estropier, les assassiner, s'ils essayent de se défendre. Cependant ce sont des marchands chrétiens qui font ces choses dans une guerre juste ou non; et il est difficile qu'elle soit juste des deux côtés. Voilà ce que font des marchands anglais et américains, qui, malgré cela, se plaignent d'un vol particulier, et pendent par douzaines les voleurs qu'ils ont instruits par leur exemple.

Il est grand temps que pour le bien de l'humanité on mette un terme à ces horreurs. Les États-Unis d'Amérique sont mieux placés que les Européens pour tirer avantage de la course (puisque la plus grande partie du commerce de l'Europe avec les Antilles se fait à leur porte); mais ils font tout ce qui dépend d'eux pour abolir cette pratique, en offrant d'insérer dans tous leurs traités avec les autres puissances un article par lequel on s'engage solennellement et réciproquement, en cas de guerre, à ne point armer de corsaires et à laisser passer, sans être molestés, les vaisseaux marchands qui ne seront point armés [1].

1. Cette offre ayant été acceptée par le roi de Prusse, Frédéric II, il fut conclu entre ce monarque et les États-Unis un traité d'amitié et de commerce, contenant un article dicté par

Ce serait un heureux perfectionnement de la loi des nations. Tout ami de la justice et de l'humanité doit désirer que cette proposition réussisse.

Recevez les assurances de mon estime et de mon inaltérable amitié.   B. F.

l'humanité et la philanthropie. On y reconnaît la main de Franklin, qui était un des plénipotentiaires américains.

Art. XXIII.

« Si la guerre a lieu entre les deux nations contractantes, les
« marchands de l'une qui résideront dans les États de l'autre,
« pourront y demeurer neuf mois pour se faire payer de leurs
« créances et régler leurs affaires, et partiront ensuite librement,
« emportant tous leurs effets sans aucun empêchement ou mo-
« lestation quelconque. Toutes les femmes, les enfants, les étu-
« diants de toutes les facultés, les agriculteurs, les artisans, les
« manufacturiers, les pêcheurs, et les habitants non armés des
« villes, des villages et autres places sans fortifications, et en
« général tous ceux qui travaillent pour la subsistance et le
« bien de l'humanité, pourront continuer à se livrer à leurs oc-
« cupations, sans être molestés dans leur personne, sans qu'on
« brûle leurs maisons et leurs marchandises, ou qu'on les dé-
« truise en aucune manière, et sans que la force armée de l'en-
« nemi ravage leurs champs, en aucun des lieux où elle pénétrera :
« mais si elle a besoin de prendre quelque chose pour son usage,
« elle le payera à un prix raisonnable. Tous les vaisseaux mar-
« chands, employés à l'échange des différents pays, et rendant
« ainsi les objets de première nécessité et les commodités de la
« vie plus faciles à obtenir et plus communs, pourront passer
« librement et sans molestation ; et ni l'une ni l'autre des puis-
« sances contractantes ne délivrera des lettres de marque à
« aucun particulier, pour l'autoriser à prendre ou détruire les
« vaisseaux marchands, ou à interrompre leur commerce. »

A NOAH WEBSTER.

Réforme d'alphabet.

Philadelphie, 18 juin 1786.

J'ai reçu la lettre que vous m'avez fait l'honneur de m'écrire le 24 du mois dernier, avec le modèle d'alphabet réformé que vous y avez joint. Je crois que la réforme est nécessaire et facile. Mais j'ai tant de choses à vous dire sur ce sujet que je désire vous voir : nous en conférerons ensemble. Cela nous épargnera une grande perte de temps et d'écritures; car, jusqu'à ce qu'un pareil alphabet soit fixé, on ne pourrait que très-difficilement expliquer et analyser des sons sur le papier.

J'ai naguère étudié à fond cette question; j'ai imaginé différents moyens de la mettre à exécution pour arriver graduellement à une réforme générale. Nos idées ont tellement de rapport entre elles que je ne doute pas que nous ne nous entendions aisément sur le plan à suivre; vous pouvez compter que je ne négligerai rien pour l'appuyer. Je le considère comme faisant partie de votre *Institution*[1], dont je vous prie de m'apporter un exemplaire complet, car je n'en ai encore vu qu'une partie. Je serai alors plus à même de la recommander comme vous désirez. Comptant avoir prochainement le plaisir de vous voir, je ne vous en dis pas davantage; mais je suis, avec une estime sincère, monsieur, votre, etc.   B. F.

1. *Institution grammaticale de la langue anglaise*, publiée en 1784.

DISCOURS PRONONCÉ DANS LA CONVENTION FÉDÉRALE.

Sur le traitement des chefs de l'État.

1787.

C'est avec regret que je me lève pour combattre un article du projet de Constitution, car je reconnais tout ce que nous devons à l'honorable membre qui l'a rédigé[1]. Depuis la première lecture qui en a été faite, j'ai été favorable à ce projet, et j'en désire le succès. Mais, en ce qui touche le salaire du pouvoir exécutif, je suis d'un avis différent. Mon opinion peut paraître nouvelle et chimérique, mais j'ai la conviction qu'elle est juste : c'est le devoir seul qui me décide à la hasarder. Le comité jugera mes raisons quand il les aura entendues, et peut-être son jugement fera-t-il changer le mien. Je vois des inconvénients à établir un salaire, je n'en vois aucun à le refuser, et tout au contraire j'y trouve de grands avantages.

Il y a deux passions qui ont une puissante influence sur les affaires humaines. C'est l'*ambition* et l'*avarice*, l'amour du pouvoir et l'amour de l'argent[2]. Prise séparément, chacune de ces passions a une grande force pour pousser les hommes à agir; réunies, elles ont les effets les plus violents sur beaucoup d'esprits. Offrez à ces personnes un poste d'*honneur*, qui soit en même temps une place de *profit*, ils remueront ciel et

1. Edmond Randolph, de Virginie.
2. Tout ceci semble pris de Mably. Du moins on trouvera les mêmes idées exposées dans le *Traité de législation*, Amsterdam 1775, in-8°.

terre pour l'obtenir. C'est le grand nombre de ces
places qui rend le gouvernement britannique si ora-
geux. La dispute des places est la vraie source de toutes
les factions qui divisent sans cesse la nation, qui troublent les conseils, qui poussent le pays dans des
guerres inutiles et malfaisantes, et qui souvent l'obligent à accepter une paix sans honneur.

Quels sont les hommes qui lutteront pour atteindre
cette position lucrative, qui multiplieront les cabales,
qui accableront d'injures leurs adversaires, qui traî-
neront dans la boue les plus honnêtes gens? Ce ne
seront ni les sages, ni les modérés; ce ne seront pas
les amis de l'ordre et de la paix, c'est-à-dire les
hommes les mieux faits pour remplir les fonctions publiques. Ce seront les hardis et les violents, les
hommes qui mettent au service de leur égoïsme la force
de leurs passions et une infatigable activité. Ce sont
ceux-là qui se pousseront dans votre gouvernement et
qui seront vos maîtres. Et ceux-là aussi seront trompés
dans le bonheur qu'ils attendent de leur position, car
les compétiteurs, qu'ils auront vaincus, n'en seront
pas moins animés du même esprit, poussés par les
mêmes désirs; ils s'efforceront perpétuellement de traverser l'administration du vainqueur, de gêner ses mesures et de le rendre odieux au peuple.

En commençant, nous pourrons sans doute établir
des traitements modérés, mais nous verrons bientôt
que cela ne peut durer longtemps. On ne manquera
jamais de raisons pour proposer des augmentations; il
y aura toujours un parti qui demandera qu'on donne
toujours davantage au gouvernement, afin que le gouvernement soit en état de lui donner davantage. Toute

l'histoire est là pour nous apprendre que, dans tout
État, dans tout royaume, il y a une lutte constante entre
les gouvernants et les gouvernés, les premiers s'effor-
çant toujours d'obtenir davantage, et les seconds de
moins payer. Cela seul a amené de grandes convulsions
et des guerres civiles, qui ont fini par le renversement
des princes ou par l'esclavage des peuples. En général,
c'est le pouvoir qui l'emporte; nous voyons que le revenu des princes augmente sans cesse et que cependant
les princes ne sont jamais satisfaits et demandent toujours. Plus le peuple souffre de l'oppression des taxes,
plus le prince a besoin d'argent pour distribuer parmi
ses partisans et pour payer les troupes qui écraseront
toute résistance et aideront le prince à piller à son
plaisir. Il n'y a pas un roi sur cent qui ne suivrait,
s'il le pouvait, l'exemple de Pharaon : obtenir d'abord
tout l'argent du peuple, puis lui prendre toutes ses terres
et le réduire en perpétuelle servitude, lui et sa postérité!
On dira que nous ne proposons pas d'établir un roi. Je
le sais. Mais il y a chez les hommes une inclination
naturelle pour le gouvernement royal. Quelquefois la
monarchie les relève de la domination d'une aristocratie. Ils aiment mieux avoir un tyran que d'en avoir
cinq cents. Cela donne mieux l'apparence de l'égalité
entre citoyens, et c'est ce qu'on aime. Je crains donc,
— peut-être suis-je trop craintif, — que le gouvernement de cet État n'aboutisse quelque jour à une monarchie. Mais je pense que cette catastrophe pourra
être longtemps reculée, si, dans notre Constitution,
nous ne jetons pas une semence de brigues, de factions
et d'émeutes, en décidant que nos postes d'honneur
seront des places de profit. Si nous ne prenons pas ce

parti, encore bien que nous ayions d'abord à notre
tête plusieurs magistrats et non pas une seule personne[1], le nombre sera bientôt mis de côté et ne servira qu'à nourrir le fœtus d'un monarque, comme l'a
fort bien dit l'honorable représentant de Virginie; nous
n'en serons que plus tôt les sujets d'un roi.

Quelques personnes pourront croire que je défends
une utopie, et que nous ne trouverons personne pour
nous servir dans les fonctions exécutives, si nous ne
payons leurs services. Je crois que c'est une erreur. Il
y a des faits qui m'inclinent à l'opinion contraire. Le
poste de grand shériff, dans les comtés d'Angleterre, est
une place d'honneur, mais elle ne rapporte rien. Au
contraire, elle coûte beaucoup; aussi est-elle peu re-
cherchée. Néanmoins elle est remplie et bien remplie,
et d'ordinaire par un des principaux personnages du
comté. En France, l'office de conseiller au parlement
est des plus honorables; aussi l'achète-t-on fort cher.
Il y a bien quelques droits de justice qu'on partage
entre les magistrats; mais ces droits ne montent pas à
trois pour cent du prix de l'office. Comme l'intérêt légal
est de cinq pour cent, chaque conseiller paye donc en
réalité deux pour cent, afin de rendre la justice; tandis
que le pays n'a rien à lui payer pour ses services. Je
ne recommande pas ce système de justice; j'allègue
seulement cet exemple pour montrer que le plaisir de
bien faire et de servir le pays, ainsi que le respect qui
s'attache à cette conduite, sont des motifs suffisants
pour que certaines personnes se décident à donner leur

1. On avait proposé de diviser le pouvoir exécutif, projet qui
fut heureusement rejeté. Cette division, empruntée de l'antiquité,
était encore une des idées favorites de Mably.

temps au public, sans en attendre la moindre rétribu-
tion pécuniaire.

Je prendrai encore pour exemple une société respectable qui a fait l'expérience de ce régime et l'a suivi
avec succès depuis plus de cent ans. Je veux parler
des Quakers. Chez eux, il est de règle qu'on ne va pas
devant les tribunaux; ils soumettent leurs procès à
leurs assemblées mensuelles, trimestrielles, annuelles.
Des comités siégent patiemment pour écouter les parties, et dépensent beaucoup de temps pour apaiser
les différends. Les membres de ces comités sont soutenus par le sentiment du devoir et par le respect
qu'on rend à leur dévouement. Il est honorable d'être
ainsi employé; mais on n'a jamais ajouté à cet honneur
ni traitement ni épices. Dans tout service public, moins
grand est le profit, plus grand est l'honneur.

Et pour prendre un exemple chez nous, est-ce que
le plus grand et le plus important des emplois, celui
de général en chef, n'a pas été rempli pendant huit
ans de suite, sans le moindre traitement, par un patriote[1], que je craindrais d'offenser en lui donnant un
autre éloge. Et cependant il lui a fallu partager toutes
les fatigues et toutes les misères de ses braves compagnons d'armes, et souffrir des inquiétudes attachées à
sa position. Et nous ne trouverons pas dans tous les
États-Unis trois ou quatre hommes ayant assez d'esprit public pour siéger durant le même temps dans un
conseil pacifique, afin de présider à nos affaires civiles
et de voir si les lois sont bien exécutées? J'ai une meilleure opinion de notre pays. Je crois qu'il y aura tou-

1. Washington.

jours un nombre suffisant de sages et d'hommes de
bien pour accepter et pour remplir fidèlement l'office
en question.

L'économie du traitement n'est pas ce qui me touche.
Ce que je crains, ce sont les maux qui accompagneront
un salaire. C'est là ce qui me fait proposer mon amen-
dement. S'il n'est ni soutenu ni accepté, j'aurai du
moins la satisfaction d'avoir exprimé franchement mon
opinion et d'avoir fait mon devoir [1].

LE PAPIER.

Poëme.

1788.

Un bel esprit du temps jadis (il y en avait au temps
jadis), dont les idées étaient pleines de sens et les al-
lusions ingénieuses, voulant marquer toute espèce

---

1. Aux États-Unis le système de Franklin a triomphé en fait.
Le traitement du président (125 000 francs) suffit à peine à rem-
bourser les dépenses de la fonction. Mais il est difficile de voir
ce que l'Amérique a gagné à ce régime, ni de dire ce qu'elle
aurait perdu à donner à son premier magistrat un traitement
modéré, mais honorable. Ce ne sont ni les brigues ni les factions qui manquent aux États-Unis, et si ces brigues ne dépassent
pas certaines limites, le mérite en est assurément au bon esprit
de la nation bien plus qu'à la sagesse du président. Avec un
peuple moins habitué à la liberté, ce ne serait pas l'absence d'un
traitement qui arrêterait l'ambition d'un président. Les magistrats
n'étaient pas payés à Rome, en étaient-ils moins avares? Et cela
a-t-il empêché l'usurpation de César?

2. Cette bagatelle, attribuée à Franklin, a paru dans l'*American
Museum*, en 1788. Elle est dans le goût de son épitaphe, mais
il n'est pas sûr qu'il en soit l'auteur.

d'homme d'un trait caractéristique, disait que l'âme d'un enfant était *un papier blanc*, sur lequel le sentiment écrivait les premiers principes, auxquels la vertu mettait le sceau, ou que le vice effaçait.

L'idée était heureuse, juste et vraie. Il me semble qu'un homme de génie pourrait encore l'étendre; et moi, pardon de tant d'orgueil! moi, qui ne suis ni un bel esprit, ni un génie, je vais l'essayer.

Il y a diverses sortes de papiers, parce qu'il y a des besoins divers, besoin de l'élégance, de la mode, de l'usage. — Les hommes ne sont pas moins divers; et, si je ne me trompe, chaque sorte de *papier* représente une sorte d'*hommes*.

Examinez, je vous prie, un fat moitié poudre et moitié dentelle, aussi propre que s'il sortait d'une boîte, n'est-ce pas le *papier doré*, que vous dérobez au vulgaire et que vous mettez en réserve dans votre bureau?

Ouvriers, domestiques, fermiers et le reste, c'est le *papier commun*, qu'on prise moins, mais qui est bien plus utile, que vous laissez sur votre pupitre et qui, offert à toutes les plumes, sert à chaque instant du jour.

Le malheureux que son avarice force à se refuser les choses nécessaires, à pâtir, à fourber, à friponner pour enrichir un héritier, c'est le *gros papier gris*, employé par les petits marchands pour envelopper des choses dont se servent des hommes qui valent mieux qu'eux.

Voyez ensuite le contraste de l'avare. Le prodigue perd sa santé, sa réputation, sa fortune au milieu des plaisirs. Y a-t-il quelque papier qui lui ressemble? Oui, sans doute, c'est le *papier buvard*.

L'inquiet politique croit *ce côté* toujours exempt d'erreur et *cet autre* toujours faux. Il critique avec fureur; il applaudit avec rage. Dupe de tous les bruits populaires, et instrument des fripons, il n'est pas besoin de caractères pour exprimer sa faiblesse, aussi longtemps qu'il y aura un papier qu'on nommera *marotte*[1].

L'homme prompt et colère, dans les veines duquel le sang court avec vivacité, qui vous cherche querelle si vous marchez de travers, qui ne peut endurer une plaisanterie, un mot, un regard, qu'est-il? Quoi? Le *papier d'épreuve*, assurément.

Que dites-vous de nos poëtes, tous tant qu'ils sont, bons, mauvais, riches, pauvres, beaucoup lus ou point lus du tout? Vous pouvez mettre ensemble et eux et leurs ouvrages : c'est le *papier de maculature* dans l'humanité.

Contemplez la jeune et douce vierge. Elle est belle comme une feuille *de papier blanc*, que rien n'a encore souillé : l'homme heureux que le destin favorise peut y écrire son *nom* et la prendre pour sa peine.

Encore une comparaison : je n'en veux plus faire qu'une. Le *grand homme* sage, qui méprise les petitesses, et dont les pensées, les actions, les maximes sont à lui, et n'ont pour principe que les sentiments de son cœur, cet homme, dis-je, est le *papier vélin*, qui de tous les papiers est le plus précieux, le plus pur et le plus beau.

---

1. *Foolscap* est le nom d'un papier qui porte, gravée dans sa pâte, une *marotte*.

CONTE.

Il y avait un officier, homme de bien, appelé Montrésor, qui était très-malade. Son curé, croyant qu'il allait mourir, lui conseilla de faire sa paix avec Dieu, afin d'être reçu en paradis.

« Je n'ai pas beaucoup d'inquiétude à ce sujet, dit Montrésor ; car j'ai eu la nuit dernière une vision qui m'a tout à fait tranquillisé. — Quelle vision avez-vous eue, dit le bon prêtre. — J'étais, répondit Montrésor, à la porte du paradis, avec une foule de gens qui voulaient entrer, et saint Pierre demandait à chacun de quelle religion il était. L'un répondait : « Je suis ca- « tholique romain. — Eh bien ! disait saint Pierre, « entrez et prenez votre place là parmi les catholiques. » Un autre dit qu'il était de l'Église anglicane. « Eh « bien ! dit saint Pierre, entrez et placez-vous là parmi « les anglicans. » Un autre dit qu'il était quaker. « En- « trez, dit saint Pierre et prenez place parmi les qua- « kers. » Enfin, mon tour étant arrivé, il me demanda de quelle religion j'étais. « Hélas ! répondis-je, mal- « heureusement le pauvre Jacques Montrésor n'en a « point. — C'est dommage, dit saint Pierre ; je ne sais « où vous placer : *mais entrez toujours ; vous vous* « *mettrez où vous pourrez.* »

COMPARAISON DE LA CONDUITE DES ANTI-FÉDÉRALISTES DES ÉTATS-UNIS DE L'AMÉRIQUE, AVEC CELLE DES ANCIENS JUIFS.

1788.

Un zélé partisan de la constitution fédérale qu'on nous propose d'adopter, a dit dans une assemblée publique : « Qu'une grande partie du genre humain avait tant de répugnance pour un bon gouvernement, qu'il était persuadé que si un ange nous apportait du ciel une constitution qui y aurait été faite exprès pour nous, elle trouverait encore une opposition violente. » Cette opinion parut extravagante ; l'orateur fut censuré : et il ne se défendit point.

Probablement il ne lui vint pas sur le coup dans l'esprit que l'expérience avait été faite, que la chose se trouvait consignée dans la plus fidèle de toutes les histoires, la Sainte Bible. S'il y eût songé, il aurait pu, ce me semble, s'étayer de cette autorité irréfragable.

L'Être suprême se plut à élever une seule famille ; son attentive providence la combla de bienfaits jusqu'à ce qu'elle devint un grand peuple. Après avoir délivré ce peuple de l'esclavage, par une suite de miracles, que fit son serviteur Moïse, Dieu remit lui-même à ce serviteur choisi, en présence de toute la nation, une constitution et un code de lois, et il promit de récompenser ceux qui les observeraient fidèlement, et de punir avec sévérité ceux qui y désobéiraient.

Quoique la Divinité elle-même fût à la tête de cette constitution, — c'est pourquoi les écrivains politiques l'ont appelée *une théocratie*, — pour l'exécuter, il fallait des ministres. Aaron et ses enfants furent chargés de composer, avec Moïse, le premier ministère du nouveau gouvernement.

On pensera qu'un peuple reconnaissant aurait approuvé le choix d'hommes qui s'étaient distingués pour rendre la nation libre, et qui avaient hasardé leur vie en s'opposant ouvertement à la volonté d'un puissant monarque, qui voulait la retenir dans l'esclavage. Une constitution tracée par Dieu même aurait dû être accueillie avec les transports d'une joie universelle. Mais il y avait, dans chacune des treize tribus, quelques esprits inquiets, mécontents, qui excitaient continuellement le peuple à rejeter le nouveau gouvernement, et cela par divers motifs.

Il y en avait beaucoup qui conservaient un reste d'affection pour l'Égypte, leur terre natale; et dès qu'ils éprouvaient quelque embarras, quelque inconvénient, effet naturel et inévitable d'un changement de situation, ils accusaient leurs chefs d'être les auteurs de leur peine; et non-seulement ils voulaient retourner en Égypte, mais ils voulaient encore lapider ceux qui les en avaient arrachés[1].

Ceux qui étaient enclins à l'idolâtrie voyaient, avec regret, la destruction du veau d'or. Plusieurs chefs pensaient que la constitution nouvelle nuirait à leurs intérêts particuliers; que les bonnes places seraient toutes *prises par les parents et les amis de Moïse et d'Aaron*, et que d'autres qui étaient également bien nés en seraient exclus[2].

---

1. *Nombres*, chap. xiv.

2. *Nombres*, chap. xvi, vers. 3. — « Et ils se réunirent tous contre Moïse et Aaron, et leur dirent : Vous prenez trop sur

Dans Josèphe et dans le Talmud on trouve quelques
particularités, qui ne sont pas aussi détaillées dans
l'Écriture[1]. Voici ce que nous y apprenons. « Coré
désirait ardemment d'être grand prêtre; il fut blessé
de ce que cet emploi était conféré à Aaron, par la seule
autorité de Moïse, disait-il, *et sans le consentement du
peuple.* Il accusa Moïse d'avoir employé divers artifices
pour s'emparer frauduleusement du gouvernement, et
priver le peuple de ses droits; et de conspirer avec
Aaron pour perpétuer la tyrannie dans sa famille.
Ainsi, quoique le vrai motif de Coré fût de supplanter
Aaron, il persuada au peuple qu'il n'avait en vue que le
bien général; et les Juifs, excités par ses insinuations,
commencèrent à crier : « Maintenons la liberté commune de nos *diverses tribus.* Nous nous sommes, nous
mêmes, affranchis de l'esclavage où nous tenaient les
Égyptiens; souffrirons-nous que Moïse nous rende
esclaves? Si nous devons avoir un maître, retournons
vers le Pharaon, qui du moins nous nourrissait de pain
et d'oignons; cela vaudra mieux que de servir ce nouveau tyran qui, par sa conduite, nous a exposés à souffrir de la famine. »

Alors ils mirent en doute *la vérité de ses entretiens*
avec Dieu; ils prétendirent que le secret de ses rendez-
vous, le soin qu'il avait eu d'empêcher que personne

vous. Vous savez que toutes les assemblées sont saintes, ainsi
que chaque membre de ces assemblées: pourquoi donc vous
élevez-vous au-dessus de l'assemblée ? »

1. Il n'est pas besoin de dire que tout ceci est de l'invention
de Franklin; et une allusion transparente à ce qui s'était passé
en Amérique. L'Égypte c'est l'Angleterre, les treize Tribus sont
les treize États unis. C'est Franklin qu'on a accusé de péculat,
c'est Washington qu'on a accusé d'ambition.

écoutât ses discours, et approchât même du lieu où il était, devait donner beaucoup de soupçons à cet égard. Ils accusèrent aussi Moïse de *péculat*, disant qu'il avait gardé un grand nombre de cuillers et de plats d'argent que les princes avaient offerts à la dédicace de l'autel[1], ainsi que les offrandes d'or, qu'avait faites le peuple[2], et la plus grande partie de la capitation[3]. Ils accusèrent Aaron d'avoir mis dans sa poche la plupart des joyaux qui lui avaient été fournis pour fondre le veau d'or.

Outre le péculat qu'ils reprochaient à Moïse, ils l'accusèrent d'ambition, disant que pour satisfaire cette passion, il avait trompé le peuple en lui promettant une terre où coulait le lait et le miel. Au lieu de cela, Moïse les avait arrachés de cette heureuse terre; mais tout ce mal lui semblait léger, pourvu qu'il pût se rendre un *prince absolu*[4]. Ils ajoutaient que pour maintenir avec splendeur, dans sa famille, sa nouvelle dignité, il devait faire suivre la capitation particulière qui avait déjà été levée et remise à Aaron[5], par une taxe générale[6], qui probablement serait augmentée de temps en temps, si l'on souffrait la promulgation de nouvelles lois, sous prétexte de nouvelles révélations de la volonté divine, et qu'ainsi toute la

1. *Nombres*, chap. VII.
2. *Exode*, chap. XXXV, vers. 22.
3. *Nombres*, chap. III, et *Exode*, chap. XXX.
4. *Nombres*, chap. XVI, vers. 13. — « Tu regardes comme peu de chose de nous avoir ôtés d'une terre où coule le lait et le miel, et de nous faire périr dans le désert, pourvu que tu deviennes un prince au-dessus de nous. »
5. *Nombres*, chap. III.
6. *Exode*, chap. XXX.

fortune du peuple serait dévorée par l'aristocratie de cette famille.

Moïse nia qu'il se fût rendu coupable de péculat, et ses accusateurs ne purent alléguer aucune preuve contre lui, quoiqu'il soit aisé de prouver des *faits*, quand ils sont vrais. « Je n'ai point, dit-il, avec la sainte confiance que lui inspirait la présence de Dieu, je n'ai point pris au peuple la valeur d'un âne, ni rien fait qui puisse lui nuire. » Mais les propos de ses ennemis avaient eu du succès parmi la populace; car il n'est aucune espèce d'accusation aussi aisément faite, ou aussi aisément acceptée, par les fripons, qu'une accusation de friponnerie.

Enfin, il n'y eut pas moins de deux cent cinquante des principaux hébreux, « fameux dans l'assemblée et hommes de renom[1], » qui se portèrent à exciter la populace contre Moïse et Aaron, et lui inspirèrent une telle frénésie, qu'elle s'écria : « Lapidons-les, lapidons-les; et assurons, par là, notre liberté. Choisissons ensuite d'autres capitaines, qui nous ramènent en Égypte, si nous ne réussissons pas à vaincre les Cananéens. »

En somme, il paraît que les Israélites étaient un peuple jaloux de sa nouvelle liberté, jalousie qui, en soi, n'est point un défaut : mais quand ils se laissèrent enflammer par des hommes artificieux, qui prétendaient n'avoir en vue que le bien public, tandis qu'ils ne songeaient qu'à leur intérêt particulier, les Juifs se laissèrent entrainer à repousser leur nouvelle constitution, et, par là, ils s'attirèrent beaucoup d'em-

---

1. *Nombres*, chap. XVI.

barras et de malheurs. On voit, en outre, dans cette inappréciable histoire, que lorsqu'au bout de plusieurs siècles, la constitution eut vieilli, et qu'on en eut abusé, on proposa d'y faire des changements; mais alors la populace qui avait accusé Moïse d'ambition, en lui reprochant de vouloir se faire prince, et qui avait crié : « Lapidez-le, lapidez-le, » fut excitée par les grands prêtres et par les scribes, et reprochant au Messie de vouloir se faire roi des Juifs, cria : « Crucifiez-le, crucifiez-le. »

Tout cela nous apprend que l'opposition des peuples à une mesure publique, ne prouve pas que cette mesure soit mauvaise, quoique l'opposition soit excitée et dirigée par des gens de distinction.

Pour conclure, je ne voudrais pas qu'on supposât que je regarde notre convention générale, comme ayant été divinement inspirée, quand elle a fait la nouvelle Constitution fédérale, et cela par le seul motif que la Constitution a été attaquée avec autant de déraison que de violence. Mais j'avoue que j'ai une si grande foi dans le gouvernement général du monde par la Providence, que j'ai peine à concevoir qu'une acte aussi décisif pour le bien-être des millions d'hommes qui existent aujourd'hui, ou qui existeront dans la postérité d'une grande nation, ait pu se faire sans être à quelque degré influencé, conduit et gouverné par ce maître tout-puissant, présent partout, et toujours bienfaisant, en qui tous les esprits inférieurs ont la vie, le mouvement et l'être.

B. F.

TABLEAU DU TRIBUNAL SUPRÊME DE PENSYLVANIE, LE TRIBUNAL DE LA PRESSE [1].

Extrait de la Gazette fédérale du 12 septembre 1789.

Pouvoir de ce tribunal.

Il peut recevoir et promulguer des accusations de toute espèce contre toute personne, quelque rang qu'elle occupe, et même contre tous les tribunaux inférieurs. Il peut juger et condamner à l'infamie, non-seulement des particuliers, mais des corps entiers, après les avoir entendus, ou sans les entendre, *suivant la discrétion du tribunal.*

En faveur et au profit de quelles personnes ce tribunal est établi.

Il est établi en faveur d'un citoyen sur cinq cents environ, lorsque, grâce à son éducation, ou à l'habitude de griffonner, il a acquis un style qui ne viole pas la grammaire et qui peut supporter l'impression; ou simplement lorsqu'il possède une presse et des caractères. Cette cinq centième partie des citoyens a le privilége d'accuser et d'insulter suivant son bon plaisir les autres quatre cent quatre-vingt-dix-neuf centièmes; ou elle peut vendre sa plume et sa presse à autrui pour le même objet.

---

1. Cette satire est dirigée contre les abus de la presse, et non contre la presse même, qui était pour Franklin la garantie de toutes les libertés. **Voyez l'*Introduction*, p. 13.**

Pratique de ce tribunal.

Il ne suit aucun des règlements des tribunaux ordinaires. L'accusé n'obtient point un grand jury [1], pour juger de la vérité de l'accusation avant qu'elle soit rendue publique. On ne lui fait pas connaître le nom de son accusateur, on ne le confronte pas avec les témoins qui le chargent, car ils se tiennent dans les ténèbres, comme ceux du tribunal de l'inquisition d'Espagne.

Il n'a pas non plus un petit jury, formé de ses pairs, et jurant d'examiner, en toute sincérité, les crimes qu'on lui impute. L'instruction du procès est quelquefois si rapide, qu'un bon et honnête citoyen peut tout à coup, et lorsqu'il s'y attend le moins, se voir accuser, et dans la même matinée être jugé, condamné, et entendre prononcer l'arrêt qui le déclare un *coquin* et un *misérable*.

Cependant, si un membre de ce tribunal reçoit la plus légère réprimande pour avoir abusé de sa place, il réclame aussitôt les droits que la Constitution accorde à tout citoyen libre, il demande à connaître son accusateur, à être confronté avec les témoins, et à être jugé loyalement par un jury composé de ses pairs.

Sur quoi est fondée l'autorité de ce tribunal.

Cette autorité est, dit-on, fondée sur un article de la Constitution de l'État qui établit la *liberté de la presse*, liberté pour laquelle tous les Pensylvaniens sont prêts

1. En Angleterre et en Amérique il y a deux jurys, *grand jury* ou jury d'accusation, *petit jury* ou jury de jugement.

à combattre et à mourir, quoique fort peu d'entre eux
aient, je crois, une idée distincte de sa nature et de son
étendue. En vérité, elle ressemble tant soit peu à *la
liberté de la presse* que les lois anglaises accordent aux
criminels avant leur conviction ; c'est-à-dire, à celle
d'être *pressés* de mourir ou d'être pendus.

Si par *la liberté de la presse* nous entendons simplement la liberté de discuter les mesures du gouvernement
et les opinions politiques, ayons de cette liberté autant que vous voudrez : mais si c'est, au contraire, la
liberté de s'insulter, de se calomnier, de se diffamer
mutuellement, je déclare que, dès que nos législateurs
le jugeront à propos, je renoncerai volontiers à la part
qui m'en revient ; je consentirai de bon cœur à changer ma *liberté* d'outrager les autres, contre le *privilège*
de n'être point outragé moi-même.

Quelles personnes ont institué ce tribunal, et en nomment les officiers

Il n'est point institué par une commission du Conseil
suprême de l'État, commission qui serait chargée d'examiner préalablement les talents, l'intégrité, les connaissances des personnes à qui on confierait le soin important de décider de l'honneur et de la réputation des
citoyens. Ce tribunal est au-dessus du Conseil, il peut
accuser, *juger* et *condamner* suivant son bon plaisir. Il n'est point héréditaire, comme la Cour en *dernier ressort* des pairs d'Angleterre. Mais tout homme
qui peut se procurer une plume, de l'encre et du
papier, avec quelques caractères, une presse et une
paire de grosses balles qui *noircissent*, peut se nom-

mer lui-même, et son tribunal est aussitôt en pleine autorité et en plein exercice. Car, si vous osez vous plaindre, en aucune manière, de la conduite du *juge*, il vous jette à la face ses balles *noircissantes*, partout où il vous rencontre, et non content de mettre en lambeaux votre honneur, il vous dénonce à la haine publique, comme *l'ennemi de la liberté de la presse.*

Des soutiens naturels de ce tribunal.

Il est soutenu par la dépravation de ces âmes que la religion n'a point amendées et que l'éducation n'a point améliorées.

De son voisin publier les sottises,
Est un plaisir à nul autre pareil [1].

Aussi,

Le scandale vole à l'immortalité avec des ailes d'aigle;
Tandis que la triste vertu ne naît que pour mourir [2].

Quiconque éprouve quelque peine à entendre bien parler de son prochain, doit sentir du plaisir lorsqu'on en dit du mal. Ceux qui désespèrent de se distinguer par leurs vertus, sont heureux de voir les autres ravalés à leur niveau; et de ces envieux le nombre est suffisant dans toutes les grandes villes, pour soutenir par leurs abonnements un de ces tribunaux.

1. There is a lust in man no charm can tame,
Of loudly publishing his neighbour's shame.
2. On eagle's wings, immortal scandals fly,
While virtuous actions are but 'born and die.
DRYDEN.

Un observateur ingénieux disait un jour qu'en se promenant le matin dans les rues, lorsque le pavé était glissant, il distinguait aisément où demeuraient les bonnes gens, parce qu'ils avaient soin de jeter des cendres sur la glace qui était devant leur porte. Probablement il aurait porté un jugement différent sur le caractère des abonnés dont nous parlons.

Des moyens propres à réprimer les abus de pouvoir dans ce tribunal.

Jusqu'à présent, il n'y en a point. Mais depuis qu'on a tant écrit sur la Constitution fédérale, et qu'on a si savamment et si clairement expliqué la nécessité des contre-poids dans toutes les autres parties d'un bon gouvernement, je me trouve assez instruit pour supposer qu'ici encore un contre-poids ne ferait pas mal ; cependant je n'ai pu en imaginer aucun qu'on ne pût accuser d'être une violation *de la sainte liberté de la presse.* A la fin, je crois en avoir découvert un, qui, au lieu de diminuer la liberté générale, doit l'augmenter ; c'est de rendre au peuple une sorte de liberté, dont nos lois l'ont privé, je veux dire *la liberté du bâton.*

Lorsque la société était dans l'enfance, et que les lois n'existaient point encore, si un homme en insultait un autre par quelques mauvais propos, l'offensé répondait à l'agresseur par un bon coup de poing sur l'oreille ; et en cas de récidive, il lui donnait une volée de coups de bâton ; et cela sans violer aucune loi. Mais à présent ce droit de réponse est interdit. Ceux qui en usent sont punis comme des perturbateurs, tandis que le droit d'insulter est encore dans toute sa force, parce que les lois qu'on a faites contre lui sont rendues inutiles par *la liberté de la presse.*

Je propose donc de ne point toucher à la liberté de la presse, et de lui laisser toute son étendue, sa force, sa vigueur , mais de permettre aussi à la *liberté du bâton* de marcher avec elle *pari passu* [1].

Alors, ô mes citoyens ! si un impudent écrivain attaque votre réputation, qui vous est peut-être plus chère que la vie, et s'il met son nom au bas de l'imputation, vous irez à lui aussi publiquement et vous lui casserez la tête. S'il se cache derrière l'imprimeur et que vous découvriez pourtant qui il est, vous pourrez, vous aussi, vous cacher dans l'ombre, l'attaquer par derrière et lui administrer une bonne volée de bois vert. Si votre adversaire paye de meilleurs écrivains que lui pour vous mieux calomnier, vous payerez aussi de robustes portefaix, qui auront de meilleurs bras que les vôtres, et qui vous aideront à le mieux rosser [2].

Tel est mon projet en ce qui touche les ressentiments et les rétributions des *particuliers.* Mais si, *comme cela doit être,* le public finissait par s'offenser de la conduite de tels écrivains, je ne conseillerais pas d'en venir tout de suite à ces extrémités ; il faut être modéré ; on pourrait se contenter de les plonger dans une barrique de goudron, de les couvrir de plumes et de les berner sur une couverture.

Cependant, si l'on croyait que ma proposition pût troubler le repos public, je recommanderais humblement à nos législateurs de prendre en considération les

---

1. A pas égal.
2. Cette dernière phrase n'est point dans le texte donné par Jared Sparks.

deux libertés : celle de la *presse* et celle du *bâton*, et de nous donner une loi qui marque distinctement l'étendue et les limites de l'une et de l'autre. De cette façon, en même temps que les législateurs mettraient la personne du citoyen à l'abri des *violences*, ils assureraient *sa réputation*.

LA PRESSE.

Aux éditeurs de la Gazette de Pensylvanie.

Philadelphie (sans date).

Messieurs Hall et Sellers,

On me faisait remarquer dernièrement, qu'après avoir examiné la *Gazette de Pensylvanie* depuis son origine, il y a cinquante ans, on y avait à peine rencontré, pendant tout ce long période, une seule pièce diffamatoire. Cette conduite décente fait grand honneur à votre journal, car les gens sensés et sages sont convaincus, depuis longtemps, que rien ne compromet davantage la liberté de la presse, que l'abus qu'on s'en permet en la faisant servir à des personnalités, à des médisances et à des calomnies. Les excès dont plusieurs de nos journaux se sont rendus coupables, ont jeté, au dehors, un jour fâcheux sur notre pays : vous en jugerez par la lettre suivante que je désirerais que vous fissiez imprimer, non-seulement pour prouver combien vous avez ces pratiques en aversion, mais aussi pour donner une leçon à tous les journalistes des États-Unis. J'ai vu un journal européen, où certain éditeur, qu'on accusait de calomnier souvent les Américains, se justifiait en disant que « sa gazette ne contenait rien contre les Américains qui n'eût été pris dans leurs propres journaux. »

Je suis votre, etc.

A. B.

New-York, 30 mars 1788.

« Cher ami,

« Ma goutte m'a enfin quitté, après m'avoir confiné chez moi pendant cinq grands mois. Elle m'a donné tout le temps de lire ou d'entendre lire ce tas de journaux que vous avez eu la bonté de m'envoyer pour me distraire.

« Mme W. a partagé mes lectures : elle aime surtout les annonces, mais elle trouve qu'il y a quelque inconséquence à annoncer tant de divertissements pour chaque soir, et tant de ventes d'inutilités coûteuses, de vaines parures et d'objets de luxe nouvellement importés, dans un pays qui remplit ces mêmes journaux de plaintes sur la dureté des temps et le manque d'argent. J'ai dit à Mme W. qu'en tout pays, de toute éternité, du temps même de Salomon, ces plaintes sont communes. Ne nous a-t-on pas dit que sous le règne du fils de David, l'argent était aussi abondant à Jérusalem que les pierres dans la rue ? et cependant il y avait alors des gens qui murmuraient au point de forcer ce sage prince à leur répondre : « Ne dites point que les temps anciens étaient meilleurs que celui-ci, car vous n'avez pas bien étudié la question. »

« En fait d'inconséquence, ce qui me frappe le plus, c'est le nom de votre ville, Philadelphie (amour frater-

nel), et l'esprit de rancune, de malice et de *haine* que
respirent vos journaux. Par exemple, ces journaux
m'apprennent que votre État est divisé en partis politiques; que chacun de ces partis attribue la conduite
publique de l'autre à des motifs vicieux;. qu'ils ne se
soupçonnent même pas l'un l'autre du moindre grain
d'honnêteté. Les anti-fédéralistes[1] ne sont tels que
parce qu'ils craignent de perdre le pouvoir, les places
où les émoluments qu'ils ont ou qu'ils espèrent. Les
fédéralistes ne sont qu'une troupe de *conspirateurs* qui
veulent établir la tyrannie, s'arroger un pouvoir absolu
sur les personnes et les propriétés de leurs compatriotes, et vivre insolemment des dépouilles du peuple.
Vos juges de paix, quoique élus par leurs voisins,
font trafic de leur charge; ils fomentent la discorde
pour accroître leur salaire et tondre leurs électeurs.
Pour corriger cet abus, il ne servirait de rien de remettre le choix des juges de paix au Conseil exécutif.
Ce Conseil (toujours suivant vos journaux) n'a que des
vues intéressées ou partiales, et fait toujours d'aussi
mauvaises nominations. Témoin ce *faquin*, ce *syco-*
phante, ce *drôle*, nommé juge de l'Amirauté. Un autre
juge n'est qu'une *vieille femme et un artisan de sédition*,
le chef de justice est un *Jeffries*, etc., etc.; il y a aussi
deux harpies, le contrôleur et l'officier de la douane,
qui pillent les marchands et les dépouillent à main
armée.

« Je vois aussi dans vos journaux que votre Assemblée
générale, quoique annuellement élue par le peuple, se

---

1. Les anti-fédéralistes sont les partisans de la souveraineté
des États particuliers, les fédéralistes sont les partisans de la
souveraineté centrale.

moque des droits populaires. Soit perversité, soit ignorance, elle fait des lois qui, en violation directe de la
Constitution, dépouillent les habitants de leurs propriétés, pour en investir des étrangers et des intrus. J'y
vois que le Conseil, redoutant la vengeance de ses constituants, ou complotant de les réduire en esclavage, a
formé le projet de les désarmer, et donné des ordres
en conséquence. Je vois enfin que votre président,
choisi par la voix unanime du Conseil et de l'Assemblée, est un *vieux coquin* qui n'a consenti à la Constitution fédérale que pour ne pas restituer l'argent qu'il
a volé aux États-Unis[1].

« Dans toutes ces histoires il y a, sans doute, beaucoup
d'inconséquences manifestes ; il n'en est pas moins vrai
qu'un étranger qui lira ces horreurs dans nos journaux,
ne croira pas tout, sans doute, mais en croira assez
pour conclure que la Pensylvanie est le repaire des
drôles les plus corrompus, les plus méchants, les plus
infâmes, et les plus querelleurs qui existent sur la surface du globe.

« J'ai quelquefois pensé que de pareils journaux
étaient fabriqués par des ennemis étrangers, cachés
parmi vous ; ces gens-là ne cherchent qu'à déshonorer
votre pays, qu'à vous rendre méprisables et détestables
aux yeux du monde entier. Mais alors je m'étonne qu'il
se trouve chez vous des imprimeurs assez peu sages
pour publier de pareils écrits.

« Il y a cependant une de vos *inconséquences* qui me
console un peu. *Vivants*, vous vous traitez tous comme

---

1. C'est Franklin lui-même qu'on traitait de la sorte, après tant
de services rendus à son pays.

des diables ; *morts*, vous êtes tous des anges. Quand
un de vous vient à mourir, il est délicieux de lire combien il était bon ami, bon citoyen, bon mari, bon
père, bon chrétien : le tout accompagné d'un brin de
poésie qui le place tout droit dans le ciel. J'en conclus que la Pensylvanie est un bon pays pour y *mourir*,
mais détestable pour y vivre. »

ADRESSE AU PUBLIC, PAR LA SOCIÉTÉ DE PENSYLVANIE, POUR L'ABOLITION DE L'ESCLAVAGE ET LES SECOURS A DONNER AUX NÈGRES AFFRANCHIS.

1789.

C'est avec une stisfaction particulière que nous assurons aux amis de l'humanité qu'en poursuivant l'objet
de notre association, nos efforts ont réussi au delà de
toutes nos espérances.

Encouragés par ce succès et par le progrès journalier
de ce bienfaisant et lumineux esprit de liberté qui se
répand dans le monde, confiants dans la bénédiction
divine qui accompagne nos travaux, nous avons osé
faire une addition importante à notre plan primitif.
C'est pour cela que nous sollicitons ardemment le concours et l'appui de tous ceux qui ressentent les douces
émotions de la sympathie et de la pitié, ou qui goûtent
les nobles plaisirs de la bienfaisance.

L'esclavage est une si atroce dégradation de la nature humaine, que si nous ne mettons tous nos soins
à l'extirper, il sera un jour une source de maux sérieux.

Le malheureux, qu'on a traité longtemps comme une brute, tombe trop souvent au-dessous du niveau commun de l'espèce humaine. Les chaînes qui lui attachent le corps enchaînent aussi son intelligence et affaiblissent les affections de son cœur. Habitué à remuer comme une machine, par la volonté d'un maître, chez lui la réflexion est suspendue ; il n'a pas le pouvoir de choisir ; la raison, la conscience n'ont que peu d'influence sur sa conduite, parce qu'il est surtout gouverné par la passion de la crainte. Il est pauvre et sans amis ; il est peut-être usé par un labeur excessif, par l'âge et la maladie.

Dans cette situation, la liberté peut n'être qu'un malheur pour lui, qu'un danger pour la société !

Il faut donc espérer que les soins à donner aux nègres émancipés deviendront une branche de notre police nationale ; mais, pour nous qui poussons à l'émancipation, ces soins sont un devoir qui nous incombe, nous entendons le remplir de notre mieux.

Instruire ceux qu'on a rendus à la liberté, les conseiller, les habituer à user et à jouir de la liberté civile, leur donner le goût du travail, leur fournir des occupations en rapport avec leur âge, leur sexe, leur talent, donner à leurs enfants une éducation calculée sur la position à venir, voilà les points principaux du programme que nous avons adopté. Nous servirons ainsi et le bien public et le bonheur de ces pauvres créatures, nos semblables, qu'on a trop longtemps négligées.

Pour exécuter un programme aussi vaste, il faut des ressources d'argent considérables, en dehors des fonds ordinaires de notre Société. Nous attendons beaucoup de la générosité des citoyens éclairés et bienveillants; nous recevrons avec reconnaissance toute donation et toute souscription. On peut les adresser à notre trésorier, James Starr, ou à James Pemberton, président de notre comité de correspondance.

Signé, par ordre de la Société :-

B. FRANKLIN, *président.*

Philadelphie, 9 novembre 1789.

LANGUE ANGLAISE. — IDIOTISMES AMÉRICAINS. — UNIVERSALITÉ DE LA LANGUE FRANÇAISE. — PROGRÈS DE L'IMPRIMERIE.

A Noah Webster.

Philadelphie, 26 décembre 1789.

Cher monsieur,

J'ai reçu, il y a quelque temps, vos *Dissertations sur la langue anglaise.* Ce livre n'était accompagné d'aucune lettre d'avis qui me dît à qui j'étais redevable de cet envoi; mais je soupçonne que c'est à vous que je le dois. C'est un excellent livre; il sera fort utile à nos compatriotes, en leur faisant sentir la nécessité d'écrire correctement. Je vous remercie du grand honneur que vous m'avez fait en me dédiant cet ouvrage; j'aurais dû vous adresser mes remercîments beaucoup plus tôt, de nombreuses indispositions m'en ont empêché.

Je ne puis qu'applaudir au zèle que vous mettez à conserver la pureté de notre langue, tant dans ses expressions que dans sa prononciation. Je vous sais gré de relever les fautes générales dans lesquelles tombent, sous ces deux rapports, plusieurs de nos États. Permettez-moi d'en citer quelques-unes, quoiqu'elles aient déjà peut-être attiré votre attention. Je désire néanmoins que, dans quelque autre de vos publications, vous les frappiez d'un signe de réprobation. La première de ces fautes que je me rappelle est le mot *improved*. En 1723, quand je quittai la Nouvelle-Angleterre, ce mot n'avait jamais été, que je sache, employé dans un autre sens que celui d'*amélioré* ou rendu meilleur, si ce n'est une seule fois, dans un très-vieux livre du docteur Mather intitulé : *Providences remarquables*. Comme cet éminent personnage avait une fort mauvaise écriture, je me rappelle que lorsque je lus, dans son ouvrage, cette expression, prise dans le sens d'*imployed*, je supposai que c'était une erreur de l'imprimeur, qui avait pris un L, mal formé dans le manuscrit, pour un R, et un Y, avec une queue trop courte pour un V : de cette façon, *imployed* redevenait *improved*.

Mais lorsqu'en 1783 je revins à Boston, je trouvai que cette innovation avait pris faveur; elle était même devenue d'un usage courant. Je la rencontrai souvent dans les journaux, où elle faisait une assez sotte figure. Telle était, par exemple, l'annonce d'une maison de campagne à vendre, laquelle maison, disait l'annonce, avait été pendant plusieurs années *improved* comme taverne; plus loin c'était l'éloge funèbre d'un campagnard, qui avait été plus de trente ans *improved* en qualité de juge de paix. Cet emploi du mot *improved* est particulier à la Nouvelle-Angleterre; on ne le rencontre jamais ailleurs dans la bouche d'aucune des

personnes qui parlent anglais, soit ici, soit de l'autre
côté des mers.

J'ai observé que, pendant mon dernier séjour en
France, beaucoup d'autres mots nouveaux se sont introduits dans notre langue parlementaire ; on fait un
verbe du substantif NOTICE : *I should not have* NOTICED
this, were is not that the gentleman[1]. On fait un autre
verbe du substantif ADVOCATE : *The gentleman who*
ADVOCATES *that motion*[2] ; un autre, du substantif
PROGRESS, le plus gauche et le plus abominable de
tous : *The committee, having* PROGRESSED, *resolved to
adjourn*[3]. Le mot OPPOSED, quoique n'étant pas une
expression moderne, s'emploie, à ce que je vois, d'une
nouvelle manière ; par exemple : *The gentlemen who
are* OPPOSED *to this measure, to which I have also my-
self always been* OPPOSED[4]. Si par hasard vous partagez
mon opinion sur ces innovations, vous emploierez, je
l'espère, votre autorité pour les proscrire.

La langue latine, qui sert depuis longtemps, et qui
est le véhicule de la science chez les différentes nations
de l'Europe, est de jour en jour plus négligée ; une des
langues modernes, je veux dire le français, semble
l'avoir remplacée et être devenue la langue universelle. On parle le français dans toutes les cours de
l'Europe ; et la plupart des gens lettrés, ceux mêmes
qui ne le parlent pas, le connaissent assez pour être en

---

1. « *Je n'aurais point mentionné cela, si n'est que ce gentilhomme,* » etc.
2. « Le représentant qui se fait l'*avocat* de cette mention. »
3. « Le comité ayant *progressé,* a résolu de s'ajourner. »
4. « Les représentants qui sont *opposés* à cette mesure, à laquelle je me suis toujours *opposé* moi-même. »

état de lire facilement les ouvrages écrits en français.
Cette universalité de leur langue donne aux Français
un avantage considérable ; elle permet de répandre chez
les autres nations des sentiments et des opinions favorables aux intérêts de la France, ou susceptibles d'a-
jouter à sa gloire, en contribuant au bien de l'humanité. C'est peut-être parce qu'il est écrit en français,
que le traité de Voltaire *sur la Tolérance* a produit sur
le bigotisme un effet si subit et si grand qu'il l'a
presque désarmé. L'usage universel de la langue
française est aussi d'un très-grand avantage pour le
commerce de la librairie : tout le monde sait, en effet,
que lorsqu'on peut faire un tirage considérable, les
bénéfices sont proportionnément beaucoup plus grands
que ceux qu'on fait en toute autre branche de fabrication, quand on multiplie le nombre des objets produits par une même machine. Aujourd'hui, il n'y a
pas en Europe une ville importante qui n'ait une
boutique de librairie française en correspondance avec
Paris.

Notre anglais mérite bien d'obtenir le second rang
parmi les langues vivantes. Le recueil de nos excellents sermons, la liberté de nos écrits politiques, ont
porté un grand nombre de théologiens de sectes et de
nations différentes, ainsi que la plupart des hommes
d'État, à étudier l'anglais, au moins pour le lire. Si
nous cherchions à en faciliter les progrès, notre langue
pourrait devenir d'un usage beaucoup plus général.
Les gens qui ont consacré une partie de leur temps à
l'étude d'une langue étrangère ont souvent observé
que, tant qu'ils n'en avaient qu'une connaissance imparfaite, les plus petites difficultés les embarrassaient

et retardaient leurs progrès. Par exemple, un livre
mal imprimé, une prononciation mal articulée rendront inintelligible une phrase qui, imprimée nette-
ment ou prononcée distinctement, serait comprise immédiatement. Si donc nous voulons que notre langue
soit plus généralement connue, il faut écarter toutes
ces difficultés, si petites qu'elles soient, qui découra-
gent celui qui l'étudie.

Mais, depuis quelques années, je m'aperçois avec
peine, qu'au lieu de diminuer, ces difficultés augmentent. Pour peu qu'on examine les livres anglais imprimés depuis la Restauration jusqu'à l'avénement de
George II, on remarquera que tous les *substantifs*
commencent par une lettre capitale ; c'est un usage
que nous avons emprunté de l'allemand, notre mère-
langue. Ce système était particulièrement utile à
ceux qui ne connaissaient pas bien l'anglais ; car
nous avons un nombre prodigieux de mots qui sont en
même temps *verbes* et *substantifs*, et qu'on orthogra-
phie de la même manière, quoique souvent ils soient
différemment accentués dans la prononciation.

De nos jours, nos imprimeurs ont imaginé qu'il était
plus gracieux de supprimer ces capitales, sous prétexte que les lettres qui s'élèvent au-dessus de la
ligne, en détruisent la régularité. L'effet de cette
suppression est si considérable, qu'un Français instruit, qui, sans connaître parfaitement notre langue,
était dans l'habitude de lire nos livres, me disait un
jour qu'il trouvait plus d'obscurité chez nos auteurs
modernes que chez ceux de l'époque en question ; il
attribuait cette obscurité à la décadence du style ; mais
je le convainquis de son erreur, en marquant d'une

lettre capitale chaque *substantif* d'un paragraphe; il l'entendit aussitôt, quoiqu'il n'y pût rien comprendre auparavant. Ce fait seul prouve l'inconvénient de ce prétendu perfectionnement.

Le même goût pour l'uniformité de la ligne a conduit d'autres imprimeurs à bannir, depuis quelque temps, les caractères italiques qu'on avait coutume d'employer pour les mots importants de la phrase, ou pour ceux qu'il fallait accentuer en lisant. Plus récemment encore, un autre caprice a entraîné quelques imprimeurs à employer l'*s* rond au lieu de l'*s* long, qui servait autrefois à faire distinguer promptement les mots, en diversifiant leur apparence. J'avoue que la suppression de cette lettre saillante fait paraître une ligne d'impression plus égale; mais du même coup elle la rend moins lisible à première vue. Coupez le nez de tous les hommes : sans doute vous régulariserez leur figure, vous la rendrez plus uniforme, mais il deviendra bien moins facile de distinguer les physionomies.

Ajoutez à tous ces perfectionnements à l'envers, une autre fantaisie moderne : aujourd'hui on trouve que l'impression grise est plus belle que la noire; aussi les nouveaux livres anglais sont-ils imprimés de façon tellement terne que les vieillards ne peuvent les lire qu'au grand jour et avec de bonnes lunettes. Quiconque voudra comparer un volume du *Gentleman's Magazine* de 1731 à 1740, avec un de ceux qui ont paru depuis dix ans, sera convaincu que l'impression noire est infiniment plus lisible que celle qu'on obtient avec de l'encre grise. Lord Chesterfield fit, en riant, la critique de cette nouvelle invention. Faulkener, l'imprimeur du *Journal de Dublin*, s'épuisait, devant

lui, à faire l'éloge de son journal, comme étant le plus
parfait qu'il y eût au monde : « Mais, monsieur Faulkener, dit milord, ne pensez-vous pas que votre
journal serait plus parfait encore, si le papier et
l'encre n'étaient pas de la même couleur? » Toutes
ces raisons me portent à désirer que nos imprimeurs
américains évitent, dans leurs éditions, ces perfectionnements imaginaires; ils rendront ainsi leurs ouvrages
plus agréables à l'étranger, au grand avantage de notre
commerce de librairie.

Si l'on veut sentir tout le mérite d'une impression
claire et distincte, considérons de quel secours elle est
pour une lecture à haute voix devant un auditoire. En
pareil cas, l'œil se porte généralement sur trois ou
quatre mots à l'avance : s'il distingue clairement les
mots qui vont venir, il donne à la voix le temps de
les prononcer comme il faut. Mais si l'impression est
terne ou si les mots sont déguisés par l'omission des
capitales, des *s* longs, etc., le lecteur est exposé à
prendre une fausse intonation, et dès qu'il s'aperçoit
de sa méprise, il est obligé de reculer et de recom-
mencer sa phrase, ce qui diminue le plaisir des auditeurs.

Ceci me conduit à parler d'une vieille erreur dans
notre manière d'imprimer. Nous savons tous que, dès
qu'on rencontre une question en lisant, il faut varier
l'inflexion de la voix. Nous avons à cet effet un point
appelé *d'interrogation*, qu'on joint à la question pour
la signaler. Mais c'est une absurdité de le placer à la
fin : le lecteur ne le découvre que lorsqu'il a déjà pris
une fausse intonation, et le voilà obligé de recommen-
cer sa phrase. Pour éviter cet inconvénient, les impri-

meurs espagnols, plus judicieux que nous, placent le point d'interrogation au commencement aussi bien qu'à la fin d'une question. Nous commettons une autre faute, et de même nature, dans l'impression de nos comédies, où certains passages sont marqués comme étant dits *à part*. Mais ces mots : *à part*, sont mis à la fin du discours, tandis qu'ils devraient le précéder, pour avertir le lecteur de donner à sa voix une inflexion différente.

L'habitude qu'ont prise nos dames de se réunir cinq ou six pour faire une petite assemblée de travail, chacune s'occupant de quelque ouvrage utile, tandis qu'une d'entre elles fait la lecture à haute voix, est chose si bonne en soi, qu'auteurs et imprimeurs devraient s'efforcer de rendre la lecture aussi agréable que possible et pour le lecteur et pour les auditeurs.

Après ces observations générales, permettez-moi de vous en faire une qui touche à vos intérêts. Votre *Traité d'orthographe* est misérablement imprimé ; en plusieurs endroits il est à peine lisible, et le papier est détestable. On en annonce un nouveau dans les journaux ; s'il est préférable, sous tous ces rapports, il nuira certainement à la vente du vôtre.

Je vous fais mes compliments sur votre mariage, dont les journaux viennent de m'instruire.

Recevez tous mes vœux, et croyez-moi, etc.

B. F.

SUR L'ÉTUDE DU LATIN

1789.

Franklin nous raconte dans ses *Mémoires* [1] comment, en 1750, il essaya d'établir à Philadelphie un collége ou *Académie* pour l'éducation de la jeunesse. Dans le plan primitif, Franklin n'avait fait entrer que l'étude de la langue nationale ; il n'y avait compris ni le latin ni le grec. Ses idées ne furent pas suivies ; il le regretta toujours, et en 1789, près de descendre dans la tombe, il publia des *Remarques sur les intentions des fondateurs de l'Académie de Philadelphie*, dont on a tiré les réflexions suivantes. C'est la conclusion de la brochure et le résumé des idées de l'auteur :

« Je suis le dernier survivant des administrateurs, et je suis moi-même au bord de la tombe. Je crains qu'on ne fasse peser sur moi une partie du blâme qu'ont encouru les administrateurs ; on me reprochera de m'être trop facilement soumis aux déviations de notre règle, et de ne pas m'y être opposé avec assez de zèle et d'énergie, quoique mon absence qui, en différentes fois, a duré près de trente ans, ait singulièrement affaibli mon influence. Pour faire mon devoir, je saisis cette occasion, la dernière sans doute, de protester contre ces déviations. Il me semble que les ombres de mes amis m'entraînent et me pressent de me servir de la seule voix qui nous reste, pour demander que nos petits-enfants obtiennent la justice qu'on a refusée à nos enfants. Et j'espère qu'ils obtiendront satisfaction.

1. *Mémoires*, ch. IX, p. 225 et suiv.

« On sait quelle a été l'origine des écoles latines et
grecques chez les différents peuples d'Europe. Il y a
trois ou quatre cents ans, on ne possédait pas de livres
en d'autres langues. Toutes les choses qui s'apprennent
dans les livres : théologie, droit, médecine, art militaire, politique, mathématique, mécaniques, science et
philosophie, logique et rhétorique, chimie, pharmacie,
architecture, tout était en latin ou en grec ; il était
donc nécessaire d'apprendre ces deux langues. C'é-
taient les portes sous lesquelles il fallait passer pour
arriver à la science.

« En ce temps-là les livres étaient manuscrits, si chers,
par conséquent, que les riches seuls pouvaient en
acheter. Le peuple n'apprenait pas à lire ; car à quoi
bon prendre cette peine, puisqu'on ne pouvait rien lire
sans savoir le latin ou le grec et sans avoir d'argent
pour acheter des manuscrits. Soixante ans après l'invention de l'imprimerie, les lecteurs étaient encore si
rares, que des lettres d'imprimeurs nous apprennent
qu'en 1499, on ne pouvait vendre dans toute l'Europe
plus de 300 exemplaires d'un auteur ancien. Mais
l'imprimerie commençant à faire des livres à bon marché, le nombre des lecteurs augmenta, il valut la peine
d'écrire et d'imprimer des livres en langue vulgaire.
Ce furent d'abord des livres de dévotion et de petites
histoires ; mais peu à peu certaines sciences parlèrent
ce langage, et aujourd'hui on peut étudier l'ensemble
des sciences, soit dans des traductions, soit dans des
originaux en langue moderne, si bien qu'il est devenu
absolument inutile d'apprendre pour cela le grec ou
le latin.

« Mais il y a chez les hommes une faiblesse inexpli-

cable pour les anciennes coutumes et les anciennes
habitudes, qui nous fait continuer les vieux usages,
quand les circonstances qui en faisaient l'utilité ont
cessé d'exister. On pourrait en citer une foule d'exemples : un seul suffira. Jadis le chapeau avait, dans le
costume, un rôle utile ; il tenait la tête chaude, la
mettait à l'abri de l'action violente du soleil, la défendait de la pluie, de la neige, de la grêle, etc. Pour le
dire en passant, ce n'était ni le plus ancien usage, ni
la plus ancienne opinion. Parmi les restes de l'antiquité, qui sont en nombre infini : bustes, statues, bas-
reliefs, médailles, etc., il n'y a aucune figure humaine
avec un chapeau, il n'y a point davantage de couvre-
chef, si ce n'est le casque du soldat ; mais ce n'est pas
une partie du costume ordinaire, c'est une protection
contre les coups de l'ennemi.

« Quand les chapeaux ont-ils été introduits pour la
première fois ? On l'ignore ; mais au dernier siècle on
en portait dans toute l'Europe. Peu à peu cependant, à
mesure que gagnaient les perruques et les frisures,
les gentilshommes ont cessé de mettre des chapeaux,
pour ne pas déranger le curieux arrangement des
boucles et de la poudre. Les ombrelles ont fait l'office
des chapeaux ; et cependant l'habitude de considérer
le chapeau comme une partie du costume prévaut à ce
point qu'un homme de bon ton ne se croit pas habillé
s'il n'a pas un chapeau, ou quelque chose d'approchant, qu'il porte sous le bras. Si bien qu'il y a une
foule de gens de bon ton dans toutes les cours et les
villes capitales de l'Europe, qui jamais, non plus que
leurs pères, n'ont porté un chapeau autrement que
sous le bras, quoique l'utilité de cette mode ne soit

rien moins que visible, et que cet usage, outre qu'il
est coûteux, soit accompagné d'ennuis perpétuels.

« L'usage d'avoir des écoles pour apprendre aujour-
d'hui à tous nos enfants le grec et le latin me fait
l'effet du *chapeau sous le bras* de la littérature moderne.

« Dans un pays tel que le nôtre, le temps perdu à
cette étude pourrait être beaucoup mieux employé pour
l'éducation; et telle était l'opinion des premiers administrateurs de l'Académie de Philadelphie. »

LA TRAITE DES NOIRS[1].

A l'éditeur de la Gazette Fédérale.

23 mars 1790.

Monsieur,

En lisant hier soir dans votre excellent journal le
discours où M. Jackson demande au Congrès de ne

---

1. Le nom du docteur Franklin comme président de la société
d'abolition se lisait au bas de la pétition, présentée à la Chambre
des représentants des États-Unis, le 12 février 1789, et la priant
d'user de tout le pouvoir qui lui était donné par la Constitution,
pour repousser le trafic de l'espèce humaine. Ce fut le dernier
acte public de Franklin. Dans les débats auxquels cette pétition
donna lieu, on essaya de justifier la traite. Il parut dans la *Gazette fédérale* du 23 mars 1790 un essai signé Historicus, écrit
par le docteur Franklin, dans lequel il donnait communication
d'un discours qu'on disait avoir été prononcé dans le Divan
d'Alger, en 1687, en réponse à la pétition d'une secte appelée
Erika ou les Purs, qui demandait l'abolition de la piraterie et de
l'esclavage; ce prétendu discours africain était une excellente
parodie du discours prononcé par M. Jackson, de Georgie; tous

pas s'occuper de la question de l'esclavage et de ne pas
même essayer d'améliorer la condition des esclaves, il
me revint à l'esprit un discours semblable, prononcé
il y a environ cent ans par Sidi-Mehemet, membre du
Divan d'Alger, discours qu'on peut voir dans le récit
que Martin nous a laissé de son *Consulat, anno* 1687.
C'était pour repousser la pétition d'une secte appelée
Erika ou les Purs, qui demandait l'abolition de la
piraterie et de l'esclavage comme étant choses injustes.
M. Jackson ne cite pas ce discours, peut-être ne l'a-
t-il pas lu; si donc quelques-uns de ces raisonnements
se rencontrent dans son éloquent discours, cela mon-
trera seulement que toutes les fois que les hommes
sont dans une situation semblable, leur intérêt agit,
et leur esprit est affecté d'une façon singulièrement
semblable dans tous les pays et sous tous les climats.

Le discours de l'Africain, traduit, nous donne ce qui
suit :

« Allah Bismillah, etc., etc., etc. Dieu est grand, et
Mahomet est son prophète.

---

les arguments donnés en faveur de l'esclavage du nègre sont
appliqués avec une égale force pour justifier l'enlèvement et le
servage des Européens.

Ce discours fournit une démonstration de la futilité des arguments par lesquels on défend la traite; il est en même temps
une preuve de la force d'esprit et du talent de l'auteur à cette
époque avancée de sa vie. Ainsi que la *Parabole contre l'intolérance*, il prouve sa facilité à imiter le style d'autres temps et
d'autres nations; et comme cette parabole amena plusieurs personnes à faire des recherches dans l'Écriture pour savoir si elle
s'y trouvait, ce discours fit chercher dans les bibliothèques pour
y découvrir l'ouvrage d'où l'on disait avoir extrait ce discours

                                        Docteur STUBER.

Cette lettre a été écrite par Franklin vingt-quatre jours seulement avant sa mort, qui eut lieu le 17 avril suivant.

« Ces Erika ont-ils bien considéré les conséquences de leur pétition, si on l'admettait? Si nous cessons nos croisières contre les chrétiens, comment nous procurer les articles que leur pays produit et qui nous sont si nécessaires? Si nous cessons d'en faire des esclaves, qui pourra cultiver nos terres dans un climat si chaud? A qui pourrons-nous faire faire les travaux grossiers de nos villes et de nos familles? Est-ce qu'alors nous ne deviendrons pas nos propres esclaves? Ne devons-nous pas avoir plus de pitié pour nous autres mahométans que pour ces chiens de chrétiens? Nous avons maintenant plus de cinquante mille esclaves à Alger et dans les environs; ce nombre diminuera promptement et disparaîtra graduellement si on n'a pas soin de l'entretenir. Si nous cessons de prendre et de piller les vaisseaux infidèles, de réduire en esclavage les matelots et les passagers, nos terres perdront de leur valeur, n'étant plus cultivées; les loyers des maisons baisseront de moitié, et le revenu que le gouvernement tire de sa part dans les prises, sera totalement détruit! et pourquoi? pour satisfaire la fantaisie d'une secte fantasque qui voudrait, non-seulement nous empêcher de faire des esclaves, mais nous faire affranchir ceux que nous avons!

« Qui indemnisera les maîtres de cette perte? Sera-ce l'État? nos finances sont-elles suffisantes? les Erika le feront-ils? le peuvent-ils? ou voudraient-ils, en faisant justice aux esclaves, comme ils disent, commettre une plus grande injustice envers les propriétaires?

« Et si nous donnions la liberté à nos esclaves, qu'en feraient-ils? peu d'entre eux retourneraient dans leur

pays ; ils connaissent trop les souffrances qui les y
attendent. Ils n'embrasseront pas notre sainte religion, ils ne prendront pas nos manières ; notre peuple
ne voudra pas se souiller en s'alliant avec eux? Faudra-
t-il les nourrir comme des mendiants dans nos rues,
ou exposer nos propriétés à leur pillage? Car des hommes accoutumés à l'esclavage ne travaillent pas pour
gagner leur vie, à moins d'y être forcés. Et qu'y a-t-il
de si misérable dans leur condition actuelle? N'étaient-
ils pas esclaves dans leur propre pays?

« Est-ce que l'Espagne, le Portugal, la France, l'Italie, ne sont pas gouvernés par des despotes qui tiennent tous leurs sujets en esclavage, sans exception?
L'Angleterre elle-même traite ses matelots comme des
esclaves : car s'il plaît au gouvernement, ils sont saisis,
emprisonnés dans des bâtiments de guerre, condam-
nés non-seulement à travailler, mais à se battre pour
une faible solde et une maigre pitance, qui ne vaut pas
celle que nous donnons à nos esclaves. Leur condition
est-elle empirée quand ils tombent entre nos mains?
Non, ils ont simplement changé d'esclavage, et leur
situation est meilleure ; car ici ils sont sur une terre où
le soleil de l'islamisme brille dans toute sa splendeur,
ils ont l'occasion de s'instruire de la vraie doctrine, et
par là de sauver leurs âmes immortelles ; ceux qui
restent au pays n'ont pas ce bonheur. Renvoyer les
esclaves chez eux, serait les faire passer de la lumière
dans les ténèbres.

« Je répète la question : que fera-t-on des esclaves?
On a dit qu'on pourrait les coloniser dans le désert, où
il y a abondance de terre pour les nourrir, et où ils
pourraient prospérer comme État libre. Mais je crois

qu'ils sont trop peu disposés au travail sans y être con-
traints, aussi bien que trop ignorants pour établir un
bon gouvernement. Les Arabes nomades les tourmen-
teraient, les détruiraient ou les réduiraient en servitude, tandis que, en nous servant, nous prenons soin
de leur fournir toutes choses ; ils sont traités avec humanité. Les ouvriers de leurs pays, si je suis bien in-
formé, sont beaucoup plus mal nourris, logés, vêtus ;
la condition de beaucoup d'entre eux est déjà adoucie et
n'a pas besoin d'être améliorée ; ici leur vie est en
sûreté, ils ne sont pas exposés à être pressés comme
soldats ni forcés de se couper la gorge entre chrétiens,
comme dans les guerres de leurs pays. Si quelques-
uns de ces bigots insensés, qui nous fatiguent aujour-
d'hui de leurs sottes pétitions, ont, dans un excès de
zèle aveugle, affranchi leurs esclaves, ce n'est pas la
générosité, ce n'est pas l'humanité qui les y a poussés,
c'est le remords d'une lourde charge de péchés et l'espérance que le mérite prétendu d'une si bonne œuvre
les sauvera de la damnation.

« Combien ils se méprennent grossièrement en supposant que l'esclavage est défendu par l'Alcoran. Pour
n'en pas citer davantage, est-ce que les deux préceptes :
« *Maîtres, traitez vos esclaves avec bonté ; esclaves, ser-*
« *vez vos maîtres avec zèle et fidélité,* » ne sont pas des
preuves évidentes du contraire ? Le pillage des infidèles
n'est pas davantage défendu dans le saint livre, puisqu'il est connu que Dieu a donné le monde et tout ce
qu'il contient à ses fidèles musulmans, qui en jouissent
de droit aussitôt qu'ils l'ont conquis.

« Qu'on ne nous parle plus de ces détestables pro-
positions de l'affranchissement des chrétiens : les ad-

mettre serait déprécier nos terres et nos maisons en
dépouillant par là beaucoup de bons citoyens ; cette
mesure créerait un mécontentement universel, provo-
querait des insurrections au grand danger du gouvernement, et amènerait une confusion générale.

« C'est pourquoi je ne doute pas que cette sage réunion ne préfère le bien-être et le bonheur de toute une
nation de vrais croyants, aux folles rêveries de quelques
Erika ; elle repoussera leur pétition. »

Le résultat de ce discours, comme nous le dit Martin, fut que le Divan prit la résolution suivante : « La
doctrine qui prétend que piller et réduire en esclavage
les chrétiens est injuste, est au moins problématique ;
mais il est certain que l'intérêt de l'État est de continuer à la pratiquer ; c'est pourquoi nous rejetons la
pétition. »

En conséquence elle fut rejetée. Et puisque de pareils motifs sont capables de faire naître dans l'esprit
des hommes de semblables opinions , de semblables
résolutions, ne pouvons-nous pas, monsieur Brown,
prédire que les pétitions au parlement d'Angleterre
pour l'abolition de la traite auront le même sort, pour
ne rien dire d'autres assemblées.

Je suis, monsieur, votre lecteur assidu et votre humble serviteur.

HISTORICUS.

LETTRE A UN INCONNU.

Pour le dissuader de publier un ouvrage contre la religion[1].

(Sans date.)

Cher monsieur,

J'ai lu votre manuscrit avec quelque attention. En niant une Providence particulière, tout en admettant une Providence générale, vous sapez les fondements de toute religion. Si l'on ne croit pas à une Providence qui regarde, protége, guide et au besoin favorise l'individu, il n'y a plus de raison pour adorer une Divinité, en craindre le déplaisir, ou en implorer la protection. Je n'entrerai dans aucune discussion de vos principes, quoique vous paraissiez le désirer. Aujourd'hui je vous dirai seulement qu'à mon avis, quoique vos raisonnements soient subtils, et qu'ils puissent entraîner quelques lecteurs, vous ne réussirez pas à changer, en ce point, le sentiment naturel de l'humanité. Imprimer cette pièce, aura pour effet de jeter sur vous beaucoup d'odieux, et de vous nuire sans profit pour personne. *Qui crache contre le vent, se crache au visage.*

Mais, quand vous devriez réussir, quel bien supposez-vous qu'il en résultera? Pour votre compte, vous pouvez trouver facile de mener une vie vertueuse, sans le secours que donne la religion; vous avez la claire perception des avantages de la vertu, des désavantages

---

1. Il est question de cette lettre dans la lettre écrite par Franklin à Ezra Stiles, le 28 janvier 1790, *Corresp.*, t. II, p. 511.

du vice; vous possédez une force de résolution suffisante pour résister aux tentations qui troublent le commun des hommes. Fort bien. Mais songez que la grande majorité de l'espèce humaine se compose d'hommes et de femmes, faibles et ignorants, de jeunes gens des deux sexes, sans expérience, sans réflexion; tous ont besoin de religion pour fuir le vice, pour s'affermir dans la vertu, pour la pratiquer jusqu'à ce qu'elle devienne une *habitude*, ce qui est le grand point pour l'assurer.

Vous-même, peut-être, est-ce à la religion, je veux dire à votre première éducation religieuse, que vous êtes redevable de ces habitudes de vertu dont aujourd'hui vous vous prévalez à juste titre.

Vous pourriez aisément déployer votre beau talent de raisonnement sur quelque sujet moins hasardeux, et obtenir ainsi une place parmi nos auteurs les plus distingués. Chez nous, il n'est pas nécessaire de faire comme chez les Hottentots, où, pour entrer dans la compagnie des hommes, un adolescent doit prouver sa virilité en battant sa mère.

Croyez-moi, ne déchaînez pas le tigre, brûlez cet écrit avant que d'autres personnes le voient; vous vous épargnerez beaucoup de mortifications que vous causeront les ennemis que vous allez vous faire, et peut-être aussi vous épargnerez-vous beaucoup de regrets et de repentir. Si les hommes sont déjà si méchants *quand ils ont de la religion*, que seraient-ils, *s'ils n'en avaient pas?* Je vous adresse cette lettre comme une *preuve* de mon amitié, c'est pourquoi je n'y ajouterai aucune *profession* de tendresse, je me dirai simplement tout à vous.

B. F.

TESTAMENT DE FRANKLIN.

1788.

Je soussigné, Benjamin Franklin, de Philadelphie, imprimeur, ancien ministre plénipotentiaire des États-Unis à la cour de France, en ce moment président de l'État de Pensylvanie, exprime mes dernières volontés, et fais mon testament ainsi qu'il suit :

A mon fils William Franklin, ancien gouverneur des Jerseys, je donne et lègue toutes les terres que je possède dans la province de la Nouvelle-Écosse, pour être tenues par lui, ses héritiers, ou ayant cause, Je lui donne tous mes livres et papiers qu'il a en sa possession, et lui lègue tout ce qu'il me doit sur mes livres de compte, voulant que mes exécuteurs ne puissent lui en réclamer ni le payement ni la restitution. Le rôle qu'il a joué dans la dernière révolution, et qui est de notoriété publique, expliquera comment je ne lui laisse pas une plus forte portion d'un bien dont il a tâché de me dépouiller.

Depuis mon retour de France, j'ai démoli les trois maisons situées au devant de ma maison; dans la rue du Marché, entre la troisième et la quatrième rue; j'ai construit deux nouvelles et grandes maisons sur ce terrain, j'ai bâti une autre maison sur le terrain qui formait passage, ainsi qu'une cinquième entre mon habitation et les deux maisons de façade; je donne à ma fille Sarah Bache, et à son mari Richard Bache, pour en jouir durant leur vie, mon habitation, les trois maisons susdites et l'imprimerie; j'y ajoute ma petite maison de la sixième rue, que j'ai achetée de la veuve Henmarsh, le pré et les bâtiments que je possède dans Hickory-Lane, ma maison située sur le côté nord de la rue du Marché, actuellement occupée par Mary Jacobs, avec les deux maisons et terrains situées en arrière et ayant façade sur l'allée Pewter-Platter, le terrain et les bâtiments situés dans Arch-Street, en face le cimetière de l'église, et enfin mon argenterie, mes tableaux et tout le mobilier de la maison que j'habite. Après la mort du dernier survivant, je laisse tous ces biens à tous les enfants nés ou à naître de ma fille, et à leurs héritiers ou ayant cause.

Je donne à mon gendre Bache, à ses héritiers et ayant cause, toutes les terres près de l'Ohio, et tous les terrains situés au centre de Philadelphie, que j'ai dernièrement achetés de l'État. Je lui donne également la créance que j'ai contre lui, montant à la somme de 2172 livres cinq shillings, avec les intérêts échus ou à écheoir, et je le prie, en considération de ce legs, d'affranchir, aussitôt après ma mort, son nègre Bob. Je lui laisse aussi la somme que me doit l'État de Virginie, pour vente de caractères. Je lui laisse aussi tous mes instruments de musique.

Je donne à ma fille Sarah Bache le portrait du roi de France, entouré de quatre cent huit diamants, mais je la prie de ne pas faire monter ces diamants en parure, ni pour elle-même ni pour ses filles, afin de ne pas introduire ou encourager en ce pays la mode de porter des joyaux, mode aussi futile que coûteuse et inutile; je la prie aussi de ne point séparer du portrait le premier cercle de diamants.

Je donne et lègue à ma chère sœur Jeanne Mecom,

à ses héritiers et ayant cause, la maison et les terrains que je possède dans Unity-Street, à Boston, et qui sont en ce moment administrés par M. Jonathan Williams. Je lègue également à ma sœur une rente annuelle et viagère de cinquante livres sterling qui lui sera payée sur le dividende des douze parts d'intérêt dans la Banque d'Amérique, que j'ai achetées depuis mon retour à Philadelphie. A la mort de ma sœur, ces douze parts d'intérêt appartiendront à ma fille Sarah Bache et à son mari Richard Bache. Mais c'est mon désir et ma volonté expresse que ces dividendes soient laissés à ma fille comme argent de poche.

Je laisse à mon petit-fils William Temple Franklin, ses héritiers et ayant cause, le droit à trois cents acres de terre en Géorgie, qui m'a été accordé par ce gouvernement. Je lui laisse également la créance et le jugement que j'ai contre lui pour quatre mille livres sterling, cette créance devant être annulée le jour de son mariage. Mais si le susdit William Temple Franklin meurt sans être marié, ma volonté est que cette créance soit recouvrée, et qu'elle soit partagée entre mes autres petits-fils, enfants de ma fille Sarah Bache.

Je laisse à mon ingénieux ami François Hopkinson tous les instruments de physique que j'ai à Philadelphie.

Aux enfants, petits-enfants et arrière-petits-enfants de mon frère Samuel Franklin, qui seront vivants au jour de mon décès, je laisse cinquante livres sterling, à partager également entre eux. Aux enfants, etc., de ma sœur Anne Harris, etc., je laisse pareille somme, etc. Aux enfants, etc., de mon frère James Franklin, etc.,

pareille somme. Aux enfants, etc., de ma sœur Sarah
Davenport, etc., pareille somme. Aux enfants, etc.,
de ma sœur Lydia Scott, etc., pareille somme. Aux
enfants, etc., de ma sœur Jane Mecom, etc., pareille
somme.

A mon petit-fils Benjamin Franklin Bache, je donne
tous les caractères et presses, avec la fonderie de caractères que j'ai à Philadelphie, le tout valant environ
mille livres sterling.

Quant à mes livres, ceux que j'avais en France, et
ceux que j'avais laissés à Philadelphie, sont maintenant
réunis et le catalogue en est achevé. Mon intention est
d'en disposer de la façon suivante : A la Société philosophique de Philadelphie, dont j'ai l'honneur d'être
président, je donne mon *Histoire de l'Académie des
Sciences* en 60 ou 70 volumes in-4°. A la Société philosophique américaine, établie dans la Nouvelle-Angleterre, et dont j'ai l'honneur d'être membre, je donne
ma collection in-folio des *Arts et métiers*. Je donne l'é-
dition in-4° des mêmes *Arts et métiers* à la Société de
la Bibliothèque de Philadelphie[1]. Je donne à mon petit-
fils Benjamin Franklin Bache les livres que sur le
catalogue j'aurai marqués de son nom ; il en sera de
même pour mon petit-fils William Bache, et pour mon
cousin Jonathan Williams. Je donne à mon petit-fils
William Temple Franklin le reste de tous mes livre
manuscrits et papiers. Je laisse à mon petit-fils Benja
min Franklin Bache ma part dans la Société de la Bibliothèque de Philadelphie, m'assurant qu'il permettra
à ses frères et sœurs d'en profiter.

1. Il est peu nécessaire de dire que ce sont les belles collections françaises dont il est question dans ces trois legs.

Je suis né à Boston, dans la Nouvelle-Angleterre,
et je dois ma première éducation littéraire aux écoles
gratuites de grammaire qui y sont établies. Aussi je
donne cent livres sterling à mes exécuteurs testamentaires, à la charge par eux de remettre cette somme
aux administrateurs ou directeurs de ces écoles libres
dans ma ville natale de Boston, pour être par eux placées
à intérêt perpétuel; je veux que chaque année le revenu en soit employé à acheter des médailles d'argent
qui seront distribuées par les susdits directeurs, afin
d'encourager les études dans les écoles libres; cette distribution se fera suivant qu'il sera réglé par les *selectmen*[1].

Sur le traitement qui pourra me rester dû, comme
président de l'État, je donne deux mille livres sterling
à mes exécuteurs, pour être employées à rendre navigable la rivière de Schuylkill.

Quant à l'argent qui, au jour de ma mort, restera
entre les mains de mes banquiers, MM. Ferdinand
Grand et fils, de Paris, et MM. Smith, Wright et
Gray, de Londres, je veux qu'après mes dettes et legs
payés, on divise cette somme en quatre parts: j'en
laisse deux à ma chère fille Sarah Bache, une à son
fils Benjamin, et une à mon petit-fils William Temple
Franklin.

Durant le grand nombre d'années que j'ai passées
dans les affaires comme papetier, imprimeur et maître

1. Les *selectmen* sont des magistrats élus chaque année par les
citoyens, et qui sont chargés de certaines parties de l'administration dans les communes qui n'ont pas de corps municipal. La
donation de Franklin subsiste aujourd'hui. Le fonds en est monté
à 1000 dollars placés en 6 pour 100 (Jared Sparks, *Life of Franklin*, t. I, p. 603.).

des postes, il m'est resté dû une foule de petites sommes pour livres, annonces, ports de lettres et autres articles; je n'en avais pas fait le recouvrement, lorsqu'en 1757 l'Assemblée de Pensylvanie m'envoya en Angleterre comme son agent et m'y retint jusqu'en 1775; à mon retour je fus immédiatement occupé par les affaires du Congrès, et, en 1776, on m'envoya en France, où je restai neuf ans, n'en étant revenu qu'en 1785. Ces créances, dont je n'ai pas réclamé le payement depuis si longtemps, sont en quelque façon prescrites; cependant, et en bonne justice, elles sont dues. Telles qu'elles sont portées sur mon grand livre E, je les lègue aux actionnaires de l'hôpital de Pensylvanie, dans l'espoir que ces débiteurs ou leurs héritiers, qui aujourd'hui, comme je le vois, font quelque difficulté de reconnaître ces vieilles créances, se décideront à les payer, au moins à titre de charité, à cet excellent établissement. Je n'ignore pas que beaucoup de ces créances seront nécessairement perdues, mais j'espère qu'on pourra recouvrer quelque chose de considérable. Il est possible que quelques-uns de ces débiteurs aient, de leur côté, d'anciennes réclamations à me faire; en ce cas, les administrateurs de l'hôpital déduiront le montant de ma dette, ou même payeront la différence, si elle est contre moi.

Les dettes et legs une fois payés, je laisse à mon fils et à ma fille, Richard et Sarah Bache, tous mes biens, meubles et immeubles, dont je n'ai pas autrement disposé.

Je prie mes amis Henry Hill, esquire, John Jay, esq., Francis Hopkinson, esq., et M. Edward Duffield, de Benfield, dans le comté de Pensylvanie, d'être les exécuteurs de ma dernière volonté, et, par les présentes, je les nomme et institue en cette qualité.

Je désire que mon corps soit enterré avec aussi peu de dépenses et de cérémonie qu'il se pourra faire.

Je révoque tout précédent testament, etc.

En foi de quoi j'ai mis ici mon seing et mon sceau, le dix-septième jour de juillet, en l'an de Notre-Seigneur 1788.

B. FRANKLIN.

Signé, scellé, publié et déclaré en notre présence, comme étant sa dernière volonté et son testament, par le susnommé Benjamin Franklin.

Abraham SHOEMAKER.
John JONES.
George MOORE.

CODICILLE.

1789.

Moi, Benjamin Franklin, dénommé dans le testament ci-annexé, l'ayant de nouveau pris en considération, j'ai jugé à propos de faire et rédiger le présent codicille.

Depuis longtemps c'est chez moi une opinion arrêtée en politique que, dans un État démocratique, il ne doit point y avoir de fonctions salariées, et cela par les raisons en forme que j'en ai données lors de la discussion de notre constitution[1]; aussi lorsque j'ai accepté la place de président, mon intention était-elle d'en consacrer les appointements à quelque objet d'utilité publique. En conséquence, avant même d'avoir fait mon testament en juillet dernier, j'avais déjà donné de fortes sommes à des collèges, des écoles, et pour des constructions d'églises, etc. Dans mon testament, j'ai légué en outre deux mille livres sterling à l'État, afin de rendre le Schuylkill navigable. Mais depuis j'ai vu que cette somme ne servirait de rien pour un si grand travail, et que de longtemps d'ailleurs on ne donnera suite à ce projet. J'ai donc conçu une autre idée, qui, je l'espère, peut avoir une utilité plus générale, et par les présentes, je révoque et annule ce legs, et j'entends que les bons qui me restent pour le salaire qui m'est dû, soient vendus jusqu'à concurrence de la somme de deux mille livres sterling, pour être employés ainsi que je vais l'ordonner.

On a pensé que celui qui reçoit de ses ancêtres un patrimoine est, en quelque façon, obligé de le transmettre à leur postérité. Cette obligation ne pèse pas sur moi, qui n'ai jamais recueilli un shilling dans la succession d'un ancêtre ou d'un parent. Cependant, s'il n'arrive point d'accident avant ma mort, je laisserai à mes descendants un patrimoine considérable. Cette observation est à l'adresse de ma famille, pour justifier, en quelque façon, des legs qui ne paraissent pas avoir pour elle un intérêt immédiat.

Je suis né à Boston, dans la Nouvelle-Angleterre,

1. V. *supra*, p. 284. Franklin avait rapporté cette opinion de France, et, suivant toute apparence, l'avait empruntée à Mably.

et je dois ma première éducation littéraire aux écoles
gratuites de grammaire qui y sont établies. J'ai donc
déjà pensé à ces écoles dans mon testament. Mais j'ai
d'autres obligations à l'État de Massachusetts, qui
autrefois, sans aucune sollicitation de ma part, m'a
nommé son agent en Angleterre, avec de beaux appointements qui ont duré plusieurs années, et quoique, en
lui communiquant les lettres du gouverneur Hurchin-
son, j'aie perdu au service de cet État beaucoup plus
que ce qu'il m'a donné, je ne pense pas que cet accident
doive en rien diminuer ma reconnaissance.

J'ai remarqué que, parmi les artisans, les bons
apprentis font d'ordinaire de bons citoyens; moi-même
j'ai été élevé dans ma ville natale, pour un métier
manuel, l'imprimerie, et plus tard, lorsque j'ai voulu
m'établir à Philadelphie, ce sont les prêts bienveillants
que m'ont faits deux amis qui ont été le fondement de
ma fortune, et qui m'ont permis d'être utile; je désire
donc, moi aussi, être utile après ma mort, s'il est
possible, en formant et en aidant d'autres jeunes gens
qui puissent rendre service au pays dans ces deux villes.
Je consacre à cet objet deux mille livres sterling, j'en
donne la moitié aux habitants de la ville de Boston, en
Massachusetts, et l'autre moitié aux habitants de la cité
de Philadelphie, pour être employés ainsi que je vais
le déclarer[1].

Si les habitants de la ville de Boston acceptent ladite
somme de mille livres sterling, elle sera administrée

---

1. Franklin appelle Philadelphie une *cité*, parce qu'elle a un
corps municipal, et Boston une ville (*town*) parce que les habitants y font eux-mêmes leurs affaires municipales sous la direction des *élus* ou *selectmen*.

sous la direction des *selectmen*, réunis aux ministres des plus anciennes églises épiscopale, congrégationaliste et presbytérienne. Ce comité prêtera ladite somme, à l'intérêt de cinq pour cent par an, à de jeunes ouvriers mariés, ayant moins de vingt-cinq ans, qui auront servi comme apprentis dans la susdite vile, et qui auront fidèlement rempli les obligations de leur contrat d'apprentissage[1], de façon à mériter un bon certificat de deux citoyens respectables, et disposés à se porter leur caution pour le remboursement des billets aux échéances et pour le payement des intérêts. Tous ces billets seront souscrits payables en piastres d'Espagne ou en monnaie d'or équivalente, et les administrateurs tiendront un ou plusieurs livres où seront inscrits les noms de ceux qui demanderont à profiter et qui profiteront de cette fondation; on y inscrira également le nom des cautions, le montant des sommes prêtées, les dates et tous les autres renseignements nécessaires. Ces prêts d'argent étant destinés à aider de jeunes ouvriers mariés à s'établir, ils seront calculés par les administrateurs, de façon à ne pas excéder soixante livres sterling (quinze cents francs), et à ne pas être au-dessous de quinze livres (trois cent soixante-quinze francs) par personne. Si le nombre des demandes est si grand que l'on ne puisse accorder à chacun la somme convenable, on fera une diminution proportionnelle, de manière à aider tout le monde. A l'origine, ces secours seront peu de chose; mais à mesure que le capital grossira par l'accumulation de l'intérêt, ils deviendront plus considérables. Et, pour ai-

---

1. Franklin pense à sa conduite et à ce qu'il appelle un des *errata* de sa vie. *Mémoires*, p. 48.

der tour à tour le plus grand nombre possible de
jeunes ouvriers, comme aussi pour rendre plus facile
le remboursement du capital, chaque emprunteur s'o-
bligera de payer, avec l'intérêt annuel, un dixième du
capital. Cette nouvelle somme, composée du principal
et des intérêts, sera aussitôt prêtée à de nouveaux emprunteurs.

Et, comme il est à présumer qu'on trouvera toujours
à Boston des citoyens vertueux et bienfaisants disposés
à donner une part de leur temps pour faire du bien à
la génération qui s'élève, en surveillant et administrant
gratuitement cette fondation, on peut espérer qu'aucune partie de cette somme ne restera oisive, ou ne sera
détournée pour d'autres usages, mais qu'au contraire
elle augmentera continuellement, grâce aux intérêts.
En ce cas, il peut y avoir, avec le temps, un fonds excédant les besoins à Boston, et alors on pourra aider le
voisinage ou d'autres villes de l'État de Massachusetts,
à la charge par ces villes de s'engager à payer ponctuellement chaque année les intérêts et une portion du
capital aux habitants de Boston.

Si ce plan est exécuté et qu'il réussisse sans interruption durant un siècle, le fonds total s'élèvera alors
à cent trente et un mille livres sterling [1]. Sur cette
somme, je désire que les administrateurs de la fondation emploient cent mille livres sterling en travaux publics, ainsi qu'ils le jugeront le plus utile, tels que
fortifications, ponts, aqueducs, édifices publics, bains,
chaussées ou autres travaux de nature à rendre le séjour de la ville plus commode aux habitants, ou plus

---

1. 3475000 francs.

agréable aux étrangers qui s'y rendent pour leur santé ou leurs affaires. Quant aux trente et un mille livres restant, je désire que, pendant une nouvelle période de cent ans, l'on continue à les prêter à intérêt, de la façon déjà dite; car j'espère qu'on aura reconnu les bons effets de cette institution sur la conduite de la jeunesse, et les services qu'elle aura rendus à une foule d'honnêtes gens et d'utiles citoyens. A la fin de ce second terme, si aucun accident ne trouble l'opération, on aura quatre millions soixante et un mille livres sterling; sur cette somme, je laisse un million soixante et un mille livres à la disposition des habitants de Boston, et les trois millions restant à la disposition du gouvernement de l'État, n'osant porter mes vues plus loin.

Je désire que toutes les indications que je donne ici pour l'administration de la donation que je fais aux habitants de Boston soient également suivies pour la donation faite aux habitants de Philadelphie; mais comme Philadelphie a un corps municipal, je prie ce corps de se charger de cette administration, et je l'investis de tout pouvoir à cet égard. Comme j'ai observé qu'à Philadelphie le terrain est plat et qu'il est couvert de bâtiments et de pavés qui emportent l'eau de pluie et l'empêchent de pénétrer dans la terre, d'y renouveler et d'y purifier les sources, ce qui fait que peu à peu l'eau des puits s'altère et finit par ne plus servir, chose qui est arrivée dans toutes les vieilles villes, je recommande qu'à l'expiration des premiers cent ans, si on n'a déjà remédié au mal, le corps municipal emploie une partie des cent mille livres à amener, par des tuyaux, l'eau de la Wissahickon dans la ville, de façon à en fournir les habitants. La chose pourra, je crois, se faire sans grande peine, le niveau de ce cours d'eau étant beaucoup plus haut que le sol de la cité, et pouvant encore être élevé par un bâtardeau. Je recommande aussi de rendre le Schuylkill entièrement navigable. A la fin du second siècle, les quatre millions soixante et un mille livres seront partagées entre les habitants de la cité de Philadelphie et le gouvernement de Pensylvanie, de la même façon qu'entre la ville de Boston et le gouvernement de Massachusetts.

Mon désir serait que cette fondation commençât dans l'année qui suivra mon décès; c'est pourquoi il sera nécessaire de l'annoncer publiquement avant l'expiration de cette année, afin que ceux en faveur de qui l'institution est établie puissent faire leurs demandes respectives. Je charge mes exécuteurs testamentaires de payer, dans les six mois qui suivront mon décès, la susdite somme de deux mille livres sterling aux personnes que les *selectmen* de Boston et le corps municipal de Philadelphie auront dûment chargées de recevoir le legs en question.

A considérer les accidents auxquels les affaires et les projets des hommes sont exposés durant une telle longueur de temps, je me suis peut-être bercé d'une vaine illusion, en me flattant que ces dispositions, si elles s'exécutent, pourront continuer sans interruption et avoir l'effet désiré [1]. J'espère pourtant que si les

---

1. Il s'en faut en effet de beaucoup que la fondation de Franklin ait produit les magnifiques résultats qu'il en attendait. Beaucoup de débiteurs n'ont pas payé; il s'est présenté moins d'emprunteurs qu'on ne comptait; la cause en est, sans doute, à la difficulté de trouver des cautions quand on n'a rien. En 1840,

habitants des deux villes ne jugent pas à propos de se
charger de cette œuvre, ils regarderont au moins l'offre
de cette donation comme une marque de ma bonne
volonté, une preuve de ma reconnaissance, un témoignage de mon sérieux désir de leur être utile quand je
ne serai plus. Je désire que les deux villes essayent
d'exécuter ce projet, parce que je pense qu'alors même
qu'il s'élèverait des difficultés imprévues, on trouvera
des expédients pour les surmonter, et qu'on verra que
le plan est praticable. Si l'une des deux villes ac-
cepte le legs avec ces conditions et que l'autre refuse,
ma volonté est que les deux sommes soient données
aux habitants de la cité qui acceptera le tout, pour en
faire l'usage susindiqué. Si les deux cités refusent, la
somme rentrera dans la masse de ma succession, et la
disposition en sera réglée par mon testament du 17 juillet 1788.

Je désire être enterré à côté de ma femme, si la
chose est possible. Je demande qu'on place sur le lieu
de notre commune sépulture un marbre taillé par
Chambers, de six pieds de long sur quatre de large,
sans autre ornement qu'une petite moulure dans le
haut et l'inscription

BENJAMIN ⎫
ET   ⎬ FRANKLIN.
DÉBORAH ⎭

178....

cinquante ans après la mort du donateur, les 1000 livres sterling, ou 25000 francs, légués à Boston, ne représentaient que
28442 dollars, moins de 120000 francs. A Philadelphie, le résultat était encore moins brillant. Jared Sparks, *Life of Franklin*,
p. 611.

Je donne à mon ami et à l'ami du genre humain, le général Washington, ma belle canne de pommier sauvage, surmontée d'une pomme d'or curieusement travaillée en forme de bonnet de liberté. Si c'était un sceptre, il l'a mérité; un sceptre serait bien placé dans sa main. C'est un présent que m'a fait une excellente dame, Mme de Forbach, duchesse douairière de Deux-Ponts; elle y a joint quelques vers qui doivent accompagner mon cadeau [1].

Je donne ma montre d'or à mon gendre Richard Bache, avec la chaîne d'or des treize États unis que je n'ai pas encore portée. Je donne à mon petit-fils, William Temple Franklin, mon chronomètre qui est dans ma bibliothèque. Je lui donne également mon *gong* chinois. A ma chère et vieille amie mistriss Mary Hewson, je donne un de mes brocs d'argent marqué, pour qu'elle s'en serve durant sa vie; après sa mort, je le laisse à sa fille Élisa. A son fils William Hewson, qui est mon filleul, je donne ma nouvelle Bible in-quarto, édition d'Oxford, pour qu'elle soit la Bible de sa famille; je lui donne également la description botanique des plantes cultivées dans le jardin de l'empereur à Vienne, avec figures coloriées. A son fils, Thomas Hewson, je donne une collection bien reliée du *Spectateur*, du *Babillard* et du *Tuteur*.

Je donne à mes exécuteurs testamentaires, pour être également partagée entre ceux qui agiront comme tels, la somme de soixante livres sterling, comme une espèce d'indemnité pour le dérangement que je leur causerai.

---

1. Cette canne qui fait partie des *reliques* de Washington se voit à Washington, au *Patent Office*. Les vers n'ont pas été retrouvés.

Je prie en outre mon ami M. Duffield d'accepter mon compteur français, mécanisme d'horlogerie en laiton, qui s'adapte à toute forme de voiture ; je prie mon ami M. Hill d'accepter mon pot à crème en argent que m'a donné autrefois le bon docteur Fothergill, et qui porte la devise : *Gardez la chaîne brillante.* Je donne à mon ami M. David Rittenhouse, pour son observatoire, mon télescope réflecteur, qui a été fait par Short, et qui a appartenu à M. Canton.

Je donne au suprême Conseil exécutif de Pensylvanie mon portrait, fait par Martin en 1767, si le Conseil veut me faire l'honneur de l'accepter et de le placer dans sa salle des séances.

Depuis que j'ai fait mon testament, j'ai acheté quelques autres lots de terrain dans la ville, au centre du domaine de Joseph Dean. Je veux qu'ils accompagnent les autres lots de terrain dont j'ai disposé dans mon testament, et je les donne à mon gendre Richard Bache et à ses héritiers.

J'ajoute dix livres sterling à l'annuité de cinquante livres que j'ai laissée à ma sœur, de façon à ce que la rente viagère soit de soixante livres.

Je donne vingt guinées à mon bon ami et médecin le docteur John Jones.

Enfin, c'est mon désir que le présent codicille soit annexé à ma dernière volonté, et considéré comme une part de mon testament.

En foi de quoi j'ai mis ici mon seing et mon sceau, ce vingt-troisième jour de juin, *anno Domini* mil sept cent quatre-vingt-neuf.   B. FRANKLIN.

FIN.

TABLE DES MATIÈRES.

FIN DE LA TABLE.

COULOMMIERS. — Typographie PAUL BRODARD.

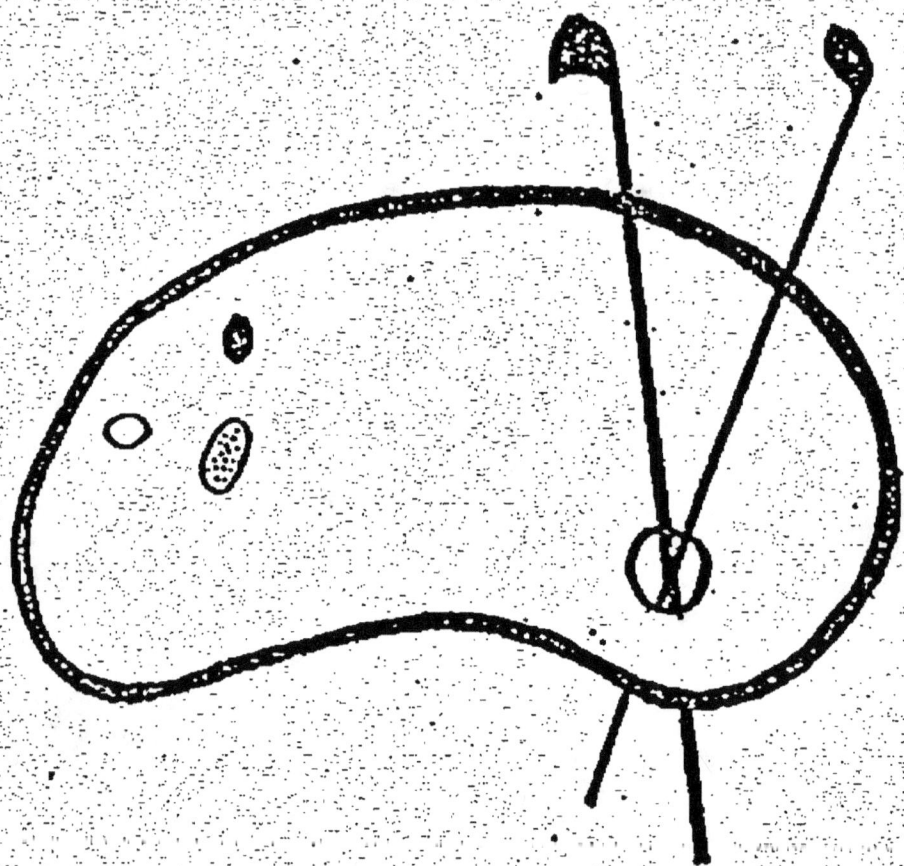

www.ingramcontent.com/pod-product-compliance
Lightning Source LLC
Chambersburg PA
CBHW071630270326
41928CB00010B/1860